Dictionnaire *amoureux* de la géopolitique

Du même auteur

Mieux aménager sa ville, Éditions du Moniteur, 1979.

Les Mondes de François Mitterrand. À l'Élysée de 1981 à 1995, Fayard, 1996.

L'Hyperpuissance américaine, Fondation Jean-Jaurès, 2000.

Les Cartes de la France à l'heure de la mondialisation, Fayard, 2000.

Entretiens avec Rony Brauman, Frémeaux et associés (coffret 3 CD), 2003.

Face à l'hyperpuissance, Fayard, 2003.

Multilatéralisme : une réforme possible, Fondation Jean-Jaurès, 2004.

François Mitterrand : un dessein, un destin, Gallimard, coll. « Découvertes Gallimard/Histoire », 2006.

Continuer l'Histoire (avec Adrien Abecassis et Mohamed Bouabdallah) Fayard, 2007.

Le Temps des chimères, 2003-2009 : articles, préfaces et conférences, Fayard, 2009.

Atlas de la France (avec Pascal Boniface), Fayard/Armand Colin, 2011.

Dans la mêlée mondiale, 2009-2012, Fayard, 2012.

La France au défi, Fayard, 2014.

Le Monde au défi, Fayard, 2016.

Sauver l'Europe, Liana Levi, 2016.

Comptes à rebours, Fayard, 2018.

Sauver l'Europe, Liana Levi, réédition augmentée, Fayard, 2019

Olrik : la biographie non autorisée, avec Laurent Védrine, Fayard, 2019.

Atlas des crises et des conflits (avec Pascal Boniface), Fayard, 2019 (réédité tous les deux ans depuis 2009).

Atlas géopolitique du monde global, 2020 (réédité tous les deux ans depuis 2008).

Et après ?, Fayard, 2020.

Hubert Védrine

Dictionnaire *amoureux* de la géopolitique

Dessins d'Alain Bouldouyre

PLON fayard
www.plon.fr

COLLECTION FONDÉE
PAR JEAN-CLAUDE SIMOËN

92, avenue de France
75013 Paris
Tél. : 01 44 16 09 00
Fax : 01 44 16 09 01
www.plon.fr
www.lisez.com

Mise en pages : Nord Compo (Villeneuve-d'Ascq)
Dépôt légal : février 2021
ISBN : 978-2-259-26333-7

MIXTE Papier issu de sources responsables FSC® C003309

Plon est un éditeur qui s'engage pour la préservation de son environnement et qui utilise du papier fabriqué à partir de bois provenant de forêts gérées de manière responsable.

Préface

Dictionnaire « amoureux » de la géopolitique ? Vraiment ? Comment être amoureux de la géopolitique ? Mais c'est un titre établi, d'une collection réputée. Il signifie qu'un auteur traite d'un sujet librement et subjectivement. Dictionnaire personnel et *passionné* serait plus juste. Très jeune, j'ai adoré l'histoire, les « grands hommes », la géographie, le mouvement des civilisations, Élie Faure, René Grousset. J'ai dévoré les récits des explorateurs, rêvé sur les atlas, les vieux guides. C'est en lisant Kessel que j'ai préparé mon voyage en voiture en Afghanistan en 1969, sur la route de Nicolas Bouvier. Et aussi Malraux, Rimbaud, Frison-Roche, Paul-Émile Victor, Haroun Tazieff, Tibor Mende, Alexandra David-Néel et tant d'autres... Mais aussi Robert Guillain, ou Marcel Niedergang. J'étais imperméable aux idéologies, j'avais vécu 68 comme une fumisterie pittoresque. Je pensais aventures, grand large, « ailleurs ». Du genre à adorer *L'Homme qui voulut être roi*, la nouvelle de Rudyard Kipling. C'était une époque, celle de ma jeunesse, les années 50 et 60. Chez moi, ambiance catho de gauche, décolonisation, tiers-monde version light, etc. Je voulais devenir journaliste, grand reporter, comme Jean Lacouture. Et puis... la décision de tenter l'ENA, les hasards heureux, les péripéties et les rebondissements de la vie m'ont conduit à passer dix-neuf ans au cœur du pouvoir. Quatorze années d'épopée à l'Élysée auprès de François Mitterrand, et cinq années à la tête du Quai d'Orsay, « chef de la diplomatie », pendant la troisième cohabitation, Chirac-Jospin. C'est donc dans un cockpit que j'ai vécu la fin de la guerre froide, l'effondrement de l'URSS, non pas la « fin de l'Histoire », mais, au contraire, sa remise en branle, les émergents contestant les puissances installées, dont les Européens ! Cela m'a évité bien des illusions d'optique. Les titres de mes recueils périodiques de textes traduisent l'évolution de ma réflexion au cours des vingt dernières années : nous avons d'abord été confrontés à *L'Hyperpuissance* (les années Clinton) ; puis nous, les Européens, sommes entrés dans un *Temps des chimères*, dont nous ne sommes pas tout à fait sortis, anémiés en plus par la repentance expiatoire ; et, en lieu et place d'une « communauté internationale », ou d'un ordre multipolaire encore à venir, nous nous débattons maintenant dans une *Mêlée mondiale ;* alors que se fait entendre dans le semi-chaos géopolitique le tic-tac des inquiétants *Comptes à rebours*, écologique, démographique, numérique et technologique.

Mais alors, qu'est-ce que l'Histoire a à nous dire ? Cet immense legs bouillonnant, brassé et réinterprété sans fin ? Exaltant et horrible. Qui peut nous éclairer comme nous enfermer. Quel sens pour nous ? On pourrait penser qu'elle n'a plus rien à nous dire dans le monde décloisonné, homogénéisé, instantané, « plat », globalo-américanisé et fébrilement connecté. Dans l'ère des foules et des masses passées au mixeur mondialisateur. Aurait-elle « du passé fait table rase » ? Et pourtant, tout indique que, sous la toile pelliculaire que forment les milliards d'internautes, le bain du globish, le mouvement brownien des peuples, le magma mondialisé et les appels au lynchage en Occident de tout ce qui n'est pas encore normalisé, facilité par les réseaux sociaux qui libèrent la haine, l'Histoire se poursuit. L'Histoire, avec ses forces souterraines et telluriques, l'économie et ses ouragans financiers bien sûr, mais toujours les nations, les identités, fussent-elles évolutives, les peuples, les idées, les peurs, les obsessions, les ambitions, les mémoires différentes (pas celles des catéchismes des devoirs de mémoire), avec tout ce qu'elles charrient. Le pire et le meilleur. Ma conviction est qu'on ne peut pas décrypter notre monde, et se préparer à celui qui vient, enrayer ses menaces, renforcer ses potentiels, si on n'embrasse pas en permanence ces deux niveaux : les forces globalisantes et uniformatrices, et les forces qui y résistent, les perspectives nouvelles, les menaces anciennes ou récentes. C'est à partir de là que j'ai choisi ces 249 entrées pour tenter d'appréhender cette matière en fusion.

Hubert Védrine

A

Acteurs des relations internationales

Tout le monde veut être « acteur » ! Une vaste troupe ! Au nom du fait que la théorie classique des relations internationales ne prenait en compte que les États (horreur !), il y a plus de trois siècles, il faudrait la rejeter, et avec elle la realpolitik, sous prétexte qu'il y a aujourd'hui nombre d'intervenants ou d'autres « acteurs », et que, dans l'Europe moderne ou la mondialisation, les États sont censés être devenus marginaux. Et qu'en plus, donc, tout le monde veut être acteur, et plus personne spectateur. C'est la « reine d'un jour » ! Quelle découverte !

C'est un contresens absurde. À l'époque où ces théories ont été formulées, c'était une évidence, et non un choix, de constater que seuls les « souverains » (rois, empereurs, papes) entretenaient des relations internationales (de coopération, d'alliances ou conflictuelles) entre eux. C'est la base des grands traités pacificateurs et structurants de Westphalie. Mais avec le temps, et de plus en plus, d'autres intervenants sont apparus : les parlements, les partis politiques internationaux, les diverses Églises, les organisations internationales (le système de l'ONU, le FMI – des cadres plutôt que des pouvoirs), puis une myriade d'ONG (la société dite « civile » ! mais qui n'est pas la société non militaire, charme des formules toutes faites), les grandes entreprises mondiales, les médias, les fédérations sportives, les stars diverses, les lobbies, les réseaux divers, etc. Impossible d'être exhaustif ! Sans oublier le dieu Moloch, le marché. Est-ce à dire que les États ont disparu ? Certains l'ont cru, souhaité, proclamé, notamment en Europe. Mais pas aux États-Unis. Ils se trompaient. Ils se trompent toujours. Ou ils ont pris leurs désirs pour des réalités. À la fin des fins, en globish : *at the end of the day*, ce sont toujours les États qui négocient, qui concluent, s'engagent, signent et mettent en œuvre. C'est l'essence même de la diplomatie. C'est-à-dire des diplomates, des experts, des conseillers, des ministres, des chefs d'État de préparer cela. À cet égard, il n'y a de vraie diplomatie qu'entre États. Le terme « diplomatie parlementaire », par exemple, est impropre. Le terme « diplomatie économique » signifie que la diplomatie s'occupe d'économie. Pas nouveau.

En tenant compte, bien sûr, du grouillement d'autres acteurs, avant, pendant et après la décision, ce qui nous renvoie à la démocratie moderne, à ses tâtonnements et à leurs effets dissolvants sur leurs politiques étrangères. Aux États, dans ce maelström, de savoir ce qu'ils veulent dans la durée, de retrouver le sens de la stratégie. Car souvent les « autres » acteurs, qui n'ont pas à arbitrer entre revendications et contradictions multiples, peuvent se concentrer sur un seul but : poursuivre obstinément leurs propres objectifs. Sinon ce sera la foire d'empoigne et le triomphe des régimes d'opinion au jour le jour, et la fin des démocraties telles qu'on les a connues !

Voir : Diplomatie ; GAFAM ; ONG ; Opinion publique.

Afrique(s)

C'est courant mais trop simpliste de parler d'« Afrique » au singulier. Ce n'est pas parce que sur le globe le continent africain est clairement dessiné, qu'il y a une Union africaine de plus en plus active, une rhétorique unitaire et un projet de marché commun africain, et que l'on s'enivre d'agrégats statistiques (sur la croissance ou la démographie) qu'il y a pour autant *une* Afrique. Pas plus qu'il y a *une* Asie, ou *une* Amérique. Déjà, il y a une coupure évidente entre l'Afrique du Nord et l'Afrique subsaharienne (et entre les deux, une bataille pour le contrôle du Sahel) – Afrique de l'Ouest, Afrique centrale, Afrique de l'Est, Afrique des Grands Lacs, Afrique australe, Madagascar.

Ensuite, l'histoire des peuplements, des migrations, l'histoire politique, les ethnies, les religions, les langues, les divers trafics d'esclaves, africains, arabes ou européens, les diverses colonisations, les résistances variables et les accommodements à la colonisation, les diverses décolonisations, la situation géographique, et donc agricole et climatique : tout cela forme une grande diversité, ce que traduit l'existence d'une dizaine d'organisations régionales[1]. Les liens avec l'extérieur, les anciennes puissances coloniales, ou les nouveaux partenaires, Chine en tête, mais aussi l'Inde, Israël, les Émirats, la Turquie, le Japon, le Brésil, etc., sont très divers. On parle de

1. UMA (Union du Maghreb arabe), CEN-SAD (Communauté des États sahélo-sahariens), CEEAC (Communauté économique des États de l'Afrique centrale), SADC (Communauté de développement de l'Afrique australe), IGAD (Autorité intergouvernementale pour le développement), CEMAC (Communauté économique et monétaire de l'Afrique centrale), COMESA (Marché commun de l'Afrique orientale et australe), UEMOA (Union économique et monétaire ouest-africaine), CEDEAO (Communauté économique des États de l'Afrique de l'Ouest), EAC (Communauté d'Afrique de l'Est).

« Chinafrique », alors que la France n'ose plus parler de Françafrique, à peine d'Afrique-France. On ne sait pas ce que deviendra « l'Afrique », mais ce qui est sûr, c'est qu'il se passera *en Afrique*, ou entre pays africains, ou avec tel ou tel pays africain, des choses très importantes pour l'Afrique et pour le monde. Par exemple sur l'avenir des flux migratoires internes ou externes, gérés et maîtrisés ou non, ou de la sauvegarde ou non de la biodiversité. Sans oublier que des pays africains comme l'Afrique du Sud ou le Nigeria, ou d'autres (Algérie, Maroc, Égypte, Éthiopie), développent déjà *en Afrique* des politiques d'influence et de puissance. Donc, quand on parle de l'Afrique, de la France en Afrique, ou autres, soyons précis, concrets, pragmatiques et voyons large.

Voir : Colonisations ; Françafrique ; Francophonie ; Migrations.

Alexandre le Grand

Lui-même se pensait l'héritier d'Achille. Mais, pour Jules César, pour Napoléon, il était la « figure obsessionnelle du conquérant ». Mort à 33 ans, comme le Christ. Né en 356 avant J.-C. à Pella, capitale du petit royaume de Macédoine au nord de la Grèce, Alexandre III de Macédoine, fils du roi Philippe II, eut Aristote comme maître et fut le plus grand conquérant de notre Antiquité. Le plus prestigieux. Utopiste, il voulait réunir l'Orient et l'Occident, marier sous sa férule les civilisations grecque et orientale, et les fusionner. Sur son cheval Bucéphale, il affronte l'Empire achéménide, le premier des Empires perses, invaincu depuis deux siècles, et remporte les batailles du Granique et d'Issos. Il se fait reconnaître comme pharaon et « Fils de Dieu » par le clergé d'Amon dans l'oasis de Siwa – où je suis allé –, dans le désert de l'Ouest égyptien. Il bat à Gaugamèles l'armée de Darius III. Il s'empare ensuite de Babylone, Suse et Ecbatane, épouse une princesse perse. Quand Darius III meurt, pourchassé, trahi, Alexandre organise ses funérailles et se veut son successeur. Arrivé jusqu'aux bords de l'Indus traînant ses généraux et ses troupes macédoniennes de plus en plus récalcitrantes, il fait demi-tour et rentre à Babylone où il meurt en juin 323 avant J.-C. de maladie ou empoisonné, après avoir fait preuve d'un génie guerrier fulgurant et conquérant, après avoir réprimé et massacré sans pitié et fondé des dizaines de villes à son nom. Ses généraux macédoniens se déchirent et se partagent ses troupes et l'empire. Plusieurs fondent leur dynastie, dont Ptolémée est désigné comme satrape d'Égypte où il fonde la dynastie lagide.

En fait, c'est Gengis Khan qui, après avoir réuni sous son autorité en 1206 tous les nomades mongols, et les autres peuples de la steppe, bâtit, en vingt ans, en Eurasie, presque sans résistance, le plus vaste empire terrestre qui ait jamais existé. Certes éphémère, mais son petit-fils, Kubilai, conquit la Chine et fonda la dynastie Yuan, qui régna aux XIIIe et XIVe siècles. Les Chinois détestent ce rappel. Vient ensuite l'empire de Tamerlan, encore plus vaste. Mondes fascinants et terribles, espaces immenses quasi vierges ouverts aux conquérants.

La figure d'Alexandre, son souvenir et sa légende obsèdent les conquérants occidentaux ultérieurs. Mais la confidence de Napoléon à Fontanes, son ministre, que Camus aimait à citer, laisse songeur : « Savez-vous ce que j'admire le plus au monde ? C'est l'impuissance de la force à fonder quelque chose. » Mais alors, pourquoi cette folie de vouloir conquérir le monde, toutes ces guerres, ces millions de morts inutiles ?

Les vagues de la mémoire et de la légende ont porté jusqu'à nous le souvenir de ces conquérants de mondes infinis, et disparus... Cela ne signifie plus rien dans le monde fini du XXIe siècle. Aucun tyran ne fera rêver ou trembler autant... Jusqu'à ce que l'on admette qu'un grand homme, c'est, par exemple, Pasteur. Ou que l'on soit partagé entre des empires non territoriaux. S'il y a des conquérants modernes, ce sont Bill Gates, Steve Jobs, Elon Musk, Mo Ibrahim, Jack Ma, Mukesh Ambani.

Voir : César, Jules ; Empires ; Gengis Khan ; Napoléon.

Algérie

On pourrait parler du lointain passé, de l'époque romaine, des Kabyles, des Arabes, de l'Oranais, de l'Algérois, du Constantinois, du dey d'Alger nommé par l'Empire ottoman, de 1671 à 1830. Mais c'est la séquence franco-algérienne qui domine encore aujourd'hui : l'expédition de 1830, présentée au début comme une opération antipiraterie et transformée après quelques hésitations en conquête, souvent sanglante au début (voir les enfumages du général Bugeaud), puis en colonie de peuplement à laquelle s'opposera notamment, jusqu'en 1847, l'émir Abdel Kader. Personnalité extraordinaire, chef de la résistance antifrançaise, interné à Amboise, libéré, pensionné et décoré par Napoléon III, invité à l'Exposition universelle de 1867, il finit sa vie à Damas où, jusqu'en 1883, il est une grande figure intellectuelle et religieuse de l'islam philosophique et de dialogue... Ce qui fait qu'il est renié par les nationalistes, rejeté et ignoré par les islamistes.

La suite, toujours présente dans les esprits et les débats, sous des formes schématisées, ce sont les massacres de Sétif en 1945 et bien sûr les assassinats du 1er novembre 1954, prélude à l'insurrection combattue par la guerre menée par la France de 1954 à 1962 et qui entraîne au passage la chute de la IVe République et le retour au pouvoir du général de Gaulle. Massacres de colons ou de harkis par le FNL. Assassinats par l'OAS. Histoires de colonisation et de décolonisation, comme il y a des dizaines d'autres. Mémoires meurtries.

Les relations franco-algériennes passent pendant les soixante années qui suivent par des hauts et des bas. Tous les présidents français essaient, à partir de Valéry Giscard d'Estaing, d'établir les moins mauvaises relations possibles avec l'Algérie tout en gardant de bonnes relations avec le Maroc et la Tunisie. Sans beaucoup de résultats probants en ce qui concerne l'Algérie. Certains présidents algériens comme Chadli Bendjedid, Mohamed Boudiaf ou Abdelaziz Bouteflika essaient de décrisper les relations avec la France (et, s'agissant des deux derniers, avec le Maroc). Mais cela tourne court. La marge de manœuvre des présidents par rapport à l'armée algérienne, qui n'est pas prête à bouger sur la

France, ni sur le Maroc, est faible ou inexistante. D'ailleurs, Mohamed Boudiaf est assassiné. La question aujourd'hui n'est pas celle des relations entre les peuples (les millions d'Algériens en France, dont 2 millions de binationaux), mais celle des relations entre la France et le régime algérien.

Le président Macron et le président Tebboune ont confié en juillet 2020 à Benjamin Stora et Abdelmadjid Chikhi une mission sur la « mémoire de la colonisation et la guerre d'Algérie en vue de favoriser la réconciliation entre les peuples français et algériens ». Le président Tebboune a déclaré que les « Algériens tiennent beaucoup plus à la reconnaissance par l'État français de ses actes qu'à une compensation matérielle ». Ce serait bien que cela marche ! Difficile de prévoir où cela conduira, ce que demandera l'armée algérienne, et les groupes concernés en France, harkis, rapatriés, doubles-nationaux, opinions. L'Algérie a un potentiel considérable si elle arrive un jour à transcender son souverainisme accusateur et vengeur. Cela ouvrirait des perspectives nouvelles avec la France, mais surtout au Maghreb et en Afrique.

Voir : Colonisations ; Décolonisations ; Passé ; Repentance.

Allemagne

Deux mystères et une question.

D'abord ce premier mystère, historique, démographique et politique : comment les immenses populations germaniques, ou plutôt germanophones, n'ont pas pu pendant des siècles se constituer en nation, en État, en État-nation ?

La première mention des Alamans date d'un texte romain de 213. L'unification allemande de 1870. Près de mille sept cents ans ! Les confédérations de tribus germanophones, suèves, tudesques, gauts, établies entre l'Elbe et le Main, se sont répandues dans toute l'Europe entre le IIe et le VIe siècle, poussées elles-mêmes au IVe par les Huns repoussant les Celtes. Angles et Saxons en Grande-Bretagne, Francs en Gaulle, Burgondes en Bourgogne, Ostrogoths en Italie, Visigoths en Aquitaine et en Hispanie, Suèves en Galicie, Vandales en Afrique du Nord, Vikings/Normands en Russie et Ukraine (la Rus), Angleterre et Sicile. Clovis vainc d'autres germanophones en 496. En 843, le traité de Verdun sépare la Francie occidentale (la Neustrie, le nord-ouest de la France actuelle) et la Francie orientale (la Souabe). Entre les deux, la Lotharingie, qui sera disputée pendant des siècles. À partir du XIIIe siècle, le terme « teutonique » désigne les Allemands au sein de l'ensemble germanophone. Certains historiens considèrent que si le Germano-Romain Arminius n'avait pas remporté la bataille de Teutoburg en l'an 9, la romanisation – la latinisation – aurait limité l'ampleur de la diffusion ultérieure des langues germaniques… et donc de l'anglais.

Après, il y aura les Hohenstaufen, puis le Saint Empire romain germanique, de l'an 1000 au XVIIIe siècle avec les Hohenzollern (et les Habsbourg pour l'Autriche) et d'innombrables petites principautés, maintenues émiettées pour deux siècles et demi de plus par Richelieu et Mazarin, par les traités de Westphalie (1648). Mais quand Napoléon dissout, en 1806, la Confédération, l'unification se met en marche dans les esprits germaniques. Bismarck la fera aboutir moins de soixante-dix ans plus tard après avoir vaincu l'Autriche à Sadowa et la France à Sedan. Rien à voir avec la patiente et méthodique élaboration d'une nation par les Capétiens élargissant leur pré carré, ni avec les dynasties anglaise ou espagnole.

Second mystère insondable que chacun a à l'esprit. Comment l'Allemagne de Goethe et de Schiller, donc de Weimar, de Gutenberg, de Bach, de Beethoven, a-t-elle pu engendrer le nazisme ? Il y a la thèse des circonstances exceptionnelles : la crise de 29, les millions de chômeurs et de sans-abri ; la terreur qu'exerçait le bolchevisme ; le talent oratoire magnétiseur de Hitler sur les foules, son génie stratégique initial. Certains continuent à penser que quelque chose dans l'histoire allemande devait conduire au nazisme. De Gaulle et Mitterrand ne le pensaient pas du tout : ils parlaient d'une « idéologie qui s'était emparée d'elle ».

Et une question : que va devenir l'Allemagne à long terme ? Est-ce que vraiment une identité européenne va finir par surplomber, ou en tout cas supplanter l'identité séculaire des peuples au sein de la « Fédération d'États-nations » (Delors) et en particulier celle du peuple allemand ? Qui peut le dire ? Il y a un jeu de poker menteur entre ceux qui disent déplorer que l'Allemagne n'assume pas plus son leadership économique – en 2013, *The Economist* titre un article : « The reluctant hegemon » – et l'Allemagne qui ne bouge qu'à peine, à la fin de la période Merkel. Mais si l'Allemagne s'affranchissait de soixante-dix ans d'inhibition et assumait ce leadership en politique étrangère et dans la défense ? Que dirions-nous ? Que c'est l'Europe ? Cela dépend de comment cela se passe.

Voir : Europe ; France/Allemagne ; Hitler, Adolf ; Munich (Accords de).

Alliances

L'Histoire est riche d'alliances, politiques, diplomatiques et militaires, car il y a eu peu de puissances capables de se suffire à elles-mêmes, sauf l'Empire romain, mais il avait des « obligés », Gengis Khan, ou Tamerlan, les États-Unis dans la décennie 1990 (celle de l'hyperpuissance), mais l'Alliance atlantique lui restait un précieux relais. Et, peut-être, la Chine, à un certain moment, et demain. Mais l'Histoire est aussi pleine de retournements d'alliances, de trahisons, et aussi de difficultés et de confusion pratique quand une alliance nécessitait une coalition militaire. On se souvient de Foch, commandant en chef des forces alliées en 1917 : « Depuis que je sais ce qu'est une coalition, j'admire beaucoup moins Napoléon [qui a vaincu toutes les coalitions organisées contre lui par Londres, sauf la dernière] ! »

Il y a des alliances conjoncturelles audacieuses qui choquèrent les contemporains quand ils les jugeaient contre nature, on dirait aujourd'hui « contraire à nos valeurs » : les rois de France Valois, s'alliant avec des princes protestants (comme plus tard Richelieu) ou même avec l'Empire ottoman alors même que cela révulsait l'opinion nobiliaire ultracatholique, pour desserrer l'étau des Habsbourg catholiques (Autriche, Pays-Bas et Espagne). Ou encore Roosevelt et Churchill s'alliant avec Staline (!) pour écraser Hitler et le Japon.

À notre époque, depuis que le pacte de Varsovie a été dissous en 1991, la seule alliance politico-militaire qui demeure est l'alliance de l'Atlantique Nord, créée en 1949 par le traité de Washington (le « O » de OTAN correspond à l'Organisation du traité), dirigée et encore financée, à la fureur de Trump et d'autres Américains moins bruyants, à près de 70 % par les États-Unis. De Gaulle était sorti en 1966 de ses organisations militaires intégrées faute d'obtenir une réforme demandée depuis 1958, jamais de l'alliance elle-même. Nicolas Sarkozy y a ramené la France, à partir d'un raisonnement illusoire sur l'Europe de la défense en 2007. Et, bien sûr, la France n'allait pas en ressortir une nouvelle fois.

L'OTAN est minée sourdement depuis les années 60 par l'incertitude qui plane sur la garantie nucléaire américaine. Et depuis le passage de Trump, qui a jeté le masque, cette interrogation ne peut plus être dissimulée. La Russie, qui aimerait bien sûr, comme la Chine, la voir disparaître, la dénonce comme agressive et obsolète. Le président Macron, lui, voudrait la voir perdurer, mais réformée, et pour cela l'a bousculée par ses déclarations de novembre et décembre 2019. Sa perpétuation à long terme est probable du fait de l'inertie bureaucratique et de la répugnance de la plupart des Européens à assurer de vraies responsabilités dans ce domaine malgré l'objectif affiché par l'Europe d'une « autonomie stratégique ». Mais comme il est improbable qu'apparaissent des menaces spécifiques nouvelles *ne visant que les États-Unis et l'Europe*, qui les lieraient de nouveau indissociablement, les Américains et les Européens vont s'éloigner doucement les uns des autres comme des « cousins issus de germains ».

Quant aux autres alliances, elles sont fragiles et n'ont pas de réalité militaire. Mais l'histoire n'est pas finie.

Voir : Dissuasion ; OTAN (Organisation du traité de l'Atlantique Nord).

Altermondialiste

Mouvement vintage qui a posé de vraies questions, mal et trop tôt. Vaste nébuleuse de mouvements d'inspiration marxiste, gauchiste, anti-impérialiste, castriste, anarchiste, tiers-mondiste, catho de gauche, puis écologique, féministe, LGBT, etc. D'abord appelée « *anti*mondialiste » puis, pour faire plus crédible, « *alter*mondialiste ». Apparue d'abord en Amérique latine, donc très marxiste et antiaméricaine, cette vague s'est développée un peu partout dans les années 70/80/90 en réaction à la croissance du commerce international et au raz-de-marée mondial de l'économie globale de marché dérégulée, parti de l'Occident, étendue à la Chine (Deng, 1979), puis à la Russie (1992), et enfin à tous les émergents ; ce qui a pris le mouvement à contre-pied car il dénonçait le « capitalisme » ou le « libéralisme », alors qu'il s'agissait du productivisme qui a remodelé le monde depuis la révolution industrielle.

Ces groupes contestataires manifestaient à l'occasion des calendriers connus à l'avance des grands sommets : OMC, G20, G8, G7 ou autres rendez-vous commodes, propices à de larges mobilisations, affirmant qu'un « autre monde est possible ». Vieille aspiration chrétienne. Leurs manifestations, longtemps impressionnantes, parasitées par d'inévitables « casseurs », parfois ambigus sur la violence, que des raisonnements tordus et indulgents légitiment, se sont épuisées en des rituels protestataires sans grande portée, même si une nouvelle génération d'altermondialistes, de décolonialistes, d'indigénistes, de Latinos anticapitalistes rêve d'un « nouveau Bandoeng ». En fait, tous les pays émergents rêvent d'entrer enfin dans l'économie de marché. Pendant ce temps-là, les dérégulateurs et les régulateurs occidentaux libéraux, ultralibéraux, sociaux-démocrates, blairistes, s'affrontaient *au sein* de l'économie globale dans les sommets, les organisations multilatérales et les partis, au sein de chaque pays. Obama, président américain, à partir de 2009, a « un peu » re-régulé la finance mondiale, c'est-à-dire américaine, qui est redevenue sauvage, motivée seulement par une recherche obscène de l'enrichissement le plus rapide possible, responsable de la crise systémique de 2008. Mais Donald Trump a annulé de 2017 à 2020 ces quelques mesures prudentielles... Depuis les années 2000, les classes populaires, puis moyennes, ont commencé en Occident à décrocher de la mondialisation, même « régulée », et de la « construction » ou de « l'intégration » européenne, en dépit de ses apports évidents. Mais depuis la crise financière de 2008, les « insurrections électorales » à répétition de la décennie 2010, la prise de conscience glaçante des dangers de l'extrême dépendance à travers la crise du coronavirus en 2020, c'est au sein même du « système » (y compris à Davos ! – voire dans les colonnes du *Wall Street Journal* ou du *Financial Times*) que des interrogations s'expriment. Non pas pour « démondialiser » mais pour ralentir, corriger, encadrer... Il était temps. Mais qu'est-ce qui sera fait en réalité ?

Voir : Davos ; Mondialisation/démondialisation.

Anthropocène

Controverse de géologues. « Âge de l'homme », qui aurait commencé depuis que celui-ci a modifié les paramètres du système Terre. Selon Paul Crutzen, prix Nobel de chimie en 1995, c'est vers 1850 que la révolution industrielle, fondée sur l'extraction et l'exploitation du charbon, nous a fait sortir de l'ère géologique précédente, l'holocène, période interglaciaire de l'ère quaternaire, qui ne durait que depuis onze mille sept cents ans. D'autres la font plutôt débuter en 1945 avec les explosions nucléaires. D'autres encore contestent. Il n'y a toujours pas de consensus entre les spécialistes. Pour moi (qui ne suis pas géologue), c'est évident que nous sommes entrés dans une ère qui bouleverse totalement les conditions physiques de la vie (et donc de la survie !) sur la Terre, quel que soit le nom qu'on lui donne. Avec les répercussions que l'on constate déjà en géopolitique. Cela a des conséquences qui dépassent l'entendement, et que l'on repousse, car elles terrifient d'autant que aucune action, hors de la science-fiction, ne semble pouvoir les contenir... l'espèce humaine parviendra-t-elle à tout « écologiser » à temps ? Cette course de vitesse est l'enjeu, vital, des trente prochaines années.

Voir : Écologisation ; Énergie.

Après-guerre, avant-guerre

En Europe, depuis 1945, « l'après-guerre », c'est l'après-Seconde Guerre mondiale. Le plus long des après-guerre ! Il a supplanté celui de l'après-Première Guerre mondiale, les zazous, le *Paris est une fête* d'Hemingway, les années 20, vite obscurcies par les années 30.

Pour nous, donc, l'après-guerre, c'est ancien, très daté. Cela a le parfum de « la Libération », l'amitié puis le combat Sartre/Camus – où Sartre s'est fourvoyé –, *Combat*, la rue Saint-Benoît, les boîtes de Saint-Germain-des-Prés, le jazz, le Flore, la liberté, l'insouciance, le début de la fin des tabous sexuels, Jean Vilar et les débuts du Festival d'Avignon et, par voisinage, le début de la découverte du Lubéron par les psys et les intellectuels de gauche. Les Français oublient que c'est le débarquement américain en Normandie qui les a libérés, ou croient, au contraire, que les Américains sont venus *pour* les libérer. (En fait, c'était la route de Berlin.) Ils adoptent l'*American way of life*...

Ensuite vinrent la guerre froide, la fin de l'empire colonial, les convulsions de la IVe République, le général de Gaulle, la Ve, la gauche au pouvoir avec François Mitterrand, les alternances et, plus tard encore, la France, prétentieuse et déboussolée en même temps, esquif ballotté dans la haute mer de la mondialisation. « L'après-guerre » garde un goût de champagne et de jazz. La repentance pour les années 40/44 sert à masquer l'aveuglement des années 33/40.

Notons qu'il n'y a eu aucun après-guerre festif après la fin de l'URSS, en 1991. Seulement de l'arrogance du côté américain, des illusions du côté européen, et une amertume affreuse du côté russe. Encore moins d'illusion et de joie dans l'ex-Yougoslavie, un peu au Liban à la fin de la guerre civile de 1975 à 1990 (que c'est loin !) et, en Colombie, après l'accord de paix de 2016.

Le trouble suscité par un monde chaotique, à l'opposé des illusions des Occidentaux des années 1990, alimente depuis quelques années l'angoisse d'un nouvel *avant-guerre*, comme les années 30. Erreur : le monde est instable et imprévisible, il est encore loin de constituer une « communauté internationale », il y a des risques de court-circuit, mais il n'est pas au bord de la guerre. Mer agitée à très agitée, mais pas de cyclone permanent partout. Et la pandémie a rebattu la carte des angoisses.

Arabe (Monde)

Linguistiquement – si ce n'est ethniquement – parlant, il y a un monde arabe peuplé de près de 400 millions d'habitants et essentiellement musulman, avec ses branches et ses minorités. N'oublions pas qu'au total les musulmans sont 1,8 milliard. Mais politiquement ? Cela a été l'ambition et l'affirmation de leaders arabes nationalistes anticolonialistes, « socialistes » dans les années 40 à 70. La figure de proue en fut le colonel Gamal Abdel Nasser, président de l'Égypte de 1954 à 1970. C'est une époque où l'islamisme est encore dormant, ou contenu, et moqué par Nasser, Sadate, le roi d'Afghanistan, Hassan II, même si la création des Frères musulmans remonte aux années 30. Les débuts d'Israël sous la conduite déterminée et opiniâtre de Ben Gourion galvanisent l'hostilité des masses arabes, où les États-Unis et l'URSS manœuvrent en rivaux au Proche-Orient, et où le *nassérisme*, le *baathisme* (syrien et irakien), souvent inspiré par des Arabes chrétiens, le nationalisme algérien, Kadhafi, ont en commun un nationalisme arabe et local très affirmé. Au bout du compte, cela n'a pas marché du fait des rivalités nationales, de la « mauvaise gouvernance », de la dépendance envers l'extérieur, de la politique de l'Arabie, de la remontée de l'islamisme, des manœuvres des puissances extérieures (mais qui n'expliquent pas tout), etc.

En fait, il n'y a pas d'unité politique du monde arabe contemporain et de ses 380 millions d'habitants, même pas au Maghreb (l'Algérie et le Maroc en chiens de faïence) où l'Union du Maghreb arabe (UMA) n'existe que sur le papier. Le monde arabe est en plus confronté de façon de moins en moins unie à son impuissance face au Likoud, de plus en plus nationaliste et triomphant en Israël ; à la résurgence de l'antagonisme chiite/sunnite partout où il y a des Arabes chiites (ils sont même majoritaires en Irak) ; à la remontée du fondamentalisme ; et à la dérive terroriste d'une minorité chez les extrémistes sunnites (salafistes, djihadistes, etc.) ; et souvent, mais pas partout, à la corruption et à la mauvaise gouvernance. La réussite spectaculaire et postmoderne des divers émirats est trop particulière et dépendante du gaz et du pétrole – jusqu'à quand ? – pour être transposée.

Les « printemps arabes » n'ont pas recréé à partir de 2011 une unité – un temps espérée ou rêvée – autour de la démocratisation. Au contraire, on a vu des guerres civiles, la victoire électorale de l'islamisme, et le retour à des régimes autoritaires. La France s'y perdait avec sa « politique arabe », et le projet du président Sarkozy d'« Union pour la Méditerranée » avait tout de suite buté sur ces divergences et ces oppositions insurmontables.

Il existe néanmoins dans les opinions arabes, outre la langue, des ressemblances certaines, et cela s'est de nouveau vu en 2019 : mécontentement contre les régimes en place, sentiment antiaméricain et anti-israélien exacerbé, frustration, désir de changement, ou d'émigration. C'est une identité en « creux », négative, qui forme une base fragile, mais réelle. Plus le retour, très instrumentalisé, de l'identité profonde, de l'islam, sous la forme islamiste.

Des pays arabes s'en sortiront très bien. Mais le « monde arabe » reste très prisonnier de ses contradictions et dépendant des décisions prises par les autres ou de l'enchaînement aléatoire des stratégies des acteurs régionaux, ou extérieurs. Pour le moment, au Moyen-Orient, le ciment le plus fort chez les Arabes sunnites est la peur, et la détestation du régime iranien. D'où la percée obtenue par Netanyahou grâce à Trump en août 2020 avec l'établissement de relations diplomatiques entre Israël et Abou Dabi. MBZ (Mohammed ben Zayed ben Sultan) pourrait entraîner Bahreïn, le Soudan, peut-être Oman. L'Arabie n'a pas condamné. Mais ils devront bien, un jour ou l'autre, se résigner à coexister avec l'Iran, et les sunnites avec les chiites. Beaucoup de Français confondent la résonance affective ou humaine qu'ont chez nous les événements dans les pays arabes et nos moyens d'influence politique ou diplomatique. Ils sont infimes et délicats à employer. On le voit à propos du Liban où la disparition du Liban à la française est éclatante et où les limites de nos capacités d'aide, sauf à l'appuyer sur la diaspora libanaise, sont un crève-cœur. On pourra se référer au bilan sans fard – *Un siècle pour rien* – par Jean Lacouture,

Ghassan Tuéni et Gérard Khoury, qui n'a malheureusement pas été démenti depuis sa parution en 2002.

Quant au Maghreb, c'est aussi le monde arabe, mais différent. Chaque pays a sa personnalité propre. La Tunisie est la seule qui se soit sortie à peu près bien des révolutions du printemps arabe. Le Maroc mène une politique africaine efficace et a obtenu en décembre 2020 de l'administration Trump une reconnaissance de la marocanité du Sahara en échange du rétablissement des relations avec Israël (elles avaient existé mais avaient été suspendues) tout en rappelant son soutien à la création d'un État palestinien. Bien joué ! Cette double approche peut entraîner d'autres pays arabes. Mais l'avenir du monde arabe restera explosif tant que les gouvernements resteront (plus ou moins, c'est variable !) rejetés par les peuples.

Voir : Algérie ; Huntington, Samuel ; Islam ; Israël ; MBS (Mohammed ben Salmane) ; MBZ (Mohammed bin Zayed Al Nahyan) ; Orient ; Sykes-Picot (Accords).

Arabie Saoudite

L'Arabie peut se raconter géographiquement : un territoire aux contours incertains, centré sur le cœur désertique de la péninsule Arabique. Historiquement, on peut remonter à la création de la province romaine d'Arabie, ou Arabie pétrée, en 106, après la conquête du royaume nabatéen. De façon plus contemporaine, à partir de ses deux fondations à deux siècles de distance, il y a l'Arabie contemporaine, le premier producteur de pétrole au monde (Aramco), incontournable dans la seconde moitié du XXe siècle (on connaît le célèbre pacte du Quincy entre Roosevelt et le roi Ibn Saoud), le partenaire énergétique de l'Occident, la base arrière contre les Soviétiques en Afghanistan, Saddam Hussein ou l'Iran, l'acheteur massif d'armes américaines et (un peu) européennes. Et il y a surtout l'Arabie *Saoudite*, issue de l'accord entre Mohammed ben Saoud et Mohammed ben Abdelwahhab, qui a imposé l'islam sunnite le plus rigoriste, le wahhabisme, et l'unification par Ibn Saoud entre 1902 et 1932. Mais surtout, à partir de 1979, défiée et angoissée par la révolution des ayatollahs en Iran, l'Arabie qui a cherché en réaction à faire prévaloir le wahhabisme partout dans le monde où se trouvent des sunnites (monde arabe, Afrique, Asie, Europe, et ailleurs). Ce que les Occidentaux ont mis des lustres à réaliser !

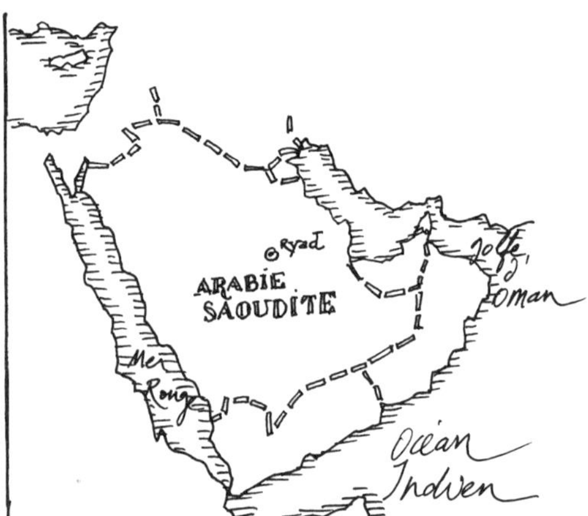

Plus récemment, le régime saoudien, devenu « salmanite » (le roi Salman) a détesté les efforts de compromis d'Obama envers l'Iran (l'intelligent accord sur le nucléaire iranien, JCPoA, Joint Comprehensive Plan of Action, dénoncé par Trump dès mai 2018) tant il jugeait le régime des mollahs acharné à sa perte en agitant les chiites de Syrie, du Yémen (où il s'est fourvoyé), de Bahreïn, voire des zones pétrolifères d'Arabie… Il s'est donc réjoui en 2017, comme Netanyahou, de la volonté implacable de Trump de détruire entièrement cet accord et d'asphyxier le régime iranien par un blocus impitoyable. D'où le silence de l'Arabie après le plan diktat Trump/Netanyahou en février 2020 sur la Palestine. Le très ambitieux et pressé jeune prince héritier, Mohammed ben Salmane (MBS), affirme vouloir créer à l'horizon 2030 un pays postpétrolier plus ouvert (droit de conduire donné aux femmes). Réussira-t-il ? L'Arabie salmanite révèle les contradictions occidentales, aux prises avec ses intérêts et ses principes, sur fond d'islamisme menaçant. Mais son avenir, sa pérennité, sa stabilité sont incertains. Néanmoins, Trump a fini de faire éclater la solidarité arabe et de regrouper, grâce à la peur partagée de l'Iran, Israël, Arabie, Émirats arabes unis, Bahrein et Soudan. Mais, au Moyen-Orient, aucune puissance régionale ne peut l'emporter totalement et aucune puissance extérieure ne peut y faire complètement la loi…

Voir : Arabe (Monde) ; États-Unis ; Iran ; Islam ; Israël ; MBS (Mohammed ben Salmane) ; MBZ (Mohammed bin Zayed Al Nahyan) ; *Quincy* (Pacte du).

Arctique

Cela fait rêver, ou cela terrifiait délicieusement, le pôle, les glaces, les ours blancs, les explorateurs, Peary, Cook, Amundsen, son premier hivernage… et les autres. Maintenant cela inquiète car le réchauffement est plus visible et plus rapide au pôle Nord et en haute montagne qu'ailleurs. La banquise y rétrécit de plus en plus vite. En même temps, cela attise des convoitises car ce phénomène permet d'ouvrir des passages maritimes nouveaux et durables, la fameuse « route du Nord » qui fera gagner un temps fou entre l'Europe et l'Extrême-Orient le long de la côte nord de la Sibérie. Croisières en brise-glace ! Mais qui va contrôler l'Arctique, y faire la police ? D'autant que le sous-sol très riche en pétrole et en minerais excite les appétits des puissances riveraines. D'où des rivalités entre États-Unis (Alaska), Canada, Russie, Norvège, Finlande, Danemark, Suède, Islande, risques écologiques inclus. Alors que les 14 millions de kilomètres carrés de l'Antarctique restent gérés correctement – et protégés avec vigilance – par les traités de 1959 (douze États) et de 1991 (protocole de Madrid). Exemple à suivre ! Michel Rocard, à la fin de sa vie, durant sa dernière mission, avait obtenu que la France soit admise comme observateur au sein du Conseil des régions arctiques (et pas « ambassadeur des pôles »). Il n'a pas eu de successeur sérieux jusqu'à Olivier Poivre d'Arvor. La France doit y rester et proposer des règles de bonne gestion coopérative et écologique. Il y a un grand risque. Dans son excellent ouvrage *L'Aigle, le Dragon et la Crise planétaire* (Éditions du Seuil, coll. « Anthropocène », 2020), Jean-Michel Valantin y consacre un chapitre « de la grande fonte au grand affrontement ».

Voir : Anthropocène ; Écologisation ; Énergie.

Armements (Course aux)

L'histoire du monde a longtemps été celle des batailles et des affrontements militaires, et donc aussi par définition celle des armements. Défensifs, offensifs et, à l'âge nucléaire, dissuasifs : éternelle dialectique du glaive et du bouclier ! Longue liste d'inventions, de sauts technologiques qui ont commencé avant l'Histoire : lances, épieux, pointes de sagaie, harpons, propulseurs, arcs, haches, frondes, boomerangs, sarbacanes, et qui se sont poursuivis avec les bombardes, les armes à feu portatives (XIVe siècle). La supériorité des archers anglais contre la lourde chevalerie française fit la différence à Azincourt. Et ainsi de suite : développement des navires, jusqu'aux croiseurs, porte-avions, sous-marins. Guerre moderne : tanks, chars de combat (1916, Somme), aviation, bombardiers. Aujourd'hui, cyberattaques ! La guerre des données ! Course aux missiles supersoniques, capables de changer de trajectoire (l'Avangard russe atteindrait Mach 20), l'intégration de tous les systèmes et de tous les théâtres ? Et après ? Fusées, missiles, satellites, drones, électronique, le ciblage de dizaines de milliers d'infrastructures sensibles ? La guerre dans l'espace ?

L'« équilibre des armements » a presque toujours été un répit fragile, un moment de courte durée entre deux des équilibres. Sauf pour la dissuasion nucléaire mutuelle pendant la guerre froide, même si certains contestent cette évidence.

Depuis le XXe siècle, l'histoire des appels au désarmement est parallèle au « perfectionnement » constant de ce dernier. Avec des résultats précaires ou limités. Même si tous les armements fabriqués sont loin d'avoir été employés (l'interdiction des armes chimiques – en 1918, puis en 1925, et, à Paris, en 1993 – a été presque entièrement respectée et beaucoup d'armements périmés vont à la casse). À noter que les puissances victorieuses ont toujours cherché à imposer des limites au réarmement des vaincus (à Versailles contre l'Allemagne). Avant cela, au paroxysme de la rivalité navale anglo-allemande (1890-1914), des accords multilatéraux avaient quand même été conclus pour limiter les tonnages des forces navales allemandes que Guillaume II voulait développer à marche forcée. Pendant la dernière phase de la guerre froide, quand l'Occident n'avait pas peur de négocier avec l'URSS – beaucoup plus redoutable que la Russie –, il y a eu le TNP en 1968, le traité antimissile ABM en 1972, des accords de *limitation* des armements stratégiques, SALT en 1972, de *réduction*, START, et des accords Reagan-Gorbatchev concernant l'Europe, le traité FNI en 1987.

Depuis le XXIe siècle, ces accords sont dénoncés ou abandonnés, chaque signataire important – États-Unis, Russie – accusant l'autre de violation ou voulant retrouver les mains libres sur d'autres théâtres, par exemple en Chine. C'est très dangereux. On est plutôt en phase de « perfectionnement », de numérisation (des missiles plus rapides, qui peuvent changer de trajectoire), sans oublier la volonté américaine (et chinoise ?) de militariser l'espace… Les États-Unis et la Chine mènent la danse. Vont-ils tomber dans le fameux « piège de Thucydide » ? Il est urgent de retrouver l'esprit des grands accords américano-soviétiques entre les Occidentaux et la Russie, les puissances établies et les puissances montantes, y compris la Chine, et que les Européens sortent pour cela de leurs inhibitions stratégiques et de leurs divisions s'ils veulent avoir leur mot à dire pour la suite. C'est vital pour eux !

Il faut totalement repenser et relancer la maîtrise et le contrôle des armements, voire le désarmement au XXIe siècle. En commençant par proroger le traité Newstart signé en 2011 pour dix ans par les États-Unis et la Russie.

Voir : Chinamerica ; Dissuasion ; Infrastructures ; Nucléaire ; Thucydide (Piège de) ; Traités.

ASEAN

Pendant longtemps, l'ASEAN (Association des nations de l'Asie du Sud-Est), créée en 1967 par une dizaine de pays (Philippines, Indonésie, Malaisie, Singapour, Thaïlande, puis Vietnam, Brunei, Laos, Birmanie, Cambodge) n'a été considérée – positivement – que sous l'angle économique, une organisation régionale parmi d'autres, dynamique et prometteuse. Elle était censée s'inspirer de l'exemple européen, ce que l'Union européenne a beaucoup mis en avant dans sa phase optimiste et ramenarde des années 80/90. En fait, on s'aperçoit maintenant que l'Union européenne est une aventure extraordinaire, issue d'un enchaînement historique très particulier, impossible à transposer, et qu'aucun phénomène de coopération régionale en Asie, en Afrique ou ailleurs ne lui ressemble vraiment. Et surtout, que l'ASEAN est à l'épicentre du phénomène numéro 1 en géopolitique : l'ascension spectaculaire de Pékin. Les pays de l'ASEAN, à commencer par l'Indonésie avec ses 265 millions d'habitants – qui représente 35 % du PIB de l'ASEAN –, sont confrontés au poids grandissant et colossal de la Chine. C'est impossible pour eux de lui résister complètement, même pour ceux placés en première ligne, comme les Philippines ou le Vietnam, qui voudraient préserver leur souveraineté maritime, mais ils ne veulent pas non plus – que l'on pense au Vietnam – être complètement aspirés par l'orbite chinoise, quelle que soit sa force d'attraction. Dans le cadre de l'ASEAN, les pays de l'Asie du Sud-Est sont censés coopérer avec la Chine, le Japon, la Corée du Sud, l'Australie, la Nouvelle-Zélande et l'Inde. Mais, en plus de la résistance à l'emprise chinoise de la part de certains de ces pays plus ou moins solides, qui ont quand même besoin des investissements chinois, ou des achats chinois, ou des touristes chinois, pour se développer – cela s'est beaucoup vu pendant la pandémie de 2020 –, il faut ajouter la volonté américaine, dans le cadre du grand bras de fer, d'empêcher toute la région de basculer, d'autant qu'elle est stratégique : on y trouve plusieurs des détroits malais ou indonésiens par lesquels transite une grande partie du trafic maritime mondial. D'autre part, comme on le constate, la Chine veut, par divers procédés et faits accomplis, étendre son contrôle souverain sur l'ensemble des « mers de Chine » en allant bien au-delà de la définition internationalement admise des eaux territoriales. L'avenir de la capacité des États-Unis à préserver la liberté de circulation en haute mer, grâce à ses sept flottes, et notamment entre le continent et Taïwan, se joue là. Si un conflit sino-américain éclate dans les vingt prochaines années, ce sera là. ASEAN, zone de séismes programmés, voire champs de bataille... Face à ces risques dont ils sont très conscients, les principaux pays, Indonésie, Vietnam, Thaïlande, peuvent avoir des stratégies différentes. Mais ils ont signé en novembre 2020 un accord de libre-échange, le RCEP, surtout avec la Chine et le Japon, mais aussi avec la Corée du Sud, l'Australie et la Nouvelle-Zélande. Sans les États-Unis ! Résultat de l'absurde politique de Trump.

Voir : Chine ; Guerre économique mondiale ; Indo-Pacifique.

Asie centrale

Région stratégique disputée, trop négligée par la France et l'Europe, forte de 70 millions d'habitants répartis dans quatre pays : le Kazakhstan (capitale Astana), l'Ouzbékistan (Tachkent), le Kirghizistan (Bichkek) et le Tadjikistan (Douchanbé, où je me suis arrêté pour prendre un Transall français quand je suis allé en Afghanistan en mars 2002). Elle est entourée par la Russie, la Chine, l'Iran et l'Afghanistan. Tous ces pays faisaient partie de l'URSS et sont devenus, ou sont redevenus, indépendants quand celle-ci s'est désintégrée en 1991. Ils sont gouvernés depuis par des dirigeants issus des ex-partis communistes, élus mais autoritaires.

Le géant de la région est le Kazakhstan (où est situé le cosmodrome de Baïkonour), avec ses 17 millions d'habitants, dont le président a été, de 1991 à 2019, Noursoultan Nazarbaïev. Les Russes représentent 24 % de la population, et la moitié de la population parle russe. Plusieurs luttes d'influence se déroulent dans ces pays, tiraillés entre l'influence ancienne de la Russie et celle croissante de la Chine. Pour des raisons géographiques évidentes, ce pays est concerné au premier chef par la partie terrestre du projet des routes de la soie. Le plus probable est que l'emprise chinoise va se renforcer. Autre enjeu : la montée de la contestation et des réseaux islamistes très offensifs, notamment dans la vallée de Ferghana, où coule le Syr-Daria, à l'est de l'Ouzbékistan, au sud du Kirghizistan et au nord du Tadjikistan, et où vivent 11 millions d'habitants, près d'un cinquième de la population de l'Asie centrale ! Si la France veut garder une politique étrangère globale et l'Union européenne en développer une, elles devraient se préoccuper plus de cette zone.

Voir : Routes de la soie (Nouvelles) ; Russie ; URSS.

Austerlitz

Est-ce que le soleil d'Austerlitz nous parle encore, au-delà des admirateurs inconditionnels du génie bonapartiste ? Le 2 décembre 1805, à Austerlitz, dans le sud de la Moravie (aujourd'hui Slavkov u Brna en République tchèque), l'empereur Napoléon l'emporte, après neuf heures d'un combat déclenché au lever de soleil (le fameux « Voilà le soleil d'Austerlitz ! »), contre les forces austro-russes de l'empereur François II du Saint Empire romain, de l'empereur d'Autriche-Hongrie, et des russes de l'empereur Alexandre Ier, qu'il a génialement piégées. C'est la « bataille des trois empereurs ». « Ne pouvant frapper la tête, l'Angleterre, Napoléon a frappé les bras » (Jean Tulard). Cette troisième coalition anti-Napoléon est dissoute, quatre autres seront constituées. La huitième et dernière aura raison de lui. Le Saint Empire romain germanique, voisinage si confortable pour la France, est mort. La voie est dégagée pour Bismarck. Sur 145 000 combattants, il y a 6 560 morts et 19 000 blessés. Il est au faîte de sa gloire et il peut encore tout décider. Napoléon promet la paix à ses soldats ! François Mitterrand nous disait que la suite aurait été différente s'il s'était arrêté là. Il y aura à Paris une « gare d'Austerlitz ». Mais à Londres, bien sûr, une « Waterloo Station ».

Voir : Batailles ; Napoléon.

B

Batailles

L'Histoire n'est-elle qu'une longue suite de batailles, de la bataille de Qadesh (en 1274 avant J.-C. entre Ramsès II et le nouvel Empire hittite) jusqu'à celle de Mossoul contre l'État islamique en 2017, en passant par des milliers d'autres ? Dont celles des deux guerres mondiales – Stalingrad, le Débarquement. Bien sûr, il y a des batailles qui ont changé, pour un temps, le sort du monde. Typiquement : Austerlitz, Waterloo, Stalingrad, la bataille de Normandie. Citons-en une autre, en l'an 9 : les trois légions de Varus, neveu d'Auguste, sont anéanties à Teutoburg, près d'Osnabrück, par les « barbares » du Germain romanisé Arminius (sorte de Vercingétorix). Varus se suicide. Auguste : « Publius Quinctilius Varus, rends-moi mes légion ! » Germanicus vaincra Arminius en 14, mais les Romains ne reformeront pas de 17e, 18e, 19e légion ! Coup d'arrêt à l'extension du latin au détriment de l'aire germanophone (dont le futur anglais, issu de l'angle, du saxon et du franco-normand, donc du futur français mêlé de danois...). Cela a changé le destin des langues en Europe.

Depuis 1945, on pense en Europe être sortis de tout cela et vivre dans un monde posttragique ! Finis, les conquérants territoriaux, les champs de bataille, les défilés de la victoire, les arcs de triomphe et les vengeances attendues. Déjà, dans les années 30, l'École des Annales jugeait que les historiens devaient s'intéresser autant au prix du pain (donc à la PAC – politique agricole commune) qu'à la vie des princes, à leurs querelles et à leurs batailles. Depuis la fin de la Seconde Guerre mondiale et ses chiffres hallucinants de victimes – 60 millions ! –, plus encore civiles que militaires, il y a encore eu de nombreuses guerres (notamment de décolonisation, ou entre pays devenus indépendants), mais la dissuasion nucléaire mutuelle a fait qu'il n'y a pas eu de nouvelle grande guerre entre les puissances. Et d'ailleurs, globalement, il y a de moins en moins de guerres…

Que faut-il enseigner ? Un « devoir de mémoire », construction sociale tributaire de l'esprit du temps ? Plutôt l'Histoire avec un grand « H », lucide, honnête et vraie. Mais les batailles cesseront-elles jamais ? Batailles encore parfois territoriales, au Moyen-Orient, en Afrique, le plus souvent pour le contrôle et l'accès aux ressources rares, les chemins stratégiques (les détroits), les batailles économiques pour les parts de marché, les nouvelles batailles immatérielles (accès aux données, cyberattaques), ou technologiques, le contrôle de l'espace, batailles d'influence… Il n'y a peut-être plus rien dans tout cela « à célébrer », mais encore à commémorer (se souvenir) et surtout beaucoup à méditer.

Non pas pour faire des incantations « à la paix », comme les danses pour faire pleuvoir, mais pour comprendre comment on l'impose, on la rétablit, on la maintient, on la protège.

Voir : Fukuyama, Francis ; Histoire de France ; Paix.

BD

Il eût été étonnant que les géniaux auteurs de la « ligne claire » classique belgo-française, si lisible, qui porte si bien son nom, si prompts à capter leur époque, n'aient pas été saisis par leur contexte géopolitique. C'est le cas d'Hergé, immense créateur, qui a pris quelquefois des événements internationaux de son époque comme cadre des aventures de Tintin et de ses amis. Guerre nippo-chinoise (*Le Lotus bleu*), création d'Israël et coups d'État dans la péninsule Arabique (*Tintin au pays de l'or noir*, *Coke en stock*), fascismes européens (*Le Sceptre d'Ottokar*, *L'Affaire Tournesol*). Tout cela reste fluide : le jeune reporter se glisse entre les gouttes de la grande histoire. Rien n'est pesant. Tiré de l'actualité de l'entre-deux-guerres et des débuts de la guerre froide, mais épuré, et donc intemporel et éternel, comme Charlot. L'autre grand maître de la ligne claire, Edgar P. Jacobs, inventeur de Blake et Mortimer (et du diabolique colonel Olrik, dont j'ai écrit, avec mon fils Laurent, une « biographie non autorisée »), a fait de la géopolitique de son temps la toile de fond de plusieurs de ses albums. D'abord avec *Le Secret de l'Espadon*, imaginaire troisième guerre mondiale déclenchée juste après la fin de la deuxième depuis Lhassa par « l'usurpateur Basam Damdu ». Ensuite avec *S.O.S. Météores*, épisode parisien de la guerre froide. Fait remarquable : les États-Unis n'y apparaissent pas comme puissance. Au moment de leur apogée ! Tout tourne toujours autour de la Grande-Bretagne. Le commandant de la base secrète à Ormuz, l'amiral Gray, a les traits de Churchill. Plusieurs des talentueux continuateurs de Jacobs se sont inscrits eux aussi dans ce cadre des années 40/50/60. La géopolitique ou l'économie mondialisée sont présentées dans bien d'autres séries, comme *Largo Winch*, de Jean Van Hamme et Philippe Francq.

Voir : Espions (de papier, de pellicule).

Bérézina

Débâcle ? Le passage quasi impossible de la rivière la « Bérézina » (en Biélorussie) du 26 au 29 novembre 1812, par la « Grande Armée » napoléonienne en pleine déroute, poursuivie par Koutouzov, est devenu dans la langue française synonyme de débâcle : l'hiver, le gel, 30 000 morts du côté napoléonien. Voir Balzac ou Hugo. Mais peut-être est-ce aussi erroné que la légende du partage du monde à Yalta ? Pour certains historiens français d'aujourd'hui, ce fut au contraire une victoire militaire, en tout cas pas une défaite. Et, d'ailleurs, le tsar Alexandre Ier limogea le général Tchitchagov qui n'avait pu empêcher les pontonniers du général Éblé de réaliser des ponts pour permettre le passage du reste de la Grande Armée. Mais, de toute façon, la campagne de Russie fut un échec et le commencement de la fin pour Napoléon. Comme Stalingrad le fut en 1942-1943 pour les nazis (je ne compare pas !). Cinquante ans plus tard, Léon Tolstoï en fit, dans son immortel roman *La Guerre et la Paix*, le symbole du sursaut national. En littérature, l'année 1812 marque le début d'un patriotisme romantique russe, Tchaïkovski composera plus tard *L'Année 1812*.

Il y aurait une liste de batailles ou d'événements catastrophiques à faire : des croisades, Damiette, l'Écluse (1340), Crécy, Maupertuis, Brétigny (1360), Azincourt (1415), le traité de Troyes (1420), peut-être le pire de tous, pire encore que l'effondrement total de 1940, et bien d'autres encore, plus tard, Trafalgar, Waterloo, Sedan, Fachoda, Diên Biên Phu....

Certains peuples commémorent leurs défaites : par exemple, pour la Serbie, la bataille des « champs des Merles » en 1389 au Kosovo où une coalition de princes chrétiens a été vaincue par l'Empire ottoman ! Sous d'autres formes, ce masochisme n'est pas mort et se porte bien chez nous...

Voir : Batailles ; Napoléon ; Waterloo, morne plaine.

Berlin

Berlin : son nom évoque la tragédie. Sa réalité est plus banale. Les grandes capitales ont toutes des origines modestes et des destinées contrastées. Fondée au XIIe siècle sur les bords de la Spree, Berlin a été du XIIIe au XVIIe siècle la capitale de l'électorat de Brandebourg, puis celle du royaume de Prusse (XVIIIe-XIXe siècle) – un des refuges des huguenots français –, ensuite de l'Empire allemand pendant quarante-huit ans de 1871 à 1919, de la république de Weimar (fondée à Weimar) pendant quatorze ans, de 1919 à 1933, et du Troisième Reich de Hitler pendant douze ans, de 1933 à 1945. Celui qui devait durer mille ans !

En 1945, la ville a été divisée par les vainqueurs en quatre zones (américaine, britannique, française, soviétique) et, à partir de 1961, seize ans après la fin de la guerre, par un mur, entre Berlin-Ouest et Berlin-Est, capitale de la RDA, pour empêcher les Berlinois de l'Est de fuir. Berlin redevient capitale de l'Allemagne en 1990, avec le « traité d'unification » très bien négocié à 4 + 2 (les États-Unis, l'URSS, la France, la Grande-Bretagne plus la RFA [Allemagne de l'Ouest] et la RDA [Allemagne de l'Est]) et signé le 31 août 1990, et si bien négocié qu'il n'a jamais été contesté depuis. Toutes les installations fédérales y siègent. L'obsession de Berlin : ne plus jamais faire peur, malgré l'imposante nouvelle chancellerie ! Pourtant, c'est avec Francfort (les banques) et Karlsruhe (la Cour) un des principaux lieux de pouvoir de l'Allemagne d'aujourd'hui.

Voir : Allemagne.

BHL (Bernard-Henri Lévy)

Difficile d'évaluer exactement son influence, celle qu'il se prête, celle qu'on lui prête, ou lui dénie. Bernard-Henri Lévy est né en 1948, mais il est devenu BHL en surgissant des ondes, ou plutôt des écrans, à l'émission « Apostrophes » du 7 mai 1977. Chemise blanche, col ouvert, profil aiguisé, allure romantique, il séduit autant qu'il s'impose comme la figure étendard des « nouveaux philosophes », avec André Glucksmann. Le premier objectif de ces intellectuels médiatiques (cela devient avec eux et l'essor de la télé une catégorie en soi) est de combattre *tous* les totalitarismes, et d'abord l'URSS. Elle est en fait déclinante mais encore redoutée. Cela indigne une partie de la gauche, toujours sous influence marxiste ou qui ne peut pas encore admettre se passer du PCF, et qui ne se résignera jamais à mettre sur le même plan nazisme et communisme. Et cela gêne aux entournures François Mitterrand, engagé dans sa marche au pouvoir, vouée à l'échec sans l'Union de la gauche. Le second combat sera de mobiliser, pour ce que l'on appellera plus tard « l'ingérence » (Bettati, Kouchner), une opinion publique la plus indignée possible pour convaincre/contraindre un gouvernement occidental, en pratique français, d'intervenir militairement dans un pays en crise grave afin d'y faire cesser les souffrances (et aussi celles des téléspectateurs, dira-t-on perfidement). Giscard y fut sensible. Trop politique pour le négliger, François

Mitterrand le ménageait. Chirac l'ignorait. Il contribua à convaincre Sarkozy d'intervenir en Libye et Hollande en Irak au nom des Kurdes.

BHL fut sévèrement attaqué. Pour ses positions. Pour ses vérités à éclipses et ses impasses (l'essayiste incisif parfois pamphlétaire Pascal Boniface l'a épinglé dans ses *Intellectuels faussaires*). Pour son refus d'envisager et d'assumer les conséquences de ses interventions (il les assume pour la Libye). Pour son soutien systématique à Israël (il s'en défend et n'a jamais rejeté en bloc la solution à deux États et avait condamné, avec d'autres et JCall [European Jewish Call for Reason], le projet de Netanyahou d'annexion de la vallée du Jourdain). L'homme est divers et complexe. Inspiré voire obsédé par la figure de Malraux, il est attachant, différent de l'image qu'il s'est construite. Centre d'un réseau d'influence (médias, revues, édition) longtemps très puissant, il peut être attentionné, vif, rapide, opérationnel. Comme ministre, je l'avais missionné pour faire un rapport sur l'éventuel troisième bouddha (caché) de Bâmiyân et aidé à voyager pour relater « les guerres oubliées ». Il aura été une figure parisienne typique (inconcevable ailleurs) des années 70 au début des années 2000. Mais c'était dans

« le monde d'avant ». Il n'a jamais admis la relativisation de la puissance occidentale, au contraire : en 2018, dans *L'Empire et les Cinq Rois*, il appelle l'Europe, seule s'il le faut, à relayer l'Amérique défaillante et à ne faire « aucun compromis » avec les puissances nouvelles qui défient l'Occident et voudraient l'empêcher de poursuivre sa mission civilisatrice (Chine, Russie, Turquie, Iran, Arabie) : cela conduirait donc à un Occident, qui n'en a plus les moyens, ni la volonté, devant affronter tout *the rest*. Vaste programme qui tente beaucoup d'Occidentaux ! Mais le temps des croisades et de la colonisation est révolu...

Voir : Ingérences ; Néoconservateurs.

Biden, Joe

Joe Biden, né en 1942, dont Trump se moquait (« *sleepy Joe* »), aura donc réussi à se faire élire, le 3 novembre 2020, président des États-Unis avec 81 millions de voix (contre 74 millions pour Donald Trump), ce qui a finalement été reconnu le 7 janvier 2021 par le Congrès. Sa longue carrière de sénateur sans éclat, ses huit honorables années de vice-présidence auprès d'Obama, qui n'ont pas laissé de souvenir particulier, n'auront pas été un obstacle pour des électeurs qui voulaient avant tout refermer l'horrible parenthèse Trump. Mais celui-ci a augmenté son score chez les Latinos et même chez les noirs américains ! Sa ligne centriste frustrait la gauche, et les gauchistes du parti démocrate vont tout faire pour peser sur la suite, mais elle aura été un atout, comme le choix intelligent de Kamala Harris, juriste américaine de parents d'origine indienne et jamaïcaine. L'élimination de Trump enthousiasme les Européens (sauf les Polonais et les

Baltes), ce qui peut les conduire à un soulagement exagéré contre lequel mettent en garde tous les spécialistes. Elle consterne Israël et l'Arabie mais leurs influences conjuguées seront énormes. Poutine attendra, circonspect. Les alliés asiatiques des États-Unis, et, bien sûr, la Chine elle-même, observeront jusqu'à quel point Biden, qui a présidé la Commission des Affaires étrangères au Sénat, et Antony Blinken, futur secrétaire d'État, corrigera la politique d'endiguement de la Chine, mais il la poursuivra. Les premiers pas du président élu ont été sages et apaisants en dépit d'une contestation acharnée et grotesque de Donald Trump battu qui a réussi à faire croire à 70 % de ses 74 millions d'électeurs que l'élection avait été volée !... Les Européens devraient saisir cette occasion de redémarrage avec une administration démocrate classique – plus Clinton qu'Obama – qui va revenir dans les organisations multilatérales, certes pour y exercer son leadership, pas pour promouvoir la souveraineté européenne, mais c'est quand même mieux ! Et ne pas rater ce rendez-vous. Mais l'administration Biden-Harris devra se concentrer sur les gigantesques problèmes intérieurs, la conquête de la majorité au Sénat, le 6 janvier, permettant d'envisager des accords bipartisans.

Voir : Chinamerica ; Europe ; États-Unis ; Trump, Donald.

Bismarck, Otto von

Un Français est-il obligé de détester Bismarck ? Grand homme d'État prussien sous trois souverains. Ministre président du royaume de Prusse de 1862 à 1890. Chancelier de la Confédération de l'Allemagne du Nord de 1867 à 1871. Chancelier du nouvel Empire allemand de 1871 (sous Guillaume Ier) jusqu'en 1890 quand Guillaume II l'écarte (hélas ! vu la suite), il reste pour l'Histoire l'homme de l'unification de l'Allemagne.

Il est, pour la France, celui qui a vaincu Napoléon III à Sedan (sur la réhabilitation argumentée du Second Empire, voir Gérard Unger, *Histoire du Second Empire*) arraché l'Alsace et la Lorraine à la France et créé le Deuxième Reich, ce que Richelieu et Mazarin avaient réussi par les traités de Westphalie, en 1648, à différer de plus de deux siècles ! Les historiens de la IIIe République en ont fait, sans surprise, après 1870, un dirigeant brutal. Quand certains, à gauche, voyaient dans Angela Merkel un « nouveau Bismarck » (parce qu'elle demandait à la France de tenir les engagements budgétaires qu'elle avait pris au traité de Maastricht !), j'avais dit sur une radio allemande : « Mme Merkel ne mérite pas un tel hommage. » En réalité, Bismarck avait fait preuve d'une remarquable intelligence manœuvrière pour surmonter tous les obstacles allemands, autrichiens, puis français sur la route de l'unification par la Prusse. En revanche, la mainmise sur l'Alsace et la Lorraine par le traité de Francfort en 1871 fut un signe d'*hubris*, y compris du point de vue allemand. On connaît l'enchaînement infernal qui en découla. Mais la marche à la guerre de 1914 ne doit rien à Bismarck et beaucoup à Guillaume II, qui abandonna la realpolitik de l'ex-chancelier pour une politique aventuriste et versatile, obsédé par le rattrapage de la suprématie navale de la Grande-Bretagne. C'est la thèse convaincante de Kissinger, je la partage. Par ailleurs, en 1884 à la Conférence de Berlin sur l'Afrique, caricaturée par un dessin célèbre de l'*Illustration* sur le partage du gâteau africain, Bismarck ne voulait que garantir la libre circulation sur le Niger et le Congo. Tandis que Léopold II, le roi des Belges, se faisait attribuer, lui, le Congo qui allait devenir belge, puis Zaïre, puis RDC, via un syndicat de marchands.

Voir : Allemagne ; France/Allemagne.

Boycott

À certains moments de l'Histoire, des puissances se sont arrogé le droit de faire pression sur d'autres puissances sans avoir recours à la guerre, pour atteindre leurs objectifs. Il y a des points communs entre les blocus (par exemple le blocus continental décrété par Napoléon contre la Grande-Bretagne pour la ruiner commercialement), les politiques de sanction (par exemple américaines ou, hélas, européennes), le droit ou le devoir d'ingérence, et les boycotts. Il peut y avoir des boycotts spontanés quand les consommateurs, sans que ce soit organisé, n'achètent plus tel ou tel produit, ou n'ont plus recours à tel ou tel service, pour montrer leur mécontentement envers un gouvernement, un pays, une entreprise, une politique (apartheid). Mais le boycott qui a enflammé les opinions ces dernières années est celui qui a été décrété par certaines organisations contre des produits israéliens, notamment la campagne BDS (Boycott Désinvestissement Sanctions). Il faut distinguer à ce sujet ceux qui appellent au boycott des produits israéliens en général et ceux qui ne visent que les produits issus des territoires occupés selon le droit international. Naturellement, les autorités israéliennes condamnent en bloc ces appels qu'ils décrètent antisémites, conformément à la ligne établie et efficace du Likoud, selon lequel toute critique d'Israël, quelle qu'elle soit, est antisémite (sauf quand elle émane d'Israéliens, et encore).

Le 11 juin 2020, la Cour européenne des droits de l'homme a condamné la France pour avoir condamné des militants propalestiniens qui avaient appelé à un boycott des entreprises israéliennes installées dans les colonies. La cour de Strasbourg a indiqué que de telles actions sont garanties par l'article 10 de la Convention européenne des droits de l'homme sur la liberté d'expression, ainsi que par le droit international, comme l'avait rappelé le rapporteur spécial des Nations unies sur la liberté de conviction ou de religion, en septembre 2019.

Dans le monde global, la question sera : quel boycott l'emportera contre les autres ? On voit que la Chine est tentée. Foire d'empoigne en vue.

Voir : Israël ; Sanctions.

Braudel, Fernand

Et si on redevenait « braudéliens » ? Si, pour résister à la fébrilité ambiante, on raisonnait dans le « temps long », comme le grand historien français Fernand Braudel (1902-1985) ? Donner du temps au temps… Sa thèse sur le monde méditerranéen à l'époque de Philippe II, au XVIe siècle, le rendit célèbre, car – c'était la marque des Annales – il englobait tout dans son analyse. L'histoire globale du XXIe siècle n'a rien inventé. Il parlait de géo-histoire, pour ne pas dire géopolitique quand le terme sentait encore le soufre. Bien sûr, on ne trouve dans son œuvre aucune des généralités douceâtres et niaises sur « la Méditerranée », certes espace séculaire d'échanges, mais aussi de tensions, d'affrontements, de croisades et de piraterie. Dès 1963 et jusqu'en 1987, il publie une *Grammaire des civilisations* (civilisation arabo-islamique, chinoise, mongole, indienne, africaine, européenne) qui passionne sans choquer. Dix ans plus tard, Samuel Huntington provoquera une controverse planétaire pour s'être servi de ce même concept de

« civilisation » ! Début ravageur du masochisme occidental expiatoire, de la pudibonderie sémantique et du politiquement correct apparu sur les campus américains avant de se propager en Occident. Après son décès en 1985 est publié le premier tome, passionnant, de *L'Identité de la France*. Même remarque sur l'emploi du terme « identité » ! Il insiste, comme dans deux ouvrages suivants, sur l'effort multiséculaire pour unifier le pays. La conception braudélienne de la longue durée a été critiquée par Michel Foucault, déconstructeur efficace, qui a mis au contraire l'accent sur les divisions. Je reste braudélien. Cette controverse rejoint celle sur l'Histoire. Si elle s'arrêtait, cela signifierait qu'un totalitarisme l'aurait emporté.

Voir : Géographie ; Géopolitique ; Histoire de France.

Bretton Woods (Accords de)

Les accords de Bretton Woods, issus de la conférence qui s'est tenue au Mount Washington Hotel dans le New Hampshire du 1er au 22 juillet 1944, sont emblématiques de ce que l'on regrette maintenant sous le nom de multilatéralisme depuis qu'il a été mis à bas par Donald Trump et la plupart des dirigeants des puissances émergentes ou revenantes. Ces accords avaient dessiné les grandes lignes du système financier international après 1944 (FMI, Banque mondiale, commerce), mais ce qui est intéressant à relever, c'est que ce *multilatéralisme* a été mis en place de façon *unilatérale* par les États-Unis (Harry Dexter White et John Maynard Keynes) avec le soutien de la Grande-Bretagne et de la France. Et que, par la suite, c'est un président américain, Richard Nixon, qui, de façon tout aussi *unilatérale*, leur a porté un premier coup sérieux en mettant fin le 15 août 1971 – il y a cinquante ans – à la convertibilité du dollar en or, une des bases du système. Désormais, avait dit aux Européens un secrétaire au Trésor, « le dollar, c'est votre problème ». Ce qui n'a pas empêché que le règne du dollar se poursuive, puisque, encore aujourd'hui, l'euro n'a pas réussi à l'égaler, encore moins à le supplanter dans les relations économiques internationales. Sans cette suprématie du dollar, la scandaleuse politique américaine de sanctions extraterritoriales s'effondrerait. Pour l'avenir, la question est : quelles relations entre le dollar, l'euro, le renminbi et le yen ?

Voir : Dollar ; Guerre économique mondiale ; Multilatéralisme.

Brexit

Célèbre série britannique en plusieurs saisons, de 2017 à 2020. Acteurs principaux : Farage, Cameron, les électeurs pro ou anti, May, Johnson. Le 29 mars 2017, suite à la victoire surprise des pro-Brexit par 51,89 % au référendum imprudemment convoqué par Cameron le 23 juin 2016, la Grande-Bretagne a notifié à l'Union européenne le début de sa procédure de retrait en vertu de l'article 50. Terreur à Bruxelles, Paris et Berlin : d'autres pays vont-ils suivre cet exemple dévastateur ? Réponse : non. Beaucoup d'Européens sont mécontents de l'Europe et de l'euro, mais ne veulent pas « sortir » pour autant. Trop risqué ! Le psychodrame a cependant duré plusieurs années.

Du côté européen, la logique punitive et dissuasive a prévalu : « Ils ont voulu sortir, certes le traité de Lisbonne le permet. Mais il faut quand même que ce soit le plus douloureux possible ! » Michel Barnier solide et tenace négociateur, logique : ils peuvent garder un lien avec l'UE, mais pas au détriment de ceux qui restent dans le Marché unique. À Londres, guérilla, débats sans fin sur l'intensité, les modalités, la dureté, l'Irlande du Nord. Finalement, la sortie a eu lieu le 31 janvier 2020… sous Boris Johnson, pour « reprendre le contrôle », ouvrant la voie à une laborieuse année (au moins) de négociations ardues sur la pêche, et autres. C'est la question sur l'après qui domine : comment garder avec la Grande-Bretagne une relation économique et commerciale ? À quel prix ? Et en matière de défense ? C'est important pour la France que les accords de Lancaster House soient préservés et utilisés. Mais la Grande-Bretagne a plutôt l'air de vouloir surtout valoriser sa place dans l'OTAN…

Au total, une idiotie jouée à la roulette russe et qui aurait pu être évitée. Mais quand même, un deal, un accord commercial post-Brexit conclu le 24 décembre 2020. Si cela tourne à la déconfiture, le royaume ne restera peut-être même pas « uni ». En revanche, si le pari est réussi, « l'Europe » aura intérêt à avoir reconquis l'adhésion de ses peuples avant que la comparaison avec la Grande-Bretagne post-Brexit ne la menace. C'est peut-être un des non-dits du compromis raisonnable entre les 27 sur le plan de relance en juillet 2020.

Mais quand même ! Même si un compromis est enfin atteint, en être réduit à se disputer avec la Grande-Bretagne pour des quotas de pêche et des règlements douaniers ! Quand on pense au royaume d'Angleterre des Plantagenêts, issu de la longue lutte manquée contre les Capétiens, cette Angleterre qui, par conquêtes, alliances, ruses et mariages, avait bâti le Royaume-*Uni*, puis l'Empire britannique. Et les figures de grandes souveraines : Elizabeth Ire, la reine Victoria impératrice des Indes ! Contre la France du XVIIe et du XVIIIe siècle, contre l'Espagne, puis l'Allemagne. Et puis, à la longue, nous avons oublié Trafalgar, Fachoda, Mers El Kébir. Nous adulons Churchill. La perfection professionnelle et la longévité d'Elizabeth II ne suffisent pas à expliquer l'engouement dont elle jouit. Cela a été notre histoire commune, beaucoup moins ancienne que la difficile séparation entre Francs et Teutons dans les brumes mérovingiennes et carolingiennes. Quelle tristesse ! Mais le peuple anglais peut nous surprendre.

Voir : Churchill, Winston ; Europe.

Brzeziński, Zbigniew

Une des stars de la pensée stratégique américaine. Plus militant que Kissinger. Né en 1928 à Varsovie, Zbigniew Brzeziński est décédé en 2017 à Falls Church, en Virginie. Il fut plus considéré et influent comme brillant penseur *après* que comme conseiller à la sécurité nationale du président Jimmy Carter de 1977 à 1981. Farouchement antisoviétique, il avait sous Carter piégé l'URSS en Afghanistan, mais en mettant le pied à l'étrier aux milices islamistes financées par l'Arabie, sans imaginer la suite, Ben Laden. Il avait aussi théorisé dans le « Grand Échiquier », en 1997, que qui contrôle l'Ukraine contrôle la masse continentale de l'Eurasie (le Heartland de Mackinder). Donc qu'il fallait séparer l'Ukraine de la Russie, y compris la Crimée russe depuis longtemps, ce à quoi œuvrèrent sans s'en cacher, dans les dernières années de l'URSS, beaucoup d'organisations américaines, ONG, médias, fondations, à la demande aussi de nombre d'Ukrainiens, avec le succès que l'on sait.

Pourtant, à la fin de sa vie, il reconnut que cela avait été une erreur d'avoir voulu aveuglément, et bruyamment, sous Bill Clinton puis G. W. Bush, faire entrer l'Ukraine, donc la Crimée, et la base russe de Sébastopol dans l'OTAN, et qu'il aurait été plus intelligent de faire de l'Ukraine un pays libre mais militairement neutre. Comme l'Autriche de la guerre froide. Mais il n'a pas pu corriger la politique américaine sur ce point. Encore un engrenage désastreux qui aurait pu être évité.

Il était brillant, aiguisé, sarcastique ; il s'intéressait aux idées françaises. Je l'ai vu pour la dernière fois en 2012 au CSIS (Center for Strategic and International Studies). Il était heureux que son opération de la cataracte ait réussi. Il m'avait écrit que nous devrions créer une « *mutual admiration society* », humour académique américain typique. Son fils Mark a gardé le contact avec moi.

Voir : États-Unis ; Kissinger, Henry ; Penseurs.

Bush (Famille)

Après les Kennedy, mais en moins glamour, moins sulfureux et moins shakespearien, sorte de dynastie à la sauce américaine. George Herbert Bush, qui avait été le vice-président de Reagan, a été le 41e président, de 1989 à 1993. George Walker Bush, son fils, le 43e président, de 2001 à 2008. Son second fils, Jeb Bush, né en 1953, gouverneur de Floride, a échoué aux primaires républicaines en 2016, année de l'élection de Donald Trump.

En 1990, en plein changement Est-Ouest, G. H. Bush invita le président Mitterrand (ils s'entendaient très bien) dans sa résidence familiale de Kennebunkport, dans le Maine. Mme Barbara Bush : « Monsieur le Président, nous allons demain à l'office [presbytérien], voulez-vous vous joindre à nous ? » François Mitterrand : « Hum... J'ai malheureusement des dossiers à travailler mais je suis sûr que cela ferait du bien à Dumas et Védrine. » Nous y sommes allés, chaleureusement accueillis.

Le dernier télégramme de G. H. Bush en quittant la Maison Blanche, en janvier 1994 : « François, n'oubliez jamais que je suis votre ami. » Entre-temps, ils avaient coopéré remarquablement pour gérer les relations avec Moscou, la réunification allemande, la guerre du Golfe, le Proche-Orient.

Ne pas confondre les deux : le père (le 41e), républicain réaliste classique, vice-président de Reagan, qui eut à gérer (très bien), avec ses alliés, la fin de l'URSS secondé par James Baker et le général Scowcroft. Et le fils, conseillé par Condoleezza Rice qui, alignée sur le Likoud dès le début, voulait annuler les tentatives modestes et tardives de Bill Clinton (qui s'était résigné à mettre un peu de pression sur les nationalistes israéliens) sur le Proche-Orient. Mais surtout, sidéré par le choc du 11 septembre

2001, il se laissa ensuite de plus en plus entraîner par les « néoconservateurs » sur une ligne manichéenne de croisade et d'interventions. D'où la calamiteuse guerre en Irak en 2003, justifiée par des arguments mensongers et qui a tout aggravé au Moyen-Orient, comme prévu par Jacques Chirac. Nicolas Sarkozy se proclamait très proche de lui – au nom de la « famille occidentale », avant d'être décontenancé par le distant et cérébral Barack Obama. Retiré dans son ranch de Crawford au Texas, G. W. Bush est devenu un (bon) peintre animalier, et un portraitiste.

En décembre 2018, Emmanuel Macron m'ayant demandé de le représenter aux obsèques de G. H. Bush, le père, j'ai pu voir, outre le cercueil du défunt, sur le même banc, à la cathédrale nationale de Washington, cinq présidents : Donald Trump, Barack Obama, Bill Clinton, George W. Bush et Jimmy Carter ! Mais depuis Trump, il ne reste rien du parti républicain de l'époque Bush !

Voir : État voyou ; États-Unis ; Néoconservateurs ; Présidents.

C

Carter, Jimmy

Le meilleur ex-président. Qui se souvient de Jimmy Carter, né en 1924 en Géorgie, producteur de cacahuètes (ce qui permit à VGE de le prendre de haut), devenu gouverneur démocrate puis 39e président des États-Unis, de 1977 à 1981 ? Pourtant, il obtint d'importants résultats, comme le nouveau traité sur le canal du Panama, la signature du traité SALT II de limitation des armements nucléaires stratégiques avec l'URSS, la création des ministères de l'Énergie et de l'Éducation, des mesures de protection de l'environnement, le guet-apens afghan tendu à l'URSS et, surtout, les accords de Camp David. Grâce à son engagement, ils furent signés dans la résidence de week-end du Président le 17 septembre 1978 par Anouar el-Sadate, président égyptien (qui sera assassiné pour cela trois ans plus tard par des islamistes), et Menahem Begin, Premier ministre israélien et créateur du Likoud. Ils furent suivis d'un traité de paix le 26 mai 1979, qui prévoyait la récupération du Sinaï par l'Égypte et l'établissement de relations diplomatiques. Les autres volets des accords, qui incluaient une autonomie transitoire de la Cisjordanie et de Gaza, et les principes futurs des relations Israël/pays arabes, ne furent jamais appliqués, du fait du refus israélien.

En fait, Carter ne se releva pas de la vindicte du régime des ayatollahs iraniens. Après avoir renversé le shah d'Iran – érigé en gendarme du Golfe par les États-Unis qui ne le soutinrent pourtant que mollement –, en 1979, ils exigèrent que les États-Unis le renvoient en Iran où il aurait à coup sûr été exécuté. Puis ils prirent d'assaut l'ambassade des États-Unis et ses diplomates, que Jimmy Carter échoua à libérer, les vents de sable ayant fait échouer une opération commando héliportée. Les otages ne seront libérés qu'en janvier 1981 après l'élection de Ronald Reagan et quatre cent quarante-quatre jours de détention.

Par la suite, Jimmy Carter s'engagea sans relâche pour la démocratie, l'humanitaire et la résolution des conflits d'une façon tout à fait étrangère au manichéisme américain, par des médiations (Corée du Nord, 1994 ; visite à Cuba en 2002), et sans craindre d'affronter les dogmes et les tabous américains, par exemple le soutien systématique à Israël (plus précisément à la droite nationaliste israélienne), ou en critiquant la guerre contre l'Irak en 2003. Ce qui suscita de nombreuses controverses mais lui valut (surtout pour Camp David) le Nobel de la paix en 2002, souvent attribué de façon moins bien inspirée. Il devint selon *Time* (1989) le « meilleur ex-président des États-Unis » !

Il s'est retiré chez lui à Plains, en Géorgie, où il mène l'existence d'un simple retraité et participe à la vie associative locale. Encore une figure attachante des États-Unis que nous ne reverrons pas.

Voir : États-Unis ; Iran ; Israël ; Présidents ; URSS.

Cartes et atlas

Menacés par le GPS, Galileo et Beidou ? L'être humain a, depuis très longtemps, cherché à représenter le réel par des cartes. Des préhistoriens estiment que certaines peintures de Lascaux (16 000 ans avant notre ère) seraient des cartes du ciel. En 150, l'astronome grec Ptolémée dresse des cartes à Alexandrie. Les cartes traduisent la vision du monde que chaque peuple centre autour de lui. Dès l'Antiquité, il y a des mappemondes (*mappa mundi*). Au XIIIe siècle, l'invention du *portulan* révolutionne la navigation. Au Moyen Âge, le terme *atlas* apparaît pour désigner un recueil de cartes dont le frontispice est orné d'une représentation du titan Atlas, condamné par Zeus à porter pour l'éternité la voûte céleste sur ses épaules, après qu'il eut participé à la révolte des Titans (*Atlas catalan*, en 1380). On aurait bien besoin de lui aujourd'hui ! La première carte de France est réalisée en 1553 par Oronce Fine. La cartographie devient plus précise, plus pratique, au cours des siècles suivants, pour naviguer, explorer et commercer. Et combattre. Hérodote (selon Yves Lacoste) : « La géographie, cela sert d'abord à faire la guerre ! » (Il faut dire que, ayant vécu au ve siècle avant J.-C., il a connu les guerres médiques.)

Louis XVI, bon géographe et cartographe, donna lui-même des instructions à La Pérouse, pourtant il ne vit la mer qu'une fois, à Cherbourg, en 1786. On raconte que, sur l'échafaud, il demanda des nouvelles de l'expédition.

Au début du xxe siècle, la société de pneumatiques Michelin créa pour les premiers automobilistes la carte Michelin à la clarté, la lisibilité et la précision toujours inégalées.

François Mitterrand a écrit, dans *La Paille et le Grain*, avoir passé des soirées entières sur des atlas. À l'époque moderne, l'existence, pour raisons militaires puis commerciales et civiles, du GPS (d'abord utilisé par la défense américaine, dans le public depuis 2000), de Galileo (système européen de trente satellites qui sera entièrement déployé à partir de 2021) au chinois Beidou, prodigieusement pratiques, fait perdre petit à petit le réflexe et la capacité de lire les cartes… C'est triste. Il faut combattre cette forme d'illettrisme.

Voir : Géographie ; GPS.

Caucase

On trouve au Caucase trois États : la Géorgie, l'Azerbaïdjan et l'Arménie. L'Arménie et les Arméniens méritent d'être connus, pas seulement en raison du génocide. Le vieux royaume d'Arménie, fondé en 190 avant J.-C., a été le premier royaume à devenir chrétien, en 313. Il vit depuis le VIIIe siècle dans un environnement régional musulman. Franchissons les siècles : au XXe, en avril 1915, le gouvernement ottoman (dirigé depuis 1913 par les Jeunes Turcs d'Enver Pacha), engagé dans la guerre du côté des empires centraux, veut contrecarrer toutes les menaces de démantèlement et priver la Russie ennemie – encore orthodoxe – de tout relais interne dans les populations chrétiennes dans le Caucase et à l'Est. Il a fait alors exécuter des soldats arméniens dans l'armée turque. Puis il fait déporter, avec l'aide des Kurdes, les élites, et tous les Arméniens de ces zones, jusque dans les déserts de Syrie, vers Deir ez-Zor, faisant directement ou indirectement de 800 000 à 1,5 million de morts.

Les descendants d'Arméniens réfugiés en Europe (notamment en France), aux États-Unis ou au Canada, où leur cause est populaire, militent pour que les parlements *reconnaissent* le génocide, voire *pénalisent* sa négation.

La Turquie moderne continue de nier ce génocide de façon d'autant plus absurde que, comme l'a rappelé l'historien turc Taner Akçam, Mustafa Kemal l'a qualifié lui-même « d'acte honteux » et que des génocidaires avaient déjà été jugés à la toute fin de l'Empire ottoman et au début de la Turquie moderne, que des procès contre les génocidaires turcs ont lieu en Arménie soviétique à partir de 1922 jusqu'à 1991. Mais les dirigeants turcs semblent l'avoir oublié. Pour les Turcs officiels, cela fait partie des actes de guerre. La responsabilité monstrueuse de l'Empire russe qui s'est servi des Arméniens pour faire éclater l'Empire ottoman n'est jamais évoquée.

Aujourd'hui, l'Arménie, indépendante et pauvre, compte moins de 3 millions d'habitants. Beaucoup d'Arméniens ont émigré. La diaspora est forte de 6 500 000 Arméniens dans le monde, dont 600 000 environ en France. Elle s'oppose à l'Azerbaïdjan voisin et ses 10 millions d'habitants au sujet du Haut-Karabakh (le Nagorny-Karabakh), peuplé à 80 % d'Arméniens, mais enclavés en Azerbaïdjan. Son principal appui est la Russie, qui a une base militaire en Arménie. En plus de l'antagonisme entre l'Azerbaïdjan riche de son pétrole et soutenu par la Turquie, et l'Arménie pauvre, la fragilité du Caucase est également frappante en Géorgie (moins de 4 millions) chrétienne depuis le IVe siècle, affaiblie par l'échec de la Géorgie à récupérer, en 2008, les régions minoritaires et séparatistes de l'Ossétie du Sud et de l'Abkhazie soutenues par les Russes. Encore des conflits gelés, sans solution sauf si la Russie le voulait. Il est loin, le temps où l'on ne parlait du Caucase que pour s'émerveiller du nombre de centenaires se nourrissant de yaourts ! Une fois retirée la chape de plomb soviétique, cette région a été rattrapée par un passé qui l'a emprisonnée et dont elle ne parvient pas à se dépêtrer.

D'ailleurs, en novembre 2020, l'armée azérie a reconquis, avec l'aide de Moscou et de la Turquie, une partie du Haut-Karabakh et sept districts environnants occupés par les Arméniens, après que ce territoire s'est déclaré indépendant en 1991. Une petite partie du Haut-Karabakh reste arménienne, protégée et surveillée par la Russie, puissance clef dans cette région. À côté de ce conflit réveillé, il reste plusieurs « conflits gelés » dans l'espace post-soviétique. Les Russes parlant par euphémisme de conflits « non résolus ».

Voir : Diaspora(s) ; Lois mémorielles ; Minorités ; Russie ; Turquie.

César, Jules

« Ave César ! » Il est des noms – à l'origine un titre – qui traversent l'Histoire en lettres de feu. Surtout des conquérants, pas exactement des bienfaiteurs de l'humanité ! Alexandre fascinait César, lequel fascinait Napoléon. Alexandre a donné son nom à des dizaines de villes. Le nom de César (en fait Caius Julius Caesar) a donné Czar, Tsar, Kaiser… et césarisme. Le grand Jules Michelet fait même remonter son patronyme à Aesar (Ésar), dieu des Étrusques. Ambitieux, aristocrate populiste talentueux, sexuellement ambivalent, fascinant, il dompta la Rome républicaine éreintée par la guerre civile. Devenu maître absolu, soupçonné de vouloir se faire roi, dédaignant les signes et les prémices, négligeant les mises en garde, comme plus tard Henri IV ou Yitzhak Rabin – l'analogie est frappante, il fut assassiné le 15 mars 44 avant J.-C., aux ides de mars, au sein du sénat, un lieu où il était sans protection, par des sénateurs « républicains » qui voulaient l'empêcher de rétablir à son profit la royauté abolie près de cinq siècles auparavant, crime impensable. Son petit-neveu Octave, qu'il avait adopté, devint, après avoir vaincu Marc-Antoine, plus que roi, le premier empereur romain, *imperator*, au sens politique, et pas seulement militaire.

Ces grandes figures relèvent de l'épopée occidentale. Il y manque les conquérants égyptiens, par exemple Ramsès II, redécouvert bien plus tard, les grands rois perses, Gengis Khan, le créateur de l'empire le plus étendu au monde, Tamerlan. Ou les empereurs qui ont fait la Chine, à commencer par Qin Shi Huangdi. D'autres, préhistoriques, peut-être inconnus ? Autres mondes. C'est pourquoi parler de césarisme à propos de n'importe quel dirigeant contemporain doté d'un peu de pouvoir, charismatique, et voulant exercer son autorité dans le monde surpeuplé interdépendant et connecté est un abus de langage !

Voir : Alexandre le Grand ; Empires ; Gengis Khan ; Napoléon ; Qadesh (Bataille de).

Chaliand, Gérard

Né le 15 février 1934 à Etterbeek (Bruxelles). Après avoir suivi de près de nombreux mouvements de libération nationale et *guérillas* « tiers-mondistes » des années 50 et 60, Gérard Chaliand est devenu, à travers une dizaine de livres – dont plusieurs avec Sophie Mousset –, un des meilleurs géostratèges contemporains. Clair, direct, particulièrement lucide, très expérimenté, original, à la fois engagé et rigoureux. À lire entre autres pour être moins surpris par le monde qui vient : son *Anthologie mondiale de la stratégie* (Robert Laffont, coll. « Bouquins », 1990), *Pourquoi perd-on la guerre ? Un nouvel art occidental* (Odile Jacob, 2016) et *Des guérillas aux reflux de l'Occident* (Passés composés, 2020).

Voir : Stratégie (stratège).

Chinamerica

Le surgissement sidérant du mastodonte chinois depuis la révolution de Deng et l'intensification parallèle depuis quarante ans des liens économiques et commerciaux entre les États-Unis et le nouvel « atelier du monde » ont suscité nombre d'ouvrages. Il y a même eu un sigle : « Chinamerica », pour illustrer cette imbrication mutuelle. Le grand business américain, et Wall Street, s'en sont réjouis. Certains se sont bornés à la décrire, ébahis, et à aligner des mégachiffres. Mais il y a à ce phénomène une face écologique plus sombre, sous-estimée par les nombreux géopoliticiens qui n'ont pas encore intégré l'écologie. Personne ne l'a mieux décrite que Jean-Michel Valantin dans *L'Aigle, le Dragon et la Crise planétaire* (Éditions du Seuil, coll. « Anthropocène », 2020). Il parle de « grande hybridation de la globalisation au changement climatique ». Pour lui, ce couplage était devenu un axe majeur de la globalisation – et de ses ravages écologiques – depuis la décennie 1970. Il a raison. Par ses rejets géants de CO_2 (45 % des émissions mondiales !), les deux mastodontes sont devenus les premiers responsables de l'aggravation de la crise du climat et de la biodiversité dans le monde, et enferment celui-ci « dans une trajectoire d'aggravation permanente ». Valantin souligne, c'est là son originalité, que le dérèglement qui en découle menace à son tour ces deux économies géantes imbriquées, bénéficiaires et prisonnières l'une de l'autre, et tous les autres avec. À l'en croire, c'est vraiment l'illustration du proverbe indien sur le couple d'éléphants : « Qu'ils copulent ou qu'ils se battent, tout l'environnement est ravagé. » Notre sort dépend trop de ce duopole diabolique. De toute façon, c'était avant, avant Xi Jinping, puis Trump. Ils sont entrés dans la phase de découplage, de déconstruction, de défis. Attention aux déchirures ! Mesures commerciales restrictives américaines, dans l'espoir de corriger l'énorme excédent commercial américain (508 milliards contre 127) et de faire revenir les « jobs » aux États-Unis, contre-mesures chinoises ; sur la Covid-19, triomphalisme arrogant chinois et accusations américaines ; dénonciations occidentales du « génocide culturel » en cours contre les Ouïghours musulmans du Xinjiang ; dénonciation américaine, britannique, et un peu européenne, de la loi sur la « sécurité nationale » édictée en juin 2020 à Hong Kong en violation avec l'accord sino-britannique de 1997 et le principe dit de « un pays, deux systèmes » ; offensive américaine contre Huawei (premier fabricant de smartphones au monde) et l'utilisation de la 5G de cette firme par les Européens (qui se sont résignés à reconnaître la Chine comme un « rival systémique ») ; menace par Trump d'interdire TikTok, le réseau spécialisé dans les courtes vidéos, qui a, en août 2020, 650 millions d'utilisateurs, suivie d'un compromis. En fait une séparation systématique, par une déchirure brutale ou une opération chirurgicale, de toutes les interdépendances électroniques et informatiques ! Exactement l'inverse des quarante années précédentes ! Le débat se poursuit aux États-Unis entre ceux qui, comme le journaliste et essayiste Fareed Zakaria, pensent que les États-Unis doivent « endiguer » la Chine, mais sans en rajouter, et en poursuivant une politique réaliste qui a, selon lui, mieux réussi qu'on ne le croit. Et ceux qui, plutôt majoritaires, comme le néo-conservateur militant John Bolton, ancien collaborateur de George W. Bush et de Donald Trump, appellent à un durcissement systématique et à une guerre froide assumée dans le cadre d'un *Hundred-year Marathon*. De toute façon, Trump a fait éclater le consensus américain antérieur sur la politique chinoise, et les démocrates, avec Biden, vont poursuivre l'« endiguement ».

Ces perspectives sont un casse-tête, voire un cauchemar pour beaucoup d'Européens, divisés, dont certains sont sensibles aux sirènes chinoises. Mais la majorité prend peu à peu conscience qu'ils risquent d'être écartelés entre les exigences américaines, quel que soit le président, et leur dépendance envers la Chine, ce nouveau « rival systémique », avec, *in fine*, un alignement obligé sur les États-Unis, en perdant sur les deux tableaux. Pour échapper à ce choix impossible, il faudrait que les Européens deviennent gaullistes, à leur insu, s'unissent sur ce point et définissent une politique chinoise qui soit vraiment européenne, à la fois ferme et coopérative. Sinon...

Voir : Écologisation ; Guerre économique mondiale ; Interdépendances ; Ressources (Compétition pour l'accès aux) ; Sanctions ; Thucydide (Piège de).

Chine

En géopolitique, interrogation centrale du monde qui vient : jusqu'où la Chine de Xi Jinping, toujours communiste[1], ira-t-elle ? Veut-elle, va-t-elle, peut-elle dominer le monde ? Pendant des millénaires, la Chine a mené sa propre vie[2]. Mao a refait son unité, avec une extrême cruauté. Mais c'est depuis Deng Xiaoping, qui en a libéré l'énergie, en moins de cinquante ans, qu'elle a refaçonné le monde. Elle et la Silicon Valley, qui ont eu partie liée.

Pour les spécialistes et amoureux de la Chine – sa longue histoire, sa langue, ses arts, son extraordinaire culture, ses penseurs, sa civilisation –, elle allait effacer un siècle et demi d'humiliations et de traités inégaux, le cynisme absolu de la guerre de l'opium, le sac du palais d'Été. Elle voudrait que les autres la reconnaissent, voire lui rendent « tribut », mais pas les convertir. Selon cette thèse, contrairement à la chrétienté, devenue Occident, et à l'islam, tous deux ardemment prosélytes, la Chine n'inventerait et n'imposerait pas au monde des « valeurs chinoises universelles ». Peut-être. Mais, déjà avant la Covid-19, les économistes et les géopoliticiens faisaient remarquer que, au niveau de puissance et de peuplement qu'elle a atteint, elle pouvait déjà influencer la politique de soixante-dix à quatre-vingts pays ! La Chine d'aujourd'hui n'est plus celle de Deng Xiaoping, qui avait instauré la ligne de discrétion et de non-provocation. Selon lui, la Chine devait attendre son heure. Cette politique a été poursuivie par ses deux successeurs, Jiang Zemin et Hu Jintao. À partir de 2013, celle de Xi a jugé son heure venue sur

1. Voir Alice Ekman, *Rouge vif, l'idéal communiste chinois,* L'Observatoire, 2020.
2. Voir Bernard Brizay, *Les Trente « Empereurs » qui ont fait la Chine*, Perrin, 2018.

tous les plans. Son projet « OBOR », de « nouvelles routes de la soie » – en chinois, *Yi Dai Yi Lu* « un corridor, une route » –, était au départ une stratégie d'expansion des grandes entreprises chinoises. Il est devenu l'équivalent, à la puissance 10, de la route des Indes ou de la verticale Le Caire/Le Cap de l'Empire britannique, de la transversale Dakar/Djibouti pour la France, du transsibérien pour la Russie. Les ambitions chinoises sont proclamées : le directeur du *Global Times* peut écrire : « La Chine doit être prête moralement et militairement pour la guerre. »

L'avenir de la Chine et celui du régime sont pour le moment deux questions confondues. Il dépendra : 1) de la capacité du régime à continuer, après la pandémie de Covid-19 – dont elle est sortie avec quelques pays d'Asie du Sud-Est plus vite que le reste du monde –, à répondre aux aspirations économiques, sociales, écologiques – et plus ou moins politiques – de la population (1,4 milliard) tout en en gardant le contrôle. L'exaltation nationaliste a cette fonction ; 2) de l'attitude et l'action des autres puissances : passives, intéressées au développement de la Chine, déjà dépendantes ou résistantes et hostiles, dispersées ou coordonnées, capables ou non de l'endiguer (l'axe indo-pacifique ?). La Chine impressionne, captive, influence, mais ne séduit pas. Le président Trump avait rompu avec la politique américaine compréhensive envers les ambitions chinoises poursuivie par tous les présidents américains depuis le coup de génie de Kissinger et Nixon en 1972. Les États-Unis avaient cru que l'insertion de la Chine dans l'économie mondiale allait la moderniser, et donc la... démocratiser ! Même l'ultra-anticommuniste Nixon avait dit : « Le monde ne peut pas être en sécurité tant que la Chine ne change pas. Aussi, notre but, *dans la mesure où nous pouvons influer sur les événements*, se devrait d'induire ces changements. » On a parlé de *Chinamerica*. Cela a tourné comme l'on sait. Quarante-cinq ans après,

Donald Trump a essayé d'endiguer la Chine, et ce qu'il percevait comme son ambition hégémonique mondiale, en s'appuyant sur « l'IndoPacifique » – l'Inde, le Japon, l'Australie –, et sur ce point a laissé un héritage qui va perdurer. La Chine de Xi Jinping a en perspective le 20e congrès du Parti en 2022, et le centenaire de la fondation de la République populaire de Chine en 2049.

Une nouvelle guerre froide a commencé, qui peut aller loin !

Si le régime chinois réussit, après la pandémie et l'effondrement passager de la croissance en 2020, à garder le contrôle du pays, et que le monde ne s'unit pas pour l'endiguer – pacifiquement (on repense à Raymond Aron qui, en 1947, à propos de l'URSS, parlait de « paix impossible, guerre improbable ») –, il n'y aura pas de limites externes à la puissance chinoise au XXIe siècle, en dépit de la normalisation de Hong Kong en 2020, de la maltraitance avérée de 2 millions de Ouïghours au Xinjiang et des actions cruelles pour faire s'effondrer leur démographie (en 1949, les Hans représentaient 10 % de cette région musulmane, et en 2020 40 %). Seule une attaque contre Taïwan obligerait les États-Unis à réagir, sauf à abdiquer… En décembre 2020, Sylvie Kauffmann écrit dans *Le Monde* « Comment dit-on *Schadenfreude* en mandarin ? » Car certains à Pékin un an après le début de la pandémie pourrait jouir du malheur des autres, le reste du monde… Vertigineux…

Voir : Chinamerica ; Deng Xiaoping ; Mao Zedong ; Ordre mondial ; Routes de la soie (Nouvelles).

Chine-Russie

« Deux empires en chiens de faïence », écrivait *Le Figaro* en juillet 2020. Bien vu.

L'opinion européenne est dans sa majorité obnubilée par la Russie, par ce qu'elle perçoit comme étant des menaces ou des agressions russes, et, d'autre part, comme tout le monde, par le bras de fer sino-américain qui projette son ombre sur les perspectives géopolitiques des prochaines décennies. De ce fait, la question de la relation Russie-Chine passe au second plan, sauf pour les spécialistes. Elle est pourtant très importante. En realpolitik pure et dure, les Occidentaux, et en particulier les Européens, n'ont pas du tout intérêt à ce que la Russie bascule complètement dans le camp chinois. Mais l'état des opinions en Europe occidentale ne permet pas de mener une politique étrangère sur une base réaliste, que seul le président Macron a courageusement essayé d'explorer depuis 2019. Officiellement, les régimes russe et chinois s'entendent bien. Ils ont oublié les affrontements historiques pour le fleuve Amour, et encore, très violents en 1969. Leurs 4 250 kilomètres de frontières sont calmes. La Russie fait partie de l'Organisation de Shanghai créée en 2001 par la Chine et les autres BRICS (Brésil, Russie, Inde et Afrique du Sud), les deux pays utilisent une même rhétorique antioccidentale alimentée par une même utilisation des humiliations subies ou ressenties, et les autorités russes se disent confiantes dans cette relation à long terme. Il y a d'ailleurs eu des manœuvres militaires communes. En dépit d'une disproportion fantastique, en termes de superficie, de population, de densité et de potentiel économique. Et des conflits frontaliers passés. Mais je n'ai pas oublié la confidence malicieuse de Deng Xiaoping à Chirac en 1975, que celui-ci m'a racontée plusieurs fois : « N'oubliez pas que la Sibérie est vide. » Mon ancien collègue Ievgueni Primakov, ministre des Affaires étrangères puis Premier ministre, s'en inquiétait : 25 millions d'habitants au maximum entre l'Oural et Vladivostok. Et au sud ! Emmanuel Macron n'a pas eu tort de déclarer que la Russie n'avait pas vocation à devenir le partenaire junior de la Chine, et en effet l'Europe doit absolument écarter cette menace, mais, pour tirer ce fil, il faudrait que les Européens soient capables, tout en demeurant très vigilants, de proposer quelque chose à la Russie. Et, quand je dis Russie, je ne pense pas seulement à Poutine et aux siloviki (chargés de veiller à l'application de la loi), mais à cette fraction de l'opinion des classes moyennes russes, à Moscou et à Saint-Pétersbourg, qui n'ont pas renoncé à un lien avec l'Europe, de même celles de Vladivostok qui veulent rester ouvertes sur le monde dès lors que leur personnalité russe serait respectée.

Voir : Menaces (perceptions) ; Sibérie.

Chirac, Jacques

Jacques Chirac a été le cinquième président de la Ve République, de 1995 à 2007. Je ne venais pas de sa famille politique, au contraire, j'étais purement mitterrandien, mais je l'ai bien connu, ayant été dans le gouvernement de Lionel Jospin, et choisi par ce dernier, le ministre des Affaires étrangères pendant les cinq années de cohabitation, de 1997 à 2002. De filiation pompidolienne, plus que gaulliste, il a néanmoins mené (avec moi pendant cinq ans, mais aussi avant avec Hervé de Charette, et après avec Dominique de Villepin, Michel Barnier et Philippe

Douste-Blazy) une politique « gaullo-mitterrandienne » – « chiraco-védriniste », ont même écrit certains experts et diplomates à l'époque. Je lui suis reconnaissant de ce qu'il a écrit sur moi. Le plus frappant : il était passionné de cultures non européennes (l'Asie en particulier). Il n'avait pas voulu commémorer le 500e anniversaire de la « découverte » de l'Amérique par Christophe Colomb, « début d'un génocide », comme il l'avait dit au roi d'Espagne. Gonflé !

Il essayait de s'entendre le mieux possible avec les États-Unis (Clinton, puis G. W. Bush) sans trop leur céder. Au Proche-Orient, il maintint la ligne française (un État palestinien) et devint immensément populaire chez les Arabes en remettant la police israélienne à sa place. Il refusa d'engager la France dans la guerre américaine en Irak en 2003, et il eut cent fois raison. Sur l'Europe, il n'était plus hostile mais restait tiède comme Schröder et ne prit pas d'initiative.

C'est contre son héritage et sa ligne que Nicolas Sarkozy décréta la « rupture » et affirma que la France faisait partie de la « famille occidentale ». Les Français ont beaucoup aimé Jacques Chirac, et, de fait, c'était un homme attachant – j'ai mesuré le prestige dont il jouissait dans le monde entier –, malgré beaucoup d'entourloupes tout au long de sa carrière. Après la présidence, avec les malheurs familiaux, la maladie, l'AVC, le retrait, il a fini par incarner une France « qui s'en va », et il a été de plus en plus aimé. Il n'était pas prétentieux. À mon avis, il aurait été terriblement gêné par le sondage qui l'a placé à sa mort au même niveau que le général de Gaulle.

Voir : Présidents.

Churchill, Winston

Géant tardif, devenu icône du XXe siècle finissant et du début du XXIe siècle, adulé des Français. Francophone déconcertant. Si sa carrière s'était arrêtée en 1939, on aurait retenu, d'une carrière conservatrice en dents de scie, l'échec terrible des Dardanelles, et les talents variés d'un aristocrate hors normes, fantasque et réactionnaire. Pensons à Clemenceau. Mais voilà, nommé en 1940, à soixante-six ans, Premier Ministre par le roi George VI – décision historique –, il a galvanisé la résistance anglaise, il a été le lion que Hitler n'a pu mater, et il a tenu jusqu'à ce que Roosevelt (le cagibi dans le bunker où Roosevelt et lui se parlaient en 1940-1941 par téléphone est émouvant) puisse enfin, fin 1941, faire entrer les États-Unis dans la guerre. On a en tête ses chamailleries avec de Gaulle, mais c'est grâce à Churchill qu'à Yalta la France, réintroduite parmi les vainqueurs – elle, la disparue de 1940 ! –, s'est vu attribuer une zone d'occupation en Allemagne et un siège permanent au Conseil de sécurité de l'ONU. On connaît ses obstinations impériales : de Gandhi, il disait : « On ne négocie pas avec un fakir à demi nu ! » On a adoré ses bons mots cruels : « Vous dites chère madame [à une parlementaire travailliste] que si j'étais votre mari vous mettriez du poison dans mon thé ? Eh bien, si j'étais votre mari, je le boirais ! » Ce qui permet de mentionner sa femme, remarquable, Clementine. Après la guerre, il fut congédié par les électeurs mais redevint Premier Ministre de 1951 à 1955 (le mandat de trop ?). La lumière solaire churchillienne nous parvient encore. Jusqu'à quand ? Et que nous dit-elle ? Qu'il faut s'arc-bouter et résister. À quoi et à qui en priorité ?

Voir : Seconde Guerre mondiale.

CIA (Central Intelligence Agency)

Pour les complotistes, la CIA, Central Intelligence Agency, est derrière tous les coups fourrés depuis que l'Amérique domine le monde et depuis que des décennies durant elle tire toutes les ficelles (en plus du KGB et du FSB). Et cela continuera jusqu'à ce qu'ils se familiarisent avec le mot « Guoanbu », le nom du ministère de la Sécurité chinoise. La CIA a été créée par Harry Truman en 1947, pour remplacer l'OSS (Office of Strategic Services) créée pendant la Seconde Guerre mondiale. Elle est basée à Langley, en Virginie. Pendant la guerre froide, elle a combattu l'influence soviétique réelle ou fantasmée, sous toutes ses formes, ainsi que tous les ennemis de l'Amérique, puis Al Qaïda, l'islamisme en général, les Chinois, la Corée du Nord, sans oublier de surveiller ses alliés (spécialement la France, pour gêner de Gaulle quand l'occasion se présentait). Toujours créditée d'autant de fiascos (l'exemple historique de la baie des Cochons – le fiasco du débarquement américain à Cuba contre Castro préparé sous Eisenhower et déclenché par Kennedy) que d'assassinats mystérieux. Elle n'est qu'une des quatorze agences américaines. Dans la fiction, James Bond travaillait pour le MI5 britannique, mais Hubert Bonisseur de La Bath pour l'OSS et le prince Malko Linge pour la CIA américaine. Mais que pourra-t-elle face au colosse chinois et dans une époque d'espionnage avant tout technologique ?

Voir : États-Unis.

Cinéma

Le cinéma, « l'usine à rêves », selon Malraux, ne pouvait pas, surtout dans sa vision hollywoodienne, passer à côté des affrontements titanesques du XXe siècle. Et on ne compte plus les œuvres, chefs-d'œuvre ou nanars, qui ont illustré sur les écrans la Première Guerre mondiale, la Seconde (de beaux films français, aussi), la guerre froide, la lutte contre le terrorisme, etc., sans oublier les films historiques, les péplums sur l'Égypte des pharaons, la guerre de Troie, l'Empire romain, Alexandre, etc. Mais, dans ce domaine comme dans les autres, l'Occident n'a plus le monopole, et c'est une autre vision de l'histoire du monde qui sort maintenant des grands studios chinois, coréens, indiens, égyptiens ou africains. La grande époque du cinéma en Russie était l'époque soviétique avec notamment les grands films patriotiques réalisés par Eisenstein sous Staline pour réveiller le patriotisme russe anti-Mongols (donc anti-Hitler) – *Alexandre Nevski*, *Ivan le Terrible*. Récemment, la série *Trotsky* a réécrit le passé révolutionnaire de la Russie au goût poutinien du jour. La Chine a fait l'objet d'un très grand nombre de films hollywoodiens idéologiques ou exotiques pendant tout le XXe siècle. En 2016, *La Grande Muraille* a été le fruit d'une coproduction sino-américaine. La grande compétition géopolitique se poursuit à travers les séries (voir Dominique Moïsi) et les jeux, les space fantasys (*Star Wars*, *Game of Thrones*, *Le Hobbit, Le Seigneur des Anneaux*). Bien sûr, difficile de réaliser un péplum ou une série sur la construction européenne…

Voir : Après-guerre, avant-guerre ; États-Unis ; Nye, Joseph Samuel Jr., dit Joe.

Clinton, Bill et Hillary

Bill (William) et Hillary Clinton ont dominé le paysage politique démocrate américain et, de ce fait, en partie, mondial, de l'élection surprise de Bill Clinton comme 42e président en 1992 (il l'a été jusqu'à fin 2000) à la défaite surprise d'Hillary en novembre 2016 face à Donald Trump. On a pu parler de « Billary ». Ou de Bonnie & Clyde.

Le Bill Clinton que j'ai connu comme ministre, et qui aimait beaucoup Jacques Chirac, était exceptionnellement politique : intelligent, rapide, souple, attentif aux gens (même si c'est un métier), curieux du monde extérieur, charismatique. Il a donné à « l'hyperpuissance » américaine (ma formule de 1998) son visage le plus aimable, le moins insupportable dans une période de grand optimisme occidental (il est élu quand l'URSS disparaît). Mais il a cautionné l'élargissement indiscriminé de l'OTAN, n'a pas eu une vraie politique envers la Russie et s'est engagé trop tard pour la solution du problème israélo-palestinien.

Hillary a sans doute été une candidate trop sûre d'elle, trop techno, trop « Washington », trop méprisante envers les « ploucs ». Il n'empêche que sa défaite est aussi due à la transformation du parti démocrate en une coalition de féministes militantes (en fait beaucoup d'électrices américaines ont voté républicain), d'activistes de la frange extrémiste des minorités ethniques et sexuelles ; un parti divisé entre son aile centriste et sa gauche ou ses gauchistes ; un parti par ailleurs partisan des expéditions extérieures au nom des « valeurs », c'est-à-dire pour exporter la démocratie, et qui a ainsi perdu le contact avec la classe moyenne ouvrière blanche qui s'est sentie le dindon de la farce mondialiste. Les intellectuels démocrates comme Mark Lilla qui ont osé soulever cette question après l'élection de Trump se sont fait violemment attaqués par les activistes, les gauchistes américains voulant le réduire au silence. Le début de la *cancel culture* qui veut réduire au silence, ou à la mort sociale, ceux qui ne pensent pas dans la norme. Une sorte de fascisme, en réalité, s'appuyant sur des justifications alambiquées et des sophismes à usage totalitaire... Le parti démocrate a eu en 2019 le réflexe de survie de choisir un centriste raisonnable, proche des gens, Joe Biden, plutôt qu'un « représentant » ou une « représentante » de ces courants, pour stopper cette suicidaire fuite en avant, et celui-ci de choisir une colistière centriste... D'ailleurs, les centristes du parti démocrate ont attribué aux provocations gauchistes les médiocres résultats démocrates à la chambre et au Sénat en novembre 2020.

Voir : Correct ; États-Unis.

CNN (Cable News Network)

« Effet CNN ». Expression des années 90 pour décrire, au moment de la guerre du Golfe, la présence obsédante et l'influence de l'information continue sur la décision politique. CNN (Cable News Network) a été créée à Atlanta en 1980 par Ted Turner, qui fut l'un des maris de Jane Fonda, et rachetée en 1996 par Time Warner. Il existe au moins 110 chaînes d'information continue dans le monde. Cela a bouleversé le monde des médias et, au-delà, les sociétés, les modes de vie, les rythmes. L'effet CNN, ce n'est pas tellement un problème d'américanisation (au sens de Régis Debray), mais de transformation fébrile de toute la sphère publique par l'information continue qui met tout artificiellement sous tension et oblige, de façon débilitante, les « responsables », qui ne résistent pas assez, à réagir instantanément à tout et à n'importe quoi. Hystérie, hypertrophie des émotions et lynchage garantis ! C'est la version caricaturale exponentielle et technologique de l'adage fulgurant de René Char : « L'urgent chasse l'important. » Je l'entends encore le dire. Il y a plusieurs chaînes de ce type (trop) en France, quasiment aucune en Allemagne, ou régionale. Cela affecte négativement les capacités des responsables des relations internationales à réfléchir avant de « réagir » et à agir rationnellement dans la durée. Il faut résister à cet effet, réintroduire dans les médias de demain de la réflexion, de la mise en perspective, le souci du long terme. Et pour tous ceux qui participent au débat public, s'armer mentalement.

Colonisations

Sujet hypersensible ! Il faut le reconnaître : comme certains insectes, l'être humain, le seul hominidé qui reste après l'extermination, l'absorption ou l'extinction des diverses autres branches issues de l'*Homo erectus* beaucoup plus ancien, nous, le *sapiens* (si mal nommé), est une espèce invasive. Est ou a été ? L'histoire est une longue suite d'invasions, de colonisations et de dominations des faibles du moment (pour des raisons multiples) par les forts du moment (pour des raisons multiples) pour des motifs et des prétextes changeants. L'esclavage a été pratiqué à grande échelle depuis l'aube de l'histoire – chez les Grecs, puis sous l'Empire romain, puis par les royaumes arabes ou africains, bien avant la mise en place du trafic triangulaire sous les colonisations européennes. Les controverses actuelles ne remontent pas si loin. Elles se concentrent sur les colonisations des trois ou quatre derniers siècles, donc des colonisations occidentales, de façon plus politique qu'historique.

Dans tous les pays occidentaux, en effet, et seulement en Occident, là où vivent des populations nombreuses, descendantes de pays anciennement colonisés, certains d'entre eux excipent de cette ascendance pour poursuivre des buts politiques tout à fait actuels, utilisant pour cela toutes les règles de la démocratie moderne, c'est-à-dire la démocratie d'opinion directe, médiatisée, la controverse, ou plutôt le réquisitoire, les revendications et l'intimidation. Elles se concentrent sur la colonisation d'une partie de l'Afrique, de l'Orient, de l'Asie et de l'Amérique latine par des Européens, du XVe au XXe siècle. Plus particulièrement en Afrique. Mais de façon biaisée et sélective, en escamotant le rôle millénaire de sultans ou émirs esclavagistes. La colonisation de la Gaule par les Romains est trop ancienne : qui demanderait des comptes à qui pour les 2 millions de morts ? Les descendants des Gallo-Romains à ceux des Romains ? Même observation, *a fortiori*, pour la possible élimination de Néandertal par *Sapiens*, étalée sur trois cent mille ans ! Plus près de nous, il n'y a pas de descendants organisés des Aztèques ou des Incas, mis à part quelques références politiques indigénistes dans les pays andins, pour interpeller l'Espagne actuelle ! Et d'ailleurs plusieurs peuples locaux avaient soutenu les Espagnols contre les Aztèques. Curieusement, le quasi-génocide des Indiens d'Amérique du Nord, sans équivalent en Afrique ou ailleurs, est moins brandi. Le musée de Washington est euphémistique. La colonisation des Ottomans dans le monde arabe est taboue. Celle de la Sibérie et du Caucase par la Russie intéresse peu. Comme celle du Groenland par le Danemark. Celle de l'Inde par les Moghols est trop lointaine dans le temps et l'espace pour nous. La colonisation de l'Amazonie par le Brésil redevient un sujet. Seul ce qui permet de mettre en cause l'Occident motive...

On peut comprendre que ces excès et ce simplisme historique vengeur soient le résultat d'immenses souffrances, d'un déni insupportable, d'une inhibition imposée. Il n'empêche que l'histoire des colonisations est bien documentée. En tout cas en Occident. Ailleurs, c'est moins sûr. Il y a eu par exemple en France de terribles livres noirs de la colonisation, très honnêtes. Par exemple *Le Livre noir du colonialisme, XVI*e*-XXI*e* siècle : de l'extermination à la repentance* (Robert Laffont, 2003), sous la direction de Marc Ferro, pour n'en citer qu'un.

Le temps viendra peut-être où l'on pourra étudier objectivement comment quelques pays d'Europe, souvent peu peuplés (Portugal, Espagne, Angleterre, France, Allemagne, Italie, Russie) ont pu coloniser autant de pays, avec aussi peu de soldats. Pourquoi ils ont aussi souvent trouvé des relais et alliés locaux. Et comment autant de pays (pas tous !) ont pu se laisser coloniser (infériorité technologique ? divisions ? handicaps culturels ? croyances désarmantes ?). Par exemple, les Gaulois étaient divisés et une bonne part d'entre eux – les Éduens par exemple – ne voyaient leur avenir économique qu'avec les Romains. Et comment quelques pays comme l'Éthiopie, ou le Maroc jusqu'en 1912, y ont résisté. Il faudrait, pour faire cette étude clarificatrice, résister aux amalgames et ne pas tout mélanger : Gallieni et Lyautey ne sont pas Bugeaud. La colonisation du Caucase a son histoire propre.

Ce serait très instructif aussi d'étudier comment se sont passées les décolonisations, françaises, belges, anglaises, portugaises, espagnoles, quasiment oubliées. Négociées ou violentes, précoces ou tardives, étalées elles aussi sur au moins deux siècles, avec une vision de l'avenir partagée ou non. Mais, à l'époque des *post-colonial studies* nord-américaines, de la dénonciation fanatique de « l'appropriation culturelle », qui touche même certains en France, trop vulnérables aux névroses américaines, errements qui marquent le début du XXIe siècle, en Occident, cette approche historique, rationnelle, pluraliste, documentée est impossible. Il faut résister, et attendre.

Le plus choquant conceptuellement et philosophiquement est que ces mouvements (dénonciations/expiations) s'appuient sur le postulat d'une responsabilité particulière, *collective* et *transmissible*. Conception vengeresse et biblique, contraire à tous les principes de droit moderne. Comment peut-on accepter cela ?

Dommage. Ce masochisme instrumentalisé, cette réinvention expiatoire de l'histoire à sens unique empêche de réfléchir à la manière de résister au XXIe siècle à des formes de colonisation modernes, financière, économique, technologique, culturelle, linguistique, plus insidieuses, qui se déploient en ce moment.

Voir : Décolonisations ; Esclavages ; Histoire de France ; Occident ; Orient.

Commission européenne

La Commission européenne, instituée dans le traité de Rome dès le 1er janvier 1958, a eu très longtemps un rôle d'autant plus modeste que son premier président, Walter Hallstein (1958-1967), avait affiché pour elle des ambitions supranationales qui se sont fracassées sur la « chaise vide » du général de Gaulle, lequel estimait qu'elle devait rester un secrétariat. Ce coup d'arrêt n'a pas empêché ses quelque 30 000 fonctionnaires de rêver longtemps à ce qu'elle devienne le gouvernement d'une Europe fédérale. Ce jour n'arrivera jamais. Dans la réalité, les choses se sont stabilisées autrement. Depuis, la Commission a quand même un rôle moteur dans un ensemble institutionnel qui ne changera plus guère. Le président de la Commission qui a laissé le plus grand souvenir est Jacques Delors, qui le fut de 1985 à 1995. Choisi par Mitterrand et Kohl en 1984, il a réussi à donner une impulsion souvent décisive à la construction européenne – l'Acte unique et le Marché unique –, tout en rappelant à ses services le principe de subsidiarité – ne faire au niveau européen que ce que l'on ne peut pas faire au niveau des États-nations – et à l'opinion en général que l'Europe serait une fédération d'États-nations – chaque mot compte. La monnaie unique, c'est une résultante des actions Mitterrand/Kohl/Delors (et du contexte géopolitique).

Jacques Delors a été un président de la Commission ardemment européen, finement politique, persévérant, inspiré et... réaliste.

Le langage de Mme von der Leyen, la nouvelle présidente depuis 2019, a innové en parlant de Commission « géopolitique ». Cette ambition est nouvelle et encourageante. C'est le cas aussi du vice-président Frans Timmermans, de Thierry Breton et de Mme Vestager. C'est une première. C'est ambitieux, c'est nécessaire, vu l'état du monde, comme de donner un contenu concret à la notion de « souveraineté européenne », complémentaire des souverainetés nationales. Ce qui commence aujourd'hui par les technologies et le numérique. Il faudra pour cela modifier l'ADN des Européens... tels qu'ils sont devenus après 1945, s'imposer à notre allié américain, résister à nos rivaux asiatiques. C'est une nécessité, sinon l'Europe sera écartelée, neutralisée ou effacée.

Voir : Conseil européen ; Europe.

« Communauté internationale »

Les mythes que la plupart des peuples se sont inventés postulaient que leurs fondateurs, divins ou humains, les avaient élus comme des peuples uniques, exceptionnels et dotés de chefs héroïques chargés de préserver leur pureté, et leur sécurité. Mais aussi, au-delà, quand ils étaient nombreux ou combatifs, de justifier leur suprématie, et souvent de dominer, de convertir, d'asservir, de réduire en esclavage, voire d'exterminer les peuples voisins, ou une région, ou le monde, voire l'univers tout entier. Peurs, instinct territorial, comportements invasifs : de beaux thèmes à explorer pour les spécialistes du cerveau humain.

Le mythe de la « communauté internationale » est très différent, c'est le contraire, même. À l'échelle de l'Histoire, l'idée d'une *communauté internationale* est assez récente. Saint Paul disait : « Allez évangéliser *toutes les nations* » (ne restons pas seulement une secte juive). C'était révolutionnaire. L'Église s'est ensuite voulue *catholicos*, c'est-à-dire universelle, et j'estime que cela a été la matrice de cet impératif de prosélytisme qui imprègne en profondeur l'Occident, jusqu'à aujourd'hui. L'idée de « communauté » suppose l'unité en droit et en fait du genre humain. C'est une aspiration philosophique que l'on peut faire remonter à Kant et aux Lumières, quand ont été sécularisées les valeurs chrétiennes. C'est devenu à notre époque un automatisme de langage : « la communauté internationale » pense ceci, ou cela, va faire ceci ou cela. Et puis… il ne se passe rien. En général, ce sont des Occidentaux qui l'invoquent, ventriloques, en pensant à eux. En réalité, les peuples du monde ne pensent pas les mêmes choses. Ils ne forment pas une « communauté ». Même s'ils veulent tous manger à leur faim, vivre en paix et en sécurité, ne pas être maltraités et protéger leurs enfants, ils n'ont ni les mêmes peurs, ni les mêmes souvenirs, ni les mêmes espérances. Il y a certes des institutions multilatérales, l'Organisation des Nations *unies* et toutes ses organisations spécialisées, l'Organisation mondiale du commerce, qui sont des cadres très précieux de coopération, des dizaines de milliers de fonctionnaires internationaux, des sommets réguliers, le G7, le G20, les COP, etc. Mais cela ne suffit pas encore à créer une homogénéité de mentalités entre les peuples. La pandémie actuelle l'a encore rappelé. On disait ces dernières années que le système multilatéral était à réformer et à perfectionner. En fait, il est à refonder. Les 200 copropriétaires (ou États à l'ONU) n'y parviendront pas s'il n'y a pas de réformateurs déterminés. La *communauté* internationale est un objectif. Elle reste à créer. Comment ? La proclamation du caractère universel de nos valeurs ne suffit pas. Peut-être cela viendra-t-il d'une prise de conscience des interdépendances vitales et organiques accélérée par la pandémie, d'une communauté de destin mondial, non proclamée mais ressentie, et donc de la nécessité d'une écologisation généralisée qui aille plus vite que la dégradation des conditions de vie sur la planète. Course de vitesse.

Voir : Mythes ; Ordre mondial ; Réalisme (realpolitik, irrealpolitik).

Concert européen

Il y a concert et conseil ! Le concert européen a été mis en place après le congrès de Vienne de 1815 par l'Angleterre, l'Autriche, la Prusse, la Russie (et aussi la France grâce à Talleyrand), pour gérer l'Europe postnapoléonienne. Il fonctionna assez bien jusqu'à la moitié du XIXe siècle, et encore à peu près jusqu'en 1914, malgré la guerre de Crimée contre la Russie (de 1853 à 1856), l'unification italienne (en 1871) et la réunification allemande (en 1871). Mais la volonté de Guillaume II de mettre fin à la suprématie navale britannique lui porta un coup fatal. Cette forme de concertation entre les puissances a été très bien décrite par Jacques-Alain de Sédouy.

À ne pas confondre avec le Conseil de l'Europe, créé en 1949, ni avec le *Conseil européen*, réunion régulière des chefs d'État et de gouvernement de l'Union européenne (aujourd'hui 27) créé par Valéry Giscard d'Estaing et Helmut Schmidt, instance donc intergouvernementale quoique conçue par des proeuropéens revendiqués, et devenue l'organe clé de l'Union.

Un « concert mondial » entre les puissances, une sorte de G20 plus opérationnel, pour mieux gérer dans l'actuel monde chaotique les relations entre les puissances installées et les puissances émergentes, en attendant que se constitue dans les esprits une hypothétique « communauté internationale », serait un grand progrès. Ce n'est pas inatteignable.

Voir : « Communauté internationale ».

Confédération européenne

Il est vraiment dommage que, en lançant trop tôt, dès le 31 décembre 1989, sa remarquable idée d'une confédération européenne, et en envisageant d'y inclure de façon très gaullienne la Russie, François Mitterrand ait en quelque sorte torpillé lui-même son initiative. La plupart des commentateurs français, à l'époque, sous l'influence des commentateurs allemands mécontents de l'insistance de Mitterrand pour que la question de la frontière Oder-Neisse soit clarifiée avant la réunification, l'accusaient d'être en retard sur les événements et de vouloir vainement freiner l'Histoire. Absurde. C'était exactement l'inverse et c'est lui qui se projetait dans la suite. Il avait déjà intégré que tous les pays d'Europe de l'Est, et pas seulement l'Allemagne, allaient se libérer de l'emprise soviétique, et demander aussitôt à adhérer à l'OTAN et à l'Union européenne. L'OTAN n'était pas au centre des préoccupations de Mitterrand, l'Union européenne, si. Et il savait bien que les négociations d'adhésion de ces pays candidats allaient être longues, difficiles, voire pénibles. Il avait dit, en 1989, « cela prendra quinze ans ». Nouvelles réactions indignées. En fait, c'est exactement ce qu'il s'est passé puisqu'ils y sont entrés en 2004. François Mitterrand voulait, sans attendre cet aboutissement, que les pays européens d'Europe centrale et orientale soient accueillis tout de suite sur un pied d'égalité, au sein d'une confédération politique européenne. C'était une vraie vision européenne d'avenir. Si elle avait pu être mise en place, les relations entre l'Europe de l'Ouest et l'Europe de l'Est, qui se sont dégradées comme on l'a vu ces dernières années, après une première période d'euphorie, auraient été sans nul doute différentes. La proposition mitterrandienne d'intégrer la Russie dans cette confédération avait évidemment provoqué l'ire des anciennes démocraties populaires, qui, libérées du joug soviétique, n'avaient rien de plus pressé que de se réfugier dans le commissariat le plus proche, c'est-à-dire l'OTAN. À l'époque, elles voyaient l'Union européenne (et certains continuent) comme une succursale économique de l'OTAN. Les États-Unis virent d'un mauvais œil cette possible autonomisation de l'Europe, mais James Baker n'eut pas à téléphoner beaucoup pour exciter les Polonais, les Tchèques et les autres contre le projet français. Václav Havel était l'un des plus virulents, ce qui n'enlève rien à ses mérites ni au grand souvenir qu'il avait gardé du petit déjeuner avec Mitterrand en 1989 à l'ambassade de France à Prague, quand il était encore un dissident. Il y était venu avec sa brosse à dents, anticipant une possible arrestation à la sortie.

Prenant acte de ce décollage avorté, François Mitterrand nous demanda d'essayer de relancer le projet en le modifiant un peu, et en essayant de convaincre les Européens de l'Est d'entrer dans le schéma. D'où un sommet organisé à Prague, volontairement, en 1991, coprésidé avec Václav Havel, mais qui n'eut pas de suite. C'est curieux de comparer la mauvaise foi punique, comme on disait autrefois, de tous ceux qui ont attaqué François Mitterrand sur la Yougoslavie, l'Allemagne, le putsch de Moscou, l'Afrique, le Rwanda, etc., et j'en passe, et le peu d'intérêt manifesté sur ce projet vraiment intelligent et vraiment européen. À part Marc Semo qui est revenu dessus dans *Le Monde* du 29 août 2020.

Voir : Europe ; Europe de l'Est ; Mitterrand, François.

Conseil européen

Le Conseil européen, la réunion des chefs d'État et de gouvernement (à ne pas confondre avec le Conseil de l'Europe), est l'organe clé de l'Union européenne. Il a le dernier mot, encore que le Parlement rêve à un régime d'assemblée, et que la Cour de justice et la Cour européenne des droits de l'homme poursuivent, en silence, leur œuvre subreptice de fédéralisation par effet juridique de cliquet.

Le premier sommet de l'Union se tint en 1961, à six, à propos du « plan Fouchet ». Le président Pompidou en suscita un à La Haye en 1969, où fut, déjà, évoqué un projet d'Union économique et monétaire. Mais le premier vrai Conseil européen fut réuni les 9 et 10 décembre 1974, à l'initiative conjointe de Valéry Giscard d'Estaing et de Helmut Schmidt. Il comprend aujourd'hui, après le Brexit, 27 membres. Les autres organes ont tous leur importance : le Conseil des ministres, le Parlement européen, la Commission (qui se prend moins qu'avant pour le gouvernement de l'Europe, mais quand même), les institutions judiciaires. Mais les négociations, les tractations déterminées par les rapports de force au sein du Conseil (poids de l'Allemagne, de la France, etc.) restent déterminantes. Mécontente de n'avoir pas obtenu au Conseil européen de Nice, en décembre 2000, un accroissement de ses droits de vote (il y avait les grands pays, les moyens et les petits, elle voulait être placée avec les grands), alors qu'elle avait déjà obtenu l'assurance que le nombre des parlementaires allemands ne serait pas diminué pour faire de la place aux nouveaux entrants, c'est l'Allemagne qui a lancé l'idée d'une « convention » et qui l'a obtenue, par une alliance tactique avec les fédéralistes frustrés. Au sein de la Convention pour l'avenir de l'Europe, l'Allemagne obtint cette repondération, qui fut reprise dans le traité de Lisbonne, après que le traité constitutionnel eut été rejeté.

L'avenir de l'UE entière – renforcement ou déliquescence, stabilité ou maturité confédérale, mutation fédérale ou non – dépendra beaucoup de la force et de la cohésion, ou non, du Conseil européen, c'est-à-dire des leaders des 27, d'abord de l'Allemagne et de la France, mais pas seulement. Et plus largement de la capacité des dirigeants des États membres et de l'équipe mise en place en 2019 à concevoir un compromis avec les peuples, c'est-à-dire à ne pas faire rimer affirmation de l'Europe à l'extérieur et intégration normalisatrice à l'intérieur. Ces questions se posent toujours après le compromis sur la relance au sommet de juillet 2020.

Voir : Europe.

Correct

Névrose occidentale. Et réinvention du *taboo*. C'est-à-dire de l'interdit, terme noté par le capitaine James Cook en 1777 aux îles Tonga. On en sourit, ou l'on trouve cela ridicule mais secondaire. En fait, c'est une vraie plaie et un danger auxquels on devrait résister plus. Le *politically correct*, ou *correctness*, est apparu à la fin du XXe siècle dans des universités américaines. Il a été détecté et courageusement ridiculisé dès 1969 par Philip Roth dans *Portnoy et son complexe*. Ce mouvement a été influencé par les déconstructeurs français, Althusser, Foucault, Derrida, etc., malheureusement les derniers intellectuels français qui ont eu de l'influence aux États-Unis ! Au départ, il s'agissait de proscrire des termes de nature à blesser les femmes, ou des minorités ethniques ou sexuelles, ou les activistes qui parlaient en leur nom (exemple : l'injonction de passer de *negro* à *Black*, puis à *afro-american*, etc.). Partant de bonnes intentions, dont l'enfer est pavé, comme l'on sait, ce mouvement s'est ensuite radicalisé aux États-Unis et amplifié sur les réseaux sociaux, propices à l'outrance et au lynchage, nous rappelant que les premiers Pilgrims appartenaient à des sectes (« les sorcières de Salem ») et que l'Amérique avait produit le maccarthysme, qui semble être dans son ADN et se répéter. Il prend des formes folles, grotesques : l'écriture inclusive, Justin Trudeau demandant de ne pas dire *mankind* (« humanité ») pour éviter le mot *man*, etc. Ou punitives, totalitaires (réécrire le passé ou des textes, interdire certains auteurs, refuser d'être offensé par une idée contraire à ce que l'on croit, comme si naître n'était pas déjà s'exposer à un monde agressif, la condamnation ubuesque de « l'appropriation », etc.). Ses excès récents qui se multiplient, l'attitude *woke* (« éveillé »), au sens de militant prêt à dénoncer comme l'étaient les gardes rouges, sa transformation en brigades de la vertu et de la vengeance ou en polices de la parole qui prétendent excommunier ou interdire de parole les dissidents (la *cancel culture* qu'Obama a condamnée) font passer au second plan les vraies discriminations ou excès à corriger. Aux États-Unis, il rend de plus en plus difficile l'enseignement des « humanités » dans les grandes universités. Il se peut que ce soit une vague de puritanisme vouée à s'épuiser, puis à s'éteindre, comme les précédentes. Ou au contraire que cela demeure des fonds de commerce durables des dirigeants des minorités agissantes les plus vindicatives *via* les réseaux sociaux, certains grands médias américains ou dans l'enseignement supérieur (hors sciences dures). Dans ce cas, la liberté de penser en Occident sera en péril.

Sur l'avenir du politiquement correct que l'on souhaiterait compromis, le philosophe André Comte-Sponville a tout dit (Institut Diderot, 2017). Le polémiste québécois Mathieu Bock-Côté est drôle, acéré et convaincant. La sous-estimation de ce danger par aveuglement ou lâcheté devient dangereuse. Petite lueur d'espoir, dans chaque groupe ou minorité – femmes, groupes sexuels, minorités ethniques –, dont l'expression publique a été confisquée par des « Enragés », des voix légitimes s'élèvent maintenant pour dénoncer l'extrémisme de ces mouvements et les dangers qu'ils font peser sur la démocratie, et même plus simplement sur la liberté de s'exprimer. Notons que ce mouvement, de plus en plus idéologique et manichéen, affecte presque exclusivement la sphère occidentalo-globalo-médiatisée et les démocraties dont les activistes savent utiliser les ressorts contre elle. Pour l'Occident, c'est beaucoup plus dangereux que les attaques contre la démocratie venues de l'extérieur.

Voir : Repentance.

Covid-19

Finalement, qu'est-ce que la pandémie de la Covid-19 (l'Académie française a tranché en faveur du féminin, comme *la* grippe, ou *la* peste) aura changé à l'état du monde et à son fonctionnement ? L'urgence à faire redémarrer l'économie mondiale à flux tendus, y compris sa branche touristique, pour éviter un collapse économique et social sans précédent hors guerre mondiale, aura masqué un temps les évolutions en cours dans tous les domaines, les aggravations, les accélérations, qui font que plus rien ne sera exactement comme avant. L'ensemble de l'appareil économique mondial a entamé lourdement, lentement, retardé par mille batailles d'arrière-garde, une gigantesque évolution à laquelle même les pays émergents n'échapperont pas : l'écologisation. Quant aux relations internationales, elles apparaissent, sous cette lumière crue, pour ce qu'elles sont : une foire d'empoigne, une combinaison d'interdépendances croisées, un mélange de faits accomplis et de coopérations, la résistance des puissances établies et qui veulent le rester à la poussée des forces montantes, etc. Pour la suite, si un ou des vaccins vraiment efficaces sont découverts, ou des traitements rapides, l'année 2020 apparaîtra peut-être comme un cauchemar auquel succédera un bref optimisme artificiel comme dans les après-guerres, ce qui retardera mais ne pourra plus arrêter l'écologisation vitale de toutes les activités humaines. En revanche, si la Covid-19 reste endémique, ou si un autre virus du même genre, ou d'autres encore, réapparaît dans les mêmes conditions, comme le redoutent les virologues, et se propage de façon fulgurante pour les mêmes raisons liées au mode de vie contemporain, ce sera une autre histoire ! L'humanité risque alors d'entrer dans des soubresauts plus grands, extrémistes, populistes, millénaristes, religieux, etc. C'est pourquoi une évaluation systématique et comparée des politiques de surveillance, d'alerte, de confinement, de déconfinement, de recherche, de traitements, de vaccinations devra être menée dans tous les pays et les institutions quand la pandémie sera derrière nous, afin que l'humanité soit mieux préparée la prochaine fois. J'ai développé ces thèmes dans *Et après ?*, paru chez Fayard en juin 2020. Tous ceux qui se méfient des passions de masse inspirées par la panique et avivées à dessein doivent se préparer à réinsérer de la logique, de la rationalité, du respect des faits et des connaissances scientifiques, à combattre l'obscurantisme renaissant et à réinsérer de la démocratie efficace dans ce grand désordre potentiel.

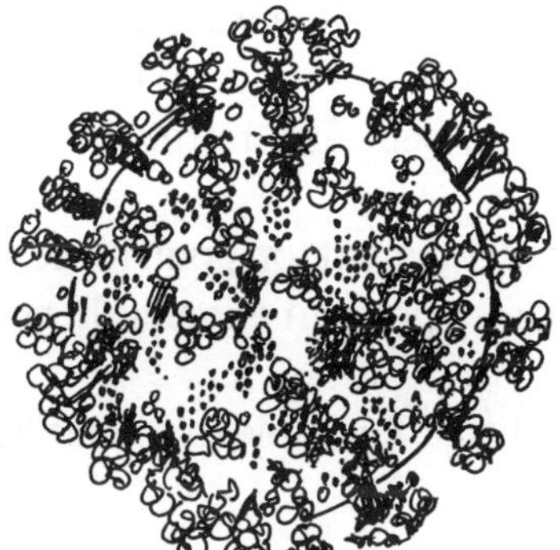

Voir : Écologisation ; Interdépendances ; Mondialisation/démondialisation.

Cynisme

En tête (avec machiavélisme) du palmarès des mots employés à contresens. Aujourd'hui : manipulation des esprits immorale, mensongère et provocante, indifférence aux sentiments et aux souffrances humaines, etc. Version banale : « Les promesses n'engagent que ceux qui y croient. » Chacun croit devoir dénoncer le cynisme, ou s'en défendre en poussant les hauts cris ! Pour Romain Gary, « le cynisme c'est du désespoir idéaliste ».

Pour les Grecs anciens, d'Antisthène à Diogène de Sinope (Vᵉ et IVᵉ siècle avant J.-C.), le cynisme, c'est le contraire : la vertu et la sagesse grâce à la liberté de pensée et de parole, quitte à heurter l'opinion dominante du moment, en général hypocrite ! À rebours de l'idéalisme platonicien, le cynisme alimentera les stoïciens.

On est aux antipodes de l'actuel contresens ! Si l'on réapprenait le grec, peut-être retrouverait-on le sens des mots ?

Alors, et alors seulement, on pourrait écrire un éloge du cynisme sans passer pour un ennemi du genre humain !

Voir : Irrealpolitik ; Réalisme (realpolitik, irrealpolitik).

D

Davos

Monde d'avant. Extraordinaire réussite économique et de communication d'un professeur suisse d'économie, M. Klaus Schwab, qui a réuni, à partir de 1971, dans la station de ski de Davos, dans le canton suisse des Grisons, pendant trois jours, dans un « Forum économique mondial », les plus grands dirigeants politiques et économiques pour traiter de la situation politique et économique du monde. On est loin de Spengler et surtout de *La Montagne magique* de Thomas Mann ! Mais déjà entre 1928 et 1931 des joutes intellectuelles de haut niveau se sont déroulées dans ce cadre montagnard, avant cette mise en scène nombriliste et plastronnante de la mondialisation dans sa phase ascendante. Aux yeux des contempteurs de la mondialisation dérégulée, Davos incarnait la quintessence du capitalisme mondial dégoulinant d'autosatisfaction et de suffisance, et ses horreurs. Mais cela n'a pas réduit le succès du Forum, équivalent de la montée des marches à Cannes, pour tous ceux qui prospèrent dans la mondialisation dérégulée et financiarisée, et paradaient à date fixe dans les

Grisons, autocélébration d'une certaine *hubris* globale occidentale, et assimilés.

Ces rassemblements n'ont jamais brillé par leur capacité à anticiper, par exemple avant la crise des subprimes en 2008. Ce n'était pas leur fonction, disent-ils. C'est après coup que de nouveaux thèmes se sont imposés – comment faire autrement ? : l'écologie, les risques géopolitiques et même (qui l'eût cru ?) les inégalités excessives et la pauvreté ! Cela reste très commode pour les participants de trouver à Davos une chambre d'écho et de pouvoir voir, en un jour ou deux, des dizaines de partenaires, acheteurs, clients, investisseurs, influenceurs, de passer des messages, etc. Et pour certains de pouvoir dire pendant des semaines qu'il a vu à Davos « X ou Y ».

Mme Verdurin aurait été bluffée.

Davos ne règle rien, ce n'est pas son objet, mais c'est une caisse de résonance qui a eu son heure de gloire qui sera pourtant de moins en moins en phase avec notre monde chaotique... Sauf s'il se réorganisait vraiment autour de l'écologisation (en 2020 le Forum réclame des infrastructures « plus écologiques »), qui va nécessiter sans arrêt des choix délicats, de méthode, de rythme, et entraîner mille batailles au cours des prochaines décennies. Tout cela devra en effet se penser et s'accompagner.

Voir : Altermondialiste ; Écologisation ; Mondialisation/démondialisation.

Décolonisations

Soixante ans environ après les indépendances, les controverses accusatoires et confuses sur la colonisation tiennent à tel point le haut du pavé qu'on en viendrait à oublier… la décolonisation. Comme si elle n'avait pas eu lieu. C'est pourtant un chapitre de l'Histoire passionnant, des pays colonisateurs, et des pays colonisés.

On oublie trop qu'elle a commencé très tôt, au XVIIIe siècle, et surtout au début du XIXe siècle, en Amérique latine espagnole ou portugaise (indépendance du Brésil en 1822) sous impulsion américaine.

On pourrait d'ailleurs avancer que le premier engagement de la France pour une indépendance a été le soutien aux *insurgents* américains en 1780 : Benjamin Franklin et Jefferson à Paris. Bien sûr, c'était pour contrer les Anglais. Mais quand même, Lafayette, etc. Le XIXe siècle a été le grand siècle des colonisations européennes.

Ensuite, dans la seconde partie du XXe siècle, les dirigeants français, de Gaulle comme les autres, même en 1945, ont d'abord tergiversé. Il y a eu la première guerre d'Indochine, puis celle d'Algérie. Mais il y a eu aussi une opinion française, à gauche notamment, et, au-delà, des grandes voix intellectuelles et morales, très engagées pour les indépendances. Que l'on pense à *France Observateur*, à

Jean Daniel. Il ne faut pas oublier non plus qu'il y avait eu avant, sous la IVe République, des élus africains au Parlement – Senghor, Houphouët-Boigny. D'ailleurs, François Mitterrand, ministre de la France d'Outre-Mer, avait fait rattacher à son parti, l'UDSR, plusieurs leaders africains, pour les protéger et les aider.

L'indépendance de la Tunisie s'était bien passée, avec Habib Bourguiba, grâce à Pierre Mendès France. Il avait déjà fait preuve avant cela d'un grand courage en mettant fin, à Genève, en juillet 1954, avec Zhou Enlai, aux hostilités – la guerre – en Indochine. L'indépendance du Maroc fut réalisée pacifiquement par Antoine Pinay, Edgar Faure et Alain Savary, en fait, *dixit* Mohammed V et Hassan II, beaucoup grâce à François Mauriac et à mon père, Jean Védrine, et à un groupe de personnalités qui ont affronté le parti colonial.

Concernant l'Afrique, où beaucoup de gouverneurs – Messmer, San Marco – avaient eu des comportements « libéraux » prémonitoires, dès avant les indépendances, on ne doit pas oublier la « loi-cadre » de Gaston Defferre, en 1956.

Après les indépendances africaines, la plupart des anciens colonisateurs ont laissé tomber ou ont laissé derrière eux des bombes à retardement, comme la Grande-Bretagne en Inde et au Proche-Orient ; la Belgique, avec des conséquences catastrophiques et durables dans toute l'Afrique des Grands Lacs, Rwanda, Burundi, Congo, Zaïre/RDC ; le Portugal, dans les années 70, avec les guerres civiles en Angola et au Mozambique. Au lieu de cela, la France leur a proposé de devenir membres d'institutions communes, d'abord l'Union française, puis la « Communauté », et de devenir des partenaires. Et il ne faut pas oublier que, au début, ce sont les principaux dirigeants africains eux-mêmes qui ont demandé au général de Gaulle que la France reste militairement, pour assurer la sécurité et éviter la tentation des putschs aux armées locales. Un anachronisme furieux ne devrait pas empêcher que l'on revienne sur ces épisodes honorables, ni la mémoire de beaucoup de personnalités et de combats magnifiques. J'ai évoqué la France. Il y a eu la guerre d'Algérie, longue, trop longue, cruelle, et qui n'en finit pas de produire dans le temps ses effets empoisonnés. Mais il y a eu aussi des décolonisateurs courageux en France et dans toutes les anciennes puissances coloniales. Le sophisme « décolonial » selon lequel c'était une fausse décolonisation ne devrait pas empêcher de redécouvrir ce moment.

Voir : Afrique(s) ; Algérie ; Colonisations.

Delpech, Thérèse

Canonisée. Disparue en 2012 à 64 ans, cette normalienne, philosophe et chercheuse passionnée, a inspiré par ses travaux sur l'Iran, la prolifération, la dissuasion (sa thèse, remarquable) et « l'ensauvagement du monde » (ce terme dans son sens global n'a pas, alors, fait polémique, même s'il a été controversé), après la guerre froide, une génération entière de diplomates, de chercheurs et d'intellectuels. Ils sont en général du courant *néoconservateur*, dont elle fut l'âme en France, notamment par sa focalisation presque exclusive contre la prolifération de l'arme nucléaire à des pays dangereux (comprendre : antioccidentaux). Contrairement aux idéalistes bêtas, elle avait compris que la « communauté » internationale était pour l'heure une fiction (c'est un objectif, pas une réalité, et là-dessus elle avait raison), mais elle en tirait la conséquence que l'Occident devait être intransigeant voire offensif pour défendre et imposer partout ses valeurs, punir, sanctionner et intervenir si nécessaire. Donc persévérer dans son être. C'est à peu près la thèse de BHL dans *L'Empire et les Cinq Rois* (Grasset, 2018). Je pense, moi, que « l'Occident » n'est pas, ou plus, un concept opérationnel, que les Occidentaux ne sont pas vraiment d'accord entre eux, et que la France et l'Europe, dans le nouveau chaos du monde, devraient être, au contraire, sans esprit de croisade, plus kissingeriens et machiavéliens que missionnaires, pour ne pas pousser leurs rivaux ou adversaires à se coaliser. Mais que le monde soit sauvage et pas régi par le droit international – ou à peine –, oui, elle a eu raison de le dire quand tout le monde s'était pris à rêver à l'inverse. Tout dépend des conclusions pratiques que l'on en tire.

Voir : BHL (Bernard-Henri Lévy) ; Dissuasion.

Démographie

En 2050, sur 10 milliards d'habitants (selon les pires projections actuelles), il y aura toujours environ 500 millions d'Européens, mais 2,5 milliards d'Africains, sauf si l'Afrique noire, et en particulier l'Afrique de l'Ouest, connaît à son tour la « transition démographique » chère aux démographes. La part des Occidentaux se réduira mécaniquement, quand celle des géants – Inde, Chine, Afrique – augmentera. Tout cela sans tenir compte d'éventuels mouvements migratoires massifs dus au dérèglement climatique et écologique.

Il y a une école de démographes en Europe et en France, proches des gauchistes ou cathos de gauche repentants, qui estiment que c'est normal et que le métissage qui en découlera nécessairement permettra à l'humanité de dépasser le stade identitaire et nationaliste, source de toutes les horreurs. Les antimalthusiens pensent qu'il ne faut pas s'en inquiéter, mais pour d'autres raisons.

Les responsables des pays du Sahel, par exemple, ceux de l'Afrique noire en général, ne voient pas forcément cela comme un atout pour eux, bien au contraire ! Ils veulent développer l'éducation des filles (sept à huit enfants par femme au Niger ces dernières années, même si cela baisse un peu) pour contrôler les naissances. Les responsables des pays en déclin démographique essaient de relancer la natalité chez eux : toute l'Europe mis à part la France ; Allemagne, Russie, Italie, Espagne, mais aussi Japon, Asie et même Chine. De ce « compte à rebours », il est difficile de parler, encore plus d'agir. Pourtant, ces mouvements démographiques de fond commandent largement, en termes écologiques, l'avenir de la vie sur la planète, et la coexistence pacifique, ou non, non seulement entre Chine et États-Unis, mais aussi entre peuples, cultures, civilisations.

Les démographes pour qui la transition démographique (moins de deux enfants par femme) est inéluctable voient au contraire la population se réduire, mais pas tout de suite partout. Ce sera après encore vingt à trente ans, où les populations de l'ancien « Sud » vont continuer à croître avec les tensions et les flux migratoires qui en découleront et qu'il faudra organiser et cogérer si c'est possible. Pour la première fois, en juillet 2020, une étude de l'ONU prévoit que l'humanité n'atteindra pas 10 milliards mais seulement 9,5 milliards, et commencera à diminuer à partir de 2100.

Il n'en faut pas plus pour que des experts, Bricker et Ibbitson – canadiens, en l'occurrence –, agitent le spectre du « choc de la décroissance » et s'inquiètent d'un nouveau malthusianisme ! L'urgence n'est pas là, c'est le moins que l'on puisse dire ! On verra dans cinquante ans.

Voir : Afrique(s) ; Anthropocène ; Écologisation.

Deng Xiaoping

Éclipsé par Mao, et maintenant par Xi, c'est pourtant lui, ce « petit timonier » né en 1904, qui a changé notre monde en libérant la colossale énergie individuelle et économique de la Chine quand il a fini par en devenir le maître à partir de 1978, sorte d'empereur imposant son pragmatisme : « Peu importe que le chat soit noir ou blanc s'il attrape les souris. » Fini, le débat communisme/capitalisme ! Place au capitalisme Far West… sous contrôle du Parti. Sans lui, la Chine de Xi Jinping n'aurait pas été possible. Pas de nouvelles routes de la soie ! Ni de BRICS !

Il avait été l'un des fondateurs du Parti communiste chinois (PCC) et réussi pendant trente ans à suivre Mao, à coexister et collaborer avec lui, parfois à le freiner, avec Zhou Enlai ou seul, à survivre aux purges et à la Révolution culturelle, à surnager, à remonter et, finalement, à prendre le pouvoir après l'arrestation, en 1976, de la « bande des Quatre », les derniers maoïstes, grâce à la fraction raisonnable de l'armée. Puis il gouverna de « derrière le rideau » en jouant au bridge au « China Club » sans autre titre que « président de la commission militaire du Parti ». S'inspirant de Lee Kuan Yew à Singapour, il libéra l'économie et les énergies de la Chine mais garda le contrôle politique. Au moment de Tian'anmen, horrifié par le risque du retour au chaos, il donna son feu vert à la répression des manifestants.

Il avait étudié en France entre 1922 et 1924 en tant qu'ouvrier/étudiant/boursier, comme Zhou Enlai. Il a sa statue devant la gare de Montargis. Et certains historiens ont évoqué un « serment de Montargis » qui devait conduire à la création du Parti communiste chinois dans la concession française de Shanghai.

Un souvenir personnel : en 1983, j'ai été, jeune conseiller diplomatique, preneur de notes de l'entretien entre lui, petit homme malicieux enfoncé dans un fauteuil profond d'où il crachait avec dextérité, à l'ancienne, vers un récipient en cuivre, et François Mitterrand. Celui-ci lui avait dit courtoisement : « Un jour, le monde aura beaucoup à apprendre de la Chine ! » Deng avait souri et répondu : « Nous avons beaucoup de travail à accomplir avant cela ! » C'était il y a près de quarante ans ! Nous y sommes.

Nous sommes confrontés à une Chine qui réactualise le titre du livre d'Alain Peyrefitte publié en 1973, *Quand la Chine s'éveillera… le monde tremblera*. La Chine n'est plus celle de Mao ni celle de Deng mais celle de Xi… et l'on découvre qu'elle est restée communiste, « rouge[1] », tout en étant sauvagement capitaliste. L'Occident ne pensait pas cela compatible.

Voir : Chine.

Détroits

Depuis que l'homme navigue, certainement très longtemps avant les premières représentations des bateaux retrouvées en Mésopotamie (4000 avant notre ère), par exemple dès la conquête de l'Australie, il y a quarante mille ans, quand le niveau de la mer était plus bas, il a dû réaliser l'importance de contrôler les détroits. Et c'est toujours le cas. Dans notre Antiquité, les détroits du Péloponnèse et de Messine (Charybde et Scylla !). Puis ceux de Gibraltar

---

1. Voir Alice Ekman, *Rouge vif, l'idéal communiste chinois*, L'Observatoire, 2020.

(les colonnes d'Hercule), le Bosphore, plus tard le pas de Calais. Au Moyen-Orient, le détroit d'Ormuz. En Asie, les détroits de Malacca, de la Sonde, ou de Makassar. Mais aussi le détroit de Taïwan ou celui de La Pérouse (entre l'île de Sakhaline et celle d'Hokkaidō). Au Canada, celui de Davis, entre le Groenland et la terre de Baffin. Ceux par lesquels transmutent les pétroliers ou gaziers, ou porte-conteneurs (90 000 navires dans le monde) restent stratégiques, d'autres peuvent le devenir avec le réchauffement et l'ouverture – hélas, écologiquement parlant – des routes arctiques.

À ces détroits naturels il faut ajouter les non moins stratégiques grands canaux construits de main d'homme qui ont permis de raccourcir de plusieurs milliers de kilomètres les voyages maritimes : le canal de Suez, bien sûr, né de l'amitié entre Saïd Pacha puis Khédive Ismail et Ferdinand de Lesseps, construit entre 1859 et 1869 (près de trois mille ans après les premiers essais des pharaons !) et le canal de Panama, long de 77 kilomètres, fruit de l'obstination (contrecarrée) du même Lesseps, personnalité hors du commun, construit à partir de 1882, ayant nécessité trois systèmes d'écluses, et ouvert en 1914. Le monde ne sera jamais complètement virtuel, et même dans l'air, il y a des couloirs !

Diaspora(s)

À l'origine, on parlait surtout de diaspora en Occident (en grec, *dia-spora*, « ensemencement à travers ») à propos de l'exil forcé des Juifs à Babylone sous Nabuchodonosor II, après la prise de Jérusalem en 586 avant J.-C. Ce terme est devenu courant par la suite pour désigner des populations fixées durablement en nombre hors de leur patrie, comme les Arméniens (exode après le génocide, aujourd'hui 3 millions en Arménie, 6,5 à l'extérieur), les Grecs (10 millions à l'intérieur, 6,5 à l'extérieur), les Libanais (5,5 millions environ au Liban, entre 4 et 14 millions à l'extérieur selon les décomptes), les Africains (40 millions aux États-Unis descendant d'esclaves importés, 3,5 millions en France, immigrés), les Irlandais (100 millions de descendants d'Irlandais dans le monde, dit-on [!], dont 36 millions aux États-Unis !), bien sûr aussi les Juifs (6,4 millions en Israël, 8 millions en diaspora dont 5,7 millions aux États-Unis et près de 500 000 en France), et les Palestiniens (6,3 millions dont 4,8 en Palestine). Mais on peut aussi parler de diaspora basque (4,5 millions) ou italienne (500 millions de gens seraient d'origine italienne hors Italie, par exemple en Argentine !), de diaspora marocaine (4,5 millions dont 80 % en Europe) ou algérienne (autour de 6 millions). Sans oublier la diaspora chinoise (50 millions). Ces chiffres peuvent changer, ce sont des estimations. Il faudrait ensuite étudier au cas par cas à quel point ces diasporas sont enracinées, intégrées, quels liens elles gardent avec le pays d'origine, quand elles sont organisées et pour agir en lobbies, etc. C'est là qu'elles pèsent dans les relations internationales.

Mais est-ce que ces catégories ne sont pas vouées à évoluer, à se mêler, et est-ce que ce concept ne va pas disparaître d'un monde où ce sera de plus en plus facile de voyager, de rester un certain temps dans un pays, puis de revenir, de repartir, etc. ? Dans un monde de circulations, l'exil définitif deviendra l'exception. Qui s'affranchirait de la sédentarisation néolithique – débuté il y a dix mille ans – et irait au-delà du nomadisme marginal des très pauvres et des ultrariches. Ce semi-nomadisme moderne, qui toucherait plus qu'une grosse minorité, relativiserait les notions de minorités, de diasporas (les lobbies, c'est autre chose). En plus des enracinements vitaux, un monde de circulations ! Cette instabilité et cette volatilité affaibliraient encore le cadre stable nécessaire à la démocratie politique représentative, alors que déjà l'abstention monte. (La bataille enragée aux États-Unis en 2020 sur le vote par correspondance est prémonitoire.) Combien de temps faudra-t-il pour que cette semi-mobilité constante engendre une mentalité globale différente ? Des années ? Des décennies ? Jamais ? Créerait-elle des antagonismes aggravés ?

Voir : Influences ; Lobbies.

Diplomatie

Disposer d'un autre moyen que la guerre, les batailles et la violence pour régler les conflits et donc d'un canal pour parler : c'est l'idée fondatrice de la diplomatie. Il y a toujours eu des palabres, des messagers (mais ils étaient occasionnels, et la fonction risquée : élimination des porteurs de mauvaises nouvelles, comme le démontre l'exemple de la Grèce antique, prise d'otages, etc.), mais ce n'est qu'à la Renaissance, aux XVe et XVIe siècles, avec l'apparition d'embryons d'États modernes, qu'a commencé à être codifiée la diplomatie au sens moderne, dès 1455, entre les ducs de Milan et de Gênes, pour être précis. Richelieu définit le premier ce que sont les « ambassadeurs ». Pour pouvoir circuler et travailler en sécurité, ils doivent pouvoir disposer d'une *immunité*. Pendant longtemps, les fonctions sont ambiguës. Pour Casanova, « les seuls espions avoués sont les diplomates ». Daniel Jouanneau a très bien décrit tout cela dans son *Dictionnaire amoureux de la diplomatie*, en 2019.

Après la fin de l'URSS, les Occidentaux, saisis d'*hubris*, ont eu la tentation de se passer de la diplomatie. Pour les États-Unis « hyperpuissants », les pays alliés et protégés étaient alignés ; les rares pays récalcitrants seraient remis dans le droit chemin par les sanctions ou la force. À quoi bon une diplomatie ? Kissinger a dû écrire un essai pour expliquer pourquoi une diplomatie restait nécessaire. On rêve ! Le trumpisme a été une variante fruste de ce courant. Le moralisme occidental triomphant, qui est une réapparition de notre manichéisme, n'est jamais très loin : on ne doit pas parler, encore moins négocier ou traiter, avec des pays qui « ne partagent pas nos valeurs ». Mais avec qui, alors ? Évidemment, cela ne marche pas (voir Pierre Grosser, *Traiter avec le diable ?*). C'est comme cela que la France s'est mise hors jeu en Syrie et que l'Union européenne « a les mains propres parce qu'elle n'a pas de mains ». Pour le moment… Et c'est inquiétant que les démocrates américains veuillent rétablir « les valeurs » de l'Amérique après Trump en durcissant encore les relations contre tous les autres. L'Occident est loin d'être devenu réaliste, alors qu'il ne peut plus se permettre d'être fumeux ou de revenir à un prosélytisme qui n'est plus accepté dans la grande redistribution des cartes en cours.

Voir : Alliances ; Kissinger, Henry ; Richelieu, Armand Jean du Plessis, cardinal de ; Sanctions.

Dissuasion

Dissuader est un concept ancien, très antérieur à l'ère nucléaire. Sans remonter à l'Antiquité, citons Lyautey : « Montrer sa force pour ne pas avoir à s'en servir. » Le concept de *dissuasion nucléaire* n'apparaît pas immédiatement après Hiroshima. Pendant quelques années, la bombe A, puis H, est, aux yeux des militaires américains, puis soviétiques, une super grosse bombe. Des stratèges envisagent son emploi sans trembler. MacArthur voulait l'utiliser en Corée. Les dirigeants français l'ont réclamée aux Américains pendant la guerre d'Indochine. Ensuite, la puissance dévastatrice de la bombe oblige à la penser plus en termes de dissuasion que d'emploi. Le terme « force de frappe » était impropre.

Les arsenaux se développent, le complexe militaro-industriel, dénoncé par le général Eisenhower en 1961, pousse à la roue. À la fin des années 50, l'URSS n'a plus seulement des bombardiers, mais des missiles capables de toucher le territoire américain. Panique ! Le missile gap, dénoncé par le candidat Kennedy, n'existe pas, mais Washington se demande quand même comment ne pas être obligé de s'exposer d'emblée pour défendre l'Europe avec ses armes nucléaires stratégiques face à l'URSS. *Eureka !* Ce sera la *flexible response* – la riposte graduée –, avec plusieurs étapes dans la dissuasion, aberration antidissuasive : on emploiera d'abord les missiles à moyenne portée, installés en Allemagne. Les Allemands ont compris 5 sur 5, et leur phobie antinucléaire en découle. McNamara, le secrétaire à la Défense de Kennedy puis Johnson, ne pourra l'imposer à l'OTAN qu'après que de Gaulle, qui s'opposait à juste titre à ce premier lâchage, s'en sera retiré en 1966. Dans les années 60/70, les théoriciens de la dissuasion nucléaire s'embrouillent avec les avancées des technologies, qui ouvrent de nouvelles possibilités. Passé les premières années de la guerre froide, une menace de frappe massive sur les populations des villes adverses, menace horrible, est-elle concevable ? Et, donc, ne serait-on pas plus dissuasifs en menaçant, grâce à des armes nucléaires plus précises, des centres de commandement (le Kremlin), ou des cibles militaires ? C'est la course aux têtes multiples, à la miniaturisation, au guidage terminal, qui alimente ces spéculations. Mais n'accroît-on pas de ce fait la tentation de l'emploi, plutôt que de la dissuasion ?

Dans les années 60, la peur de la prolifération nucléaire (à d'autres qu'eux) s'empare des cinq détenteurs de la bombe. C'est l'époque où la guerre froide n'empêche pas les Occidentaux de traiter avec l'URSS, aussi menaçante soit-elle, au contraire. Ils se mettent d'accord en 1968 sur la signature d'un traité de non-prolifération (TNP). Celui-ci interdit l'accès aux autres signataires (sous le contrôle de l'Agence internationale de l'énergie atomique). De leur côté, les détenteurs de l'arme nucléaire s'engagent à désarmer autant que possible. Le traité américano-soviétique ABM (Anti-Ballistic Missile) de 1972 sanctuarise ce qui fonde la dissuasion mutuelle et donc la sécurité : la vulnérabilité mutuelle, le plus dur à expliquer aux opinions. La question ressurgit dans la période Reagan/Gorbatchev à Reykjavik en 1986 et au sommet de Venise en 1987. Le contrôle des armements a progressé dans les dernières années de la guerre froide (accords SALT I et II pour limitations, puis START I et II pour réduction), un peu encore après, a stagné ensuite et quasi régressé maintenant (Poutine, Trump). Les États-Unis se sont retirés du traité Anti-Ballistic Missile en 2002, ce qui a gravement affaibli une des bases de la dissuasion et donc de la paix, la vulnérabilité mutuelle. Ils ont dénoncé aussi en 2018 le traité FNI (traité sur les forces nucléaires à portée intermédiaire) arguant de la violation par la Russie. Il y a *de facto* quatre puissances nucléaires supplémentaires (Israël, Inde, Pakistan, Corée du Nord, mais pas l'Iran pour le moment), là où on en craignait trente.

Les opinions européennes doutent, mais aucun dirigeant de puissance nucléaire n'est prêt à prendre la responsabilité d'abandonner la dissuasion nucléaire. Comment savoir si, trente ans plus tard, le monde sera assez sûr pour s'en passer ? Néanmoins, chacun s'interroge sur la composition de son arsenal futur et sur le concept d'emploi : en premier, ou non ? Y compris face à une menace non nucléaire, ou non ? Par cohérence stratégique et par économie, la France a toujours pratiqué la dissuasion *au plus bas niveau possible*. Dans les pays occidentaux détenteurs de l'arme, quelques mouvements contestent sa crédibilité, son coût, sa moralité et demandent son abandon, ou au minimum la reprise de négociations de réduction (parallèle et contrôlable) des armements. Cette dernière demande est justifiée : les États-Unis et la Russie pourraient réduire substantiellement leurs armements nucléaires tout en gardant un arsenal très dissuasif. Aujourd'hui, sur les 16 000 ogives nucléaires mondiales, la Russie et les États-Unis en ont entre 6 et 7 000. La France, 300...

À Nagasaki, le 24 novembre 2019, le pape François a condamné la « possession » de l'arme nucléaire. Utopie de jésuite argentin. Croit-il vraiment que le monde serait plus sûr sans le verrou de la dissuasion nucléaire ? De toute façon, aucune puissance nucléaire ne renoncera, en dépit du Traité d'interdiction entré en vigueur le 22 janvier 2021. Éthique de la conviction contre éthique de la responsabilité – vieille histoire. Emmanuel Macron lui a bien répondu le 7 février 2020. Il vaudrait mieux bâtir un monde suffisamment sûr pour se passer de l'arme nucléaire...

Voir : Armements (Course aux) ; Guerre froide ; Hiroshima ; Nucléaire ; Opinion publique ; Traités.

Dollar

Ce n'est qu'en 1944 à Bretton Woods, dans le New Hampshire (cette conférence est le fleuron du « multilatéralisme » sur lequel on pleure aujourd'hui), que la suprématie du dollar par rapport à la livre est consacrée. Il est convertible en or. Sa valeur est fixée à 35 dollars l'once. Des taux de change fixes sont établis entre monnaies convertibles, assortis d'une possibilité de dévaluation sous contrôle, avec rétablissements de nouveaux taux de change. Le dollar est le pivot du système d'après-guerre.

La France gaullienne (inspirée par Jacques Rueff) dénonce le fait que les États-Unis puissent vivre indéfiniment à crédit au détriment de leurs créanciers. Elle demande à échanger ses réserves en dollars contre de l'or. D'autre part, la guerre du Vietnam creuse les déficits américains. Les États-Unis veulent que le Deutsche Mark soit réévalué, les Européens que le dollar soit dévalué. Refus. Le président Nixon sort alors de Bretton Woods le 15 août 1971 et laisse flotter le dollar (voir l'analyse de Serge Sur dans *Questions internationales* de juillet-août 2020). Cela ne coule pas le dollar, au contraire. Il devient hégémonique du fait de la suprématie économique américaine qui s'accroît et s'étend avec l'américano-globalisation. La cynique politique américaine de sanctions extraterritoriales s'appuie sur ce règne du dollar. On en est toujours là.

Beaucoup d'espoirs avaient été placés dans l'euro, créé en 1990. Mais en 2020, alors même que le dollar a perdu, du fait de la pandémie, 12 % de sa valeur entre mars et août 2020, il reste de loin dans le monde la monnaie de réserve de référence : 62 % des réserves, en recul de 2 points seulement depuis 2008, tandis que la part de l'euro qui était montée à 28 % en 2008 est retombée à environ 20 %. Il faut tenir aussi compte du yen mais surtout du yuan chinois (le renminbi). Certains économistes américains (Stephen S. Roach) ou français (Patrick Artus) s'attendent à une glissade, voire, à terme plus ou moins éloigné, à la fin du « privilège exorbitant » du dollar, pour diverses raisons. Un nouveau Bretton Woods serait la solution, mais il faudrait, cette fois-ci, l'imposer aux États-Unis. Invraisemblable. Sauf si cela devenait intéressant pour les États-Unis de fixer la valeur du dollar menacée de baisser trop. Pour le moment, de la fiction.

Voir : Bretton Woods (Accords de) ; Chinamerica ; Sanctions.

Droit international

Vache sacrée. C'est un rêve relativement récent de l'humanité, après que l'Église avait tracé la voie, que les relations internationales, les rapports entre les puissances, la guerre elle-même soient soumis à un droit qui leur serait supérieur. Puissante aspiration depuis deux ou trois siècles ! Au-delà du principe de respect des engagements pris dans les traités (*pacta sunt servanda*). Au-delà des mécanismes d'arbitrage mis en place depuis le XIXe siècle. Il y a une abondante production théorique et juridique dans ce sens. De nombreuses institutions judiciaires, tribunaux, cours de justice, ont été créées pour incarner ce pouvoir judiciaire à ambition supranationale, assuré de sa légitimité, de son bon droit, précisément, de sa mission, et s'y emploient avec zèle et conviction.

Bien sûr, tout cela est très occidental. Toute cette construction proliférante – presque une religion – bute sur une limite : il n'y a pas, et il n'y aura pas d'autorité supranationale, de président mondial du peuple mondial, qui puisse faire exécuter les décisions de juges mondiaux par sa police mondiale. Cela ne marche donc que si les États, et les puissances non étatiques, l'acceptent et s'y soumettent. C'est le cas, par exemple, au sein de l'Union européenne, s'agissant des décisions de la Cour européenne de justice, même si la Cour constitutionnelle de Karlsruhe renâcle, parfois controversées pour leur fédéralisme excessif, mais appliquées. Mais quand un pays (États-Unis, Russie, Chine, Israël, Soudan) refuse de se soumettre à la Cour internationale de justice ou à la Cour pénale internationale (CPI), les partisans sincères et les promoteurs du droit international ne peuvent que s'affliger de leur impuissance... François Mitterrand n'a-t-il pas dit un jour : « Le droit international est un droit vagabond »... ? Ce n'est donc pas la panacée, même si cela a permis quelques belles avancées et peu à peu la création de références nouvelles. Mes mises en garde au moment de l'adoption en 1998 du statut de la CPI contre un optimisme excessif (c'est un progrès contre l'impunité, mais ne créez pas d'attentes exagérées) avaient été mal reçues par les milieux militants, avant qu'ils ne se déclarent eux-mêmes déçus vingt ans après.

À l'opposé, en France, certains souverainistes s'inquiètent de l'extension subreptice, malgré tout, d'un possible gouvernement des juges, a-démocratique à leurs yeux, et de la tendance à la judiciarisation de la contestation de l'action publique (voir le remarquable colloque de la Fondation Res Publica sur « Le droit contre la loi », n° 119, 22 octobre 2018). Mireille Delmas-Marty, qui travaille au dépassement de ces contradictions, propose de réfléchir à un « droit national internationalisé » ou d'un « droit international contextualisé ».

Il y a plus grave que cette relative impuissance : le dévoiement, l'utilisation du droit par un pays pour imposer ses volontés à l'extérieur (à commencer par les sanctions américaines depuis des décennies contre des pays qu'ils combattent, ou qui les gênent). Les prétentions fugaces de quelques justices européennes, belges en particulier à un moment donné, de donner à leurs décisions une portée universelle, n'ont rien à voir, elles non plus, avec le droit international : c'est de l'unilatéralisme judiciaire extraterritorial, une forme d'impérialisme et, s'agissant des sanctions américaines, du racket de la pire espèce. Pourquoi les Européens tolèrent-ils ce scandale ? À cause du dollar, que l'euro n'a pas supplanté. Mais ils sont eux-mêmes tentés par l'universalisme judiciaire...

En revanche, le droit international privé, celui des affaires, des contrats, dominé par la common law (mondialisation américaine oblige), est mis en œuvre par des centaines de milliers d'avocats, et des juristes. Il est omniprésent, efficace, et respecté, il fait fonctionner la mondialisation, même une nouvelle puissance comme la Chine veut l'appliquer à sa façon, avant peut-être d'en proposer sa propre version.

Voir : Kant, Emmanuel ; Sanctions ; Universalisme.

Droits de l'homme (ou de l'individu ?)

Nouvelle religion occidentale issue du christianisme et bon sujet pour s'écharper ! D'ailleurs, certains groupes, notamment en Amérique du Nord, par phobie du terme « homme » (compris comme masculin), militent pour l'emploi du terme « droits humains ». Cela ne sera pas le cas ici, où je parle bien de droits de l'homme, au sens créature humaine. Que « l'homme » ait « le droit » d'être protégé contre l'arbitraire et les mauvais traitements a été proclamé dès l'Antiquité par des penseurs, des philosophes, pas seulement grecs, des fondateurs de religions (Bouddha, Jésus), ou par des philosophes, mais de façon aléatoire, épisodique. Cela ne commence pas avec les grandes déclarations issues des Lumières européennes. L'historien Jean-Christian Petitfils voit une « déclaration des droits de l'homme avant la lettre » dans le texte par lequel Louis VII (le père de Philippe Auguste) affranchit une femme esclave en… 1152 : « Un décret de la divine bonté a voulu que *tous les hommes, ayant la même origine, fussent doués dès leur apparition d'une sorte de liberté naturelle* […] c'est à notre Majesté Royale qu'il est donné d'élever à nouveau [cette personne] à la liberté. »

Cette idée a été constituée en doctrine au XVIIIe siècle en Europe, à partir, selon certains, de la sécularisation des valeurs chrétiennes. Les Lumières seraient un héritage judéo-gréco-chrétien, interprétation que je partage. Même si on oublie trop dans cette expression convenue la cosmogonie pharaonique dont plusieurs penseurs grecs se sont nourris. Pour d'autres, c'est en rupture avec le passé, et l'histoire recommence en 1789. Quoi qu'il en soit, les « Lumières » furent le début d'un immense mouvement historique de philosophes, de juristes, de courants de pensée, de groupes et, finalement, à notre époque, d'individus, contre tous les pouvoirs jugés arbitraires et abusifs. Ce mouvement renaît sans arrêt, se renouvelle et se poursuit jusqu'à aujourd'hui en Occident à travers la guérilla des minorités, menée par des leaders activistes. Ce mouvement des droits de l'homme produit une infinité de textes juridiques, traités et déclarations internationaux, dont la mise en pratique est l'œuvre et la raison d'être de très nombreux juristes dans le monde. La Déclaration des droits de l'homme et du citoyen du 26 août 1789 est la face lumineuse de la Révolution française. Mais comme l'a rappelé Robert Badinter, elle ne fait pas de la France la « patrie des droits de l'homme », mais la « patrie de la Déclaration », et elle ne lui a pas fourni de baguette magique pour transformer la Russie ou la Chine en un grand Danemark. La déclaration américaine des droits, qui puise aux mêmes sources, date de 1791. Celle de Virginie les avait précédées, dès 1776. Elle fut complétée un siècle et demi plus tard par la Déclaration *universelle* des droits de l'homme adoptée à Paris le 10 décembre 1948 sous l'impulsion notamment de René Cassin. Beaucoup d'Européens voudraient qu'elle s'impose à l'univers tout entier (notre universalisme est une projection, pas un échange) par la force de l'exemplarité, du droit, des valeurs, et, s'il le faut, des sanctions et de l'ingérence.

C'est toute la question du prosélytisme, affirmé et assumé depuis la Révolution française, mais présent bien avant au sein de la chrétienté devenue Occident (le « Allez évangéliser toutes les nations » de saint Paul). En contradiction potentielle avec « le droit des peuples à disposer d'eux-mêmes ». Et surtout avec la souveraineté nationale, présentée aujourd'hui par certains européistes comme étant dépassée, mais qui a été un progrès par rapport à l'absence antérieure de souveraineté. L'Occident moderne s'est attribué une mission civilisatrice, notamment à l'époque coloniale. Rhétorique escamotée aujourd'hui, mais qu'il est instructif de relire. L'argumentaire est différent. Il est censé ne plus être colonisateur, au contraire, mais universel, et estime (ou a longtemps estimé) avoir de ce fait le *droit*, voire le *devoir*, de s'ingérer pour imposer la démocratie ou le respect des droits de l'homme dans les autres pays, même devenus indépendants. Ce droit, voire ce « devoir d'ingérence », a été formulé par

Mario Bettati et proclamé par Bernard Kouchner. À la charnière du XXe et du XXIe siècle, grisés par la chute de l'URSS, plusieurs pays occidentaux (États-Unis, France) ont été saisis par cette tentation : les droits de l'homme ne devraient-ils pas devenir la priorité, absolue, voire la *seule* mission des politiques étrangères des démocraties ? La majorité des médias occidentaux des décennies 1990-2010 l'ont pensé activement, et ont condamné et dénoncé toutes les réticences. Une version plus réaliste et plus honnête serait que les droits de l'homme soient une composante des politiques étrangères qu'on actionne quand les circonstances le permettent, mais pas la seule, et qu'il faut combiner avec d'autres objectifs, et d'abord la sécurité.

Les « droits-de-l'hommistes » occidentaux (les prosélytes) refusent avec indignation tout « relativisme » et rejettent tout lien avec la logique coloniale d'antan (le fardeau de l'homme blanc). Mais les pays non occidentaux résistent de plus en plus à ces oukases, par contestation d'une partie de ces valeurs « universelles », ou parce qu'ils veulent les mettre en œuvre à leur façon et à leur rythme, et surtout parce que, en tant qu'émergents, ils estiment que les Occidentaux ne doivent plus leur imposer leurs croyances du moment. De toute façon, l'affirmation philosophiquement juste de la portée universelle de nos valeurs ne nous permettra pas d'échapper dans ce domaine comme dans d'autres à l'adaptation à notre perte de *monopole*, de pouvoir et d'influence. Les Occidentaux seront bien obligés – sans cesser de croire à ce qu'ils croient – de devenir plus réalistes, de faire des compromis, pour défendre en priorité, chez eux et pour eux, leur civilisation.

Voir : Ingérences ; Occident ; Universalisme.

E

Eau

70 % de la surface de la Terre sont constitués d'eau : cinq océans, des dizaines de mers. La fonction écologique des océans est vitale (production d'oxygène, absorption de CO_2, régulateur du climat). Mais le réchauffement va accroître la quantité d'eau en circulation tout en rendant les océans plus chauds, de moins en moins capables d'absorber le CO_2. L'eau *douce* ne représente que 2,8 % de l'eau totale. Les glaces et neiges 2,1 %, et l'eau douce *disponible* 0,7 %. Il n'y a pas de problème global de manque d'eau. Mais l'eau douce est massivement polluée, alors que l'eau potable est nécessaire à la vie. Et les mers fermées (comme la Méditerranée) reçoivent des quantités considérables d'eaux usées non traitées (les épurer devrait être le premier projet commun des riverains).

La montée des eaux par réduction de la masse gelée fait planer une menace sur tous les pays de la Méditerranée, les îles plates et basses, mais aussi sur tous les littoraux où vivent des centaines de millions de gens. La marine américaine s'inquiète déjà de l'accessibilité future de ses ports, et d'abord en Asie et dans le Pacifique.

Un conflit pour l'eau peut exister entre des pays en amont et en aval pour l'utilisation de l'eau des grands fleuves. Le barrage de la Renaissance, en Éthiopie, sur le Nil, provoque la colère et les menaces de l'Égypte. La question se posera pour les fleuves d'Asie, comme le Mékong, entre autres. Le sous-continent indien comme l'Asie du Sud-Est ont vitalement besoin de cette eau issue de l'Himalaya et du plateau tibétain, contrôlée par la Chine. La perspective de la raréfaction de ces eaux du fait du réchauffement climatique et de la fonte des glaciers est terrifiante… On ne peut exclure des guerres pour le partage des eaux…

Voir : Fleuves.

Écologisation

La course de vitesse entre le dérèglement des conditions physiques de la vie sur Terre et la réponse, l'*écologisation* systématique, va dominer le siècle qui vient. Plus encore que l'affrontement de l'aigle américain et du dragon chinois (d'autant qu'ils ont partie liée sur ce plan) ! L'écologie définit les relations entre les êtres vivants (êtres humains, animaux, végétaux, micro-organismes) avec leur habitat et leur environnement. Politiquement, c'est un fourre-tout, d'autant que le niveau de culture scientifique, chez les dirigeants comme dans l'opinion, est très faible.

Il y a longtemps eu un problème avec les « partis » écologistes européens. Certes, ils ont permis au début d'alerter, au moment du déni absolu. Mais ils se sont focalisés pour les exploiter sur quelques peurs spécifiques de l'opinion, qu'ils ont attisées : nucléaire, OGM, pesticides, glyphosates, mais curieusement pas sur le charbon.

Cependant, comme ils venaient souvent du gauchisme, ils ont vu – un siècle et demi de marxisme ayant sombré avec l'URSS –, dans l'écologie, un nouveau levier pour dénoncer et abattre le « capitalisme ». Pourquoi le capitalisme alors que le bilan écologique des régimes communistes était bien pire (voir la série édifiante du *Monde* en septembre 2018, « Contaminations ») ? Il s'agit plutôt de productivisme industriel et agricole archaïque que de « capitalisme », qui peut, on le verra, s'adapter à tout, y compris à l'archéologie. La tentative des sociaux-démocrates de faire de l'écologie une question essentiellement sociale pour se refaire, car ils ne sont plus assez forts face aux écologistes passés en tête des électorats bobos du centre des grandes villes, a peu de chances de réussir. Il y aura certes une dimension sociale pour rendre tolérable la mise en œuvre de certaines mesures par certains groupes sociaux. Mais c'est d'abord et avant tout un gigantesque défi scientifique.

Les scientifiques, eux, disent de façon de plus en plus alarmiste (et pas qu'en raison du réchauffement du climat) que la vie sur la planète (il ne s'agit pas de « sauver la planète », slogan simplet, mais l'humanité) sera compromise si 7, 8, 9, 10 milliards d'habitants vivent (consomment, polluent, surexploitent, déforestent, artificialisent, rejettent des déchets et dégradent) comme les pays plus « développés » ou « mal » développés aujourd'hui. En 2018, le « jour du dépassement » – date à laquelle on consomme plus que ce que la planète peut produire ou recycler – est arrivé dès le 1er août. C'est controversé mais parlant. En 2020, du fait de l'arrêt de l'économie avec les confinements liés à la pandémie de Covid-19… vingt jours plus tard. Après les nouveaux étés caniculaires de la plus chaude décennie jamais enregistrée, en 2018 et 2020, et les incendies de 2019, des appels de plus en plus inquiets se sont multipliés. Les événements extrêmes, les signaux d'alarme se multiplient.

La prise de conscience du danger écologique a été au départ le fait de poètes, mais aussi de praticiens amoureux et experts de la nature, américains et européens (climat, montagnes, forêts, mers, animaux). Elle s'est élargie, grâce aux observateurs de la biodiversité (qui s'effondre), avec la mise en évidence, longtemps niée, du lien (quelle perte de temps !) entre santé et environnement (produits chimiques omniprésents). Dès 1965, Jean Dorst, professeur au Muséum national d'histoire naturelle de Paris, avait lancé un cri d'alarme dans *Avant que nature meure*. J'avais 18 ans. J'adorais les forêts, les animaux, la montagne. Ce livre que mon père m'avait offert m'avait frappé.

Les résistances, les dénis ont été acharnés, alors que les mises en garde sont anciennes, tant l'aspiration au « progrès » dans les sociétés modernes est irrépressible : « On n'arrête pas le progrès ! » Il y a un droit au progrès. C'est presque irrésistible. Dans les pays autrefois « en voie de développement », toute mise en garde écologique a longtemps été vue comme une manœuvre des pays développés pour leur interdire de se développer à leur tour, et donc a été ignorée ou rejetée. Par exemple à la conférence de Rio en 1992. Dans nos pays, l'ignorance absolue des interactions entre les êtres vivants, le dédain, le déni, l'incompréhension radicale ont longtemps dominé. « C'est triste pour les petits oiseaux mais on ne va pas revenir à l'âge de pierre ! » Déjà plus d'un demi-siècle de batailles confuses hors sujet et d'énergie gaspillée… Mais la dégradation accélérée du climat, de la biodiversité, crève les yeux et s'accélère, et nous oblige.

Petit à petit, au fil du temps, grâce à de nombreuses personnalités : Haroun Tazieff, le commandant Cousteau, quelques grands alpinistes, Frison-Roche, Rébuffat, Walter Bonatti, Paul-Émile Victor, Yves Coppens, Edgar Morin, Jane Goodall, etc., la prise de conscience a eu lieu et l'inquiétude s'est étendue, en tout cas en Europe occidentale. Elle impose à l'opinion, et donc aux dirigeants et à l'économie, des décisions et des changements à travers une infinie variété de crises, avec des slogans vrais ou faux, des batailles inutiles et des exagérations sectaires, mais fondées sur des risques réels. Problème : la panique ne s'accroît pas là où il le faudrait, en Inde, en Chine, en Indonésie, au Brésil, etc. Relever les âneries et contradictions politiques et médiatiques est facile, il y en a tous les jours, mais cela ne fait pas disparaître le problème. La seule réponse : dans cette course de vitesse, rendre le plus vite possible écologiques *toutes* les activités humaines. *Écologiser* comme on a industrialisé. *Écologiser* l'industrie, y compris la chimie (cela a commencé) ; l'agriculture, l'agro-industrie (plus difficile) ; l'énergie (la mutation est entamée, elle sera longue, surtout si l'on prétend pour des raisons idéologiques sortir du nucléaire prématurément) ; les transports (variable) ; la construction ; le calcul économique (ne pas prendre en compte seulement les flux, évaluer la valeur du stock Nature), etc. Travaux d'Hercule ! Mille actions ont déjà été lancées. Reste la démographie (vers 10 milliards !) qui exponentialise tous les risques.

Les scénarios vont de catastrophes annoncées, inéluctables, apocalyptiques, au maintien *in extremis* de conditions permettant la vie sur la planète, à condition que beaucoup d'inventions aient eu lieu, ainsi que des changements massifs de mentalité et de comportement. Avec d'énormes différences de priorités et de rythmes, selon les pays, les métiers, les catégories sociales, et autant de batailles au cas par cas. Et dans les relations internationales, l'apparition probable du concept « d'État voyou écologique » – je l'ai suggéré en 2015 dans *Le Monde au défi*. Trump serait un bon candidat, à titre personnel.

Mais les démocraties modernes individualistes surexcitées et court-termistes seront-elles capables de faire des choix d'avenir vitaux, souvent très impopulaires au départ pour fonder la civilisation écologique ? Certains n'écartent pas, quand la panique sera plus forte, l'hypothèse de l'appel à des dictatures écologiques. Même si c'est sans rapport, l'épisode du coronavirus peut hâter certaines prises de conscience, souhaitées ou acceptées, pour corriger des dépendances et des vulnérabilités angoissantes, et faire accepter des mesures drastiques, enclencher des processus scientifiques.

L'Europe contribue très peu à l'effet de serre (mais l'Allemagne et la Pologne dépendent encore beaucoup du charbon), et notamment la France, exemplaire *grâce au nucléaire* et donc à son énergie décarbonée : autour de 1 % du rejet de CO_2 mondial ! Des mesures comme l'arrêt de Fessenheim sont irrationnelles. Mais hors d'Europe, la situation reste tout à fait différente. On peut espérer un changement de cap avec Biden. Mais comment convaincre les émergents de réduire le charbon (alors que la Chine et l'Inde annoncent en 2020, à cause de « la crise », vouloir le relancer), de limiter « l'artificialisation », l'abus de chimie, de recycler tout, de transformer l'agro-alimentaire, etc. ? Par l'exemplarité, et l'invention de solutions alternatives (pour réduire l'émission de CO_2, pour le capter). Par la mise au point d'une agriculture bio ou raisonnée, et productive. Je fais le pari que la Chine va devoir jeter toutes ses forces dans cette lutte, elle qui par son développement sans précédent a généré en complicité avec les États-Unis la situation actuelle. Et de fait l'annonce de la « neutralité carbone » pour 2050 dans l'Union européenne et en 2060 pour la Chine traduit une prise de conscience plus aiguë et un effort colossal. Les Européens doivent se réveiller, et prendre la tête de l'écologisation raisonnable et scientifique. Ils ont beaucoup d'atouts pour cela.

Voir : Anthropocène ; Eau ; Énergie ; État voyou ; Nucléaire.

Eisenhower, Ike

Le président Eisenhower reste celui qui, au terme de son mandat, a mis en garde contre le complexe militaro-industriel américain. Il avait été nommé par le président Roosevelt commandant en chef des forces alliées en Europe pour le Débarquement, la plus grande coalition militaire jamais rassemblée. C'est à lui qu'il revint de décider, le 6 juin 1944, malgré une météo incertaine : « *OK, we'll go ahead.* » Si on cherche des moments vraiment historiques...

Il fut ensuite nommé par Truman, en 1945, chef d'état-major des armées américaines. Puis, quand l'OTAN fut créée, commandant suprême des forces alliées en Europe du 2 avril 1951 au 30 mai 1952, dont le siège était à Rocquencourt. Il résidait à Marnes-la-Coquette. Il fut ensuite élu président (républicain, modéré) des États-Unis, et il le resta de 1953 à 1961. À la fin, il eut donc comme homologue, pendant un peu plus de deux ans, le général de Gaulle qu'il avait connu à Londres durant le mois qui avait précédé le Débarquement.

Deux prises de position courageuses de sa part subsistent de ce temps des années 50, si éloigné du nôtre. Il arrêta l'expédition anglo-franco-israélienne de Suez (un des seuls présidents américains qui n'ait pas été intimidé par Israël, c'était il y a plus de cinquante ans). Et surtout, donc, son discours de fin de mandat, le 17 janvier 1961, où il déclara : « Dans les conseils de gouvernement, nous devons prendre garde à l'acquisition d'une influence *illégitime*, qu'elle soit recherchée ou non, par le complexe militaro-industriel. Le risque d'un développement désastreux d'un pouvoir usurpé existe et persistera. » Aujourd'hui, on dirait : « militaro-technologico-industriel » !

Chapeau !

Voir : Gaulle, Charles de ; Seconde Guerre mondiale.

Élysée (Palais de l')

De Gaulle n'aimait pas ce « palais de la main gauche » (donné à la marquise de Pompadour) où, par surcroît, le prince président Louis Napoléon Bonaparte, le neveu, avait organisé le coup d'État du 2 décembre. Il avait envisagé les Invalides, ou Vincennes. Et puis il y est resté, et c'est devenu sous la Ve République « le lieu » de pouvoir théâtral par excellence. Avec tous les fantasmes que cela inspire.

En fait, on y travaille jour et nuit dans des conditions malcommodes. J'ai passé dans ce palais plus de cinq mille cent jours ! On y reçoit beaucoup (réceptions, dîners), mais surtout on se réunit et on décide. L'ambiance, les méthodes de travail dépendent avant tout de *qui* est président, un peu de qui est secrétaire général, et de la conjoncture. Le « bureau qui rend fou », selon le mot de

Dominique de Villepin, qui jouxte celui du Président, a été transformé en salle de réunion.

Tout cela n'a rien de mystérieux, même si les journalistes politiques veulent à tout prix présenter ce lieu comme étant secret, et « dévoilent » régulièrement la répartition déjà connue des bureaux. Marronnier inoffensif.

Voir : France ; Lieux de pouvoir ; PC Jupiter.

Émergents

Jusqu'où iront-ils ? La réponse est simple : aussi loin que possible. Mais ils ne sont pas unis. La notion de pays émergents est récente. Pendant la guerre froide, c'est simple : il y a l'Est, l'Ouest, et le « *tiers*-monde » (mot inventé par le sociologue Alfred Sauvy par analogie avec le *tiers* état). Il y a un « tiers-mondisme » politique, illustré par la conférence de Bandung, en Indonésie, en 1955 avec Nehru, Nasser, Tito, Zhou Enlai, Soekarno, etc., qui refusent de choisir entre les deux blocs. Et en France, des tiers-mondistes, en général d'extrême gauche. Quand ces pays deviennent indépendants, on les appelle alors, par *whishful thinking*, pays « en voie de développement », même quand ils ne se développent pas. En Europe, on met l'accès sur *l'aide* au développement, pour apaiser le remords colonial, même si on ne sait pas bien si elle sert à quelque chose et ce qu'il faut faire, ou ne pas faire, pour se « développer ». Et puis, certains de ces pays, le plus souvent asiatiques, pas spécialement aidés d'ailleurs, commencent à décoller : Corée du Sud, Taïwan, Singapour. On félicite ces « dragons ». Cela ne change pas le tableau d'ensemble. Mais finalement, à partir des années 80, c'est le colosse chinois qui décolle à son tour, grâce à Deng qui s'est inspiré de Singapour, et là, c'est une autre histoire ! Seuls les « pays les moins avancés » (PMA) (selon l'ONU, quarante-huit en 2019, dont trente-trois en Afrique) stagnent et continuent à demander de « l'aide ». Au Sahel, on en est toujours là, plus l'insécurité. Dans les années 80, un Américain, économiste de banque, Jim O'Neill, s'avise de regrouper, dans une formule commode – « émergents » – les grands pays de l'ancien « tiers-monde » qui se développent vite, et qui comptent une classe moyenne en expansion, au pouvoir d'achat croissant : immenses marchés d'avenir ! M. O'Neill invente l'acronyme BRIC (Brésil, Russie, Inde, Chine), assemblage hétéroclite (la Russie est *surnageante*, peut-être réémergente, pas émergente). Les quatre cooptent l'Afrique du Sud (il faut un africain). Cela donne BRICS (pour *South Africa*). S'ensuit une surenchère de sigles, chacun inventant sa liste : il y a des dizaines de catégories d'émergents ! Mais c'est une vision économique, pas géopolitique. Les grands émergents resserrent leurs liens à l'initiative de la Chine (organisation de Shanghai), mais ils ne sont pas politiquement unis, et la Chine poursuit seule son ascension sidérante, unique en son genre.

Les « émergents » domineront-ils le monde, comme l'Occident l'a fait pendant trois ou quatre siècles ? Non.

La question se pose pour la Chine, pas pour les « émergents » en général. Ils sont trop différents, divisés et rivaux, telles l'Inde et la Chine. Vont-ils continuer à émerger ? Oui, avec des hauts et des bas, même après la pandémie de Covid-19. Leurs besoins sont immenses. On doit être avec eux habiles, pragmatiques, inventifs, « opportunistes », au bon sens du terme, ne pas les traiter comme une catégorie globale mais travailler et négocier avec eux au cas par cas.

Voir : Chine ; Guerre économique mondiale ; Inde ; Russie.

Empire des steppes (L')

Classique de référence. Dans son *Empire des steppes* publié en 1939, René Grousset raconte magnifiquement l'histoire sur plus d'un millénaire des divers peuples nomades turco-mongols et autres, d'Asie centrale et de Mongolie. Il relate les épopées fulgurantes d'Attila, roi des Huns (395-453), et plus encore de Gengis Khan, le plus grand, de Tamerlan (1336-1405) (Timour Lang, Timour le Boiteux), immense conquérant, fondateur de la dynastie des Timourides, et de bien d'autres.

Les historiens et les archéologues discutent encore de l'origine de ces peuples nomades asiatiques, et notre vision des Scythes a évolué, mais la fresque d'ensemble de Grousset sur ces peuples, leurs conquêtes, leur civilisation même n'a jamais été égalée ni supplantée. Énième version, après l'Empire romain, du choc colonisateurs/colonisés, envahisseurs/envahis, avant celui de mondialisateurs/mondialisés.

Pourquoi ont-ils pu s'étendre si vite ? Grâce à des chefs géniaux ? Par supériorité technique (étrier, arc), par leur rapidité à cheval ? Par leur cruauté terrorisante ? Parce que les peuples de paysans ou de citadins, sédentaires et vulnérables dans l'immense espace euro-asiatique, n'étaient protégés, ni par des États ni par des armées ? Et pourquoi cela s'est-il finalement arrêté ? Uniquement du fait de l'apparition d'armes à feu qui ont permis de leur résister ? Il n'en reste rien. Méditation sans fin...

Voir : Empires ; Gengis Khan.

Empire romain

Pour les Occidentaux, l'« Empire » par excellence, dont la fascination ne s'éteint pas. L'Empire romain a duré cinq siècles, de 27 avant J.-C. jusqu'à 476 après J.-C. Si on prend en compte toute l'histoire de Rome, elle s'étend sur douze siècles, des débuts de la royauté (753 avant J.-C.) à la fin de l'Empire (ve siècle). Le plus long empire, de loin, en Occident. Comment les habitants de ces quelques cités mi-étrusques, mi-romaines sur leurs collines ont pris le contrôle d'Albe, de l'Étrurie, du Latium ? Puis de l'« Italie » ? Puis du monde méditerranéen, européen et moyen-oriental de l'époque ? Tout le monde antique, sauf l'Asie. Par une force militaire supérieure, les légions ? Par ambition hégémonique ? Par voracité économique ? Par puissance organisatrice ? Grâce au sénat ? Mystère d'où émergent de grandes guerres civiles, mais aussi les périodes de *pax romana*, tant de figures de généraux et d'empereurs – Sylla, Marius, Pompée, Marc-Antoine, César (peut-être le plus grand, qui pourtant n'a pas été empereur ! Ni même roi !), Octave, les Julio-Claudiens, les Flaviens, les Antonins (le siècle d'or, 96-192), les Sévères, etc. Il alimente nostalgie, références, mots, formules, citations. Magnifié par le cinéma, sujet de choix pour les péplums ! Vingt siècles plus tard ! Rome vu par Hollywood : inénarrable !

L'histoire de Rome trouble car elle ne respecte pas la téléologie progressiste : de la royauté à la république, on connaît, mais de la république à l'empire ? Vu de l'Europe d'aujourd'hui, qui a tant professé l'obsolescence de la puissance et l'inutilité des limes, cela laisse songeur...

Cette gigantesque machine militaire, cette énorme pompe intégratrice... Les Italiens ne peuvent s'en réclamer – trop loin –, et on ne peut pas non plus leur en faire grief. Ils échappent sur ce point aux revendications, comme à la repentance.

Tout cela s'estompe lentement mais inexorablement, avec l'affaiblissement de la transmission... Rome scintille toujours, mais son sens n'est plus discernable.

Voir : César, Jules.

Empires

Le mot fascine, fait peur, ou fait toujours rêver, quand c'est ancien. C'était l'autorité ou la domination suprême sur un très vaste territoire, habité en général par des peuples divers, sauf l'empire du Japon ou le Troisième Reich (par obsession inverse de la pureté ethnique). Les sénateurs républicains qui assassinent César parce qu'il voulait restaurer la monarchie ouvrent en fait la voie à… l'Empire romain, avec Octave/Auguste. Chateaubriand disait de Napoléon qu'il était « l'homme qui donne aujourd'hui *l'empire* du monde à la France ».

Mais aussi, combien d'empires engloutis par l'Histoire ! Des empires préhistoriques inconnus. Ceux des pharaons, les Empires hittite, mésopotamiens (babylonien, assyrien, sumérien), ou perses (parthe, mède), jusqu'à l'hégémonie américaine d'aujourd'hui (un jour chinoise ?). En passant par l'empire d'Alexandre le Grand, bref et fulgurant, l'empire de Charlemagne, les empires des steppes (celui de Gengis Khan, le plus vaste), les Empires inca et arctique, l'empire des Habsbourg, l'Empire ottoman, l'empire napoléonien, les empires coloniaux européens, l'Empire russe, puis soviétique ! Leur sort final fait méditer Toynbee (et nous avec) : « Les grandes civilisations ne sont pas assassinées ; elles se suicident. » Bien que civilisation et empire soient deux choses différentes.

Le temps des empires est-il fini ? En termes de conquêtes territoriales, sans doute. Mais la dernière vague de mondialisation n'a-t-elle pas donné naissance à des empires immatériels, apparemment non géographiques ? Encore que… les nouvelles routes de la soie… Les États-Unis ne peuvent-ils pas prendre en otage par leurs lois extraterritoriales et leurs sanctions toute l'économie mondiale financiarisée, dollarisée, numérisée, comme on l'a vu à propos de l'accord sur le nucléaire iranien ? On a parlé d'Empire américain. Le duel États-Unis/Chine qui a commencé, qu'est-ce d'autre qu'un affrontement entre deux empires ? Notre instinct nous dit que les empires modernes seront éphémères – du fait de l'individualisme, des réseaux sociaux, etc. –, mais est-ce si sûr ? Verra-t-on des impérialismes technologiques (les GAFAM et autres) ? On voit déjà l'empire du *globish*.

Voir : Alexandre le Grand ; *Empire des steppes (L')* ; Empire romain ; Gengis Khan ; Xerxès Ier.

Énergie

La transition a démarré, mais le sujet demeure difficile à aborder rationnellement dans l'Europe contemporaine du fait de la guerre de religion contre le nucléaire et d'une ignorance très répandue sur les données de base, les flux, les besoins, les proportions. Depuis la révolution industrielle anglaise puis européenne, au XVIIIe siècle, à base de charbon, le monde est devenu insatiable en énergie, et cela s'amplifie (ou s'aggrave) avec les besoins boulimiques des émergents et des États-Unis incapables de se refréner, alors même qu'il faudrait d'urgence accélérer les mutations vers les énergies non carbonées, nucléaire inclus, et réduire toutes les autres, les unes après les autres. En 2017, selon l'AIE (Agence internationale de l'énergie), le monde a consommé 13 511 mégatonnes d'équivalent pétrole (Mtep), 29 % pour l'industrie, 29 % pour les transports, 22 % pour l'habitat résidentiel, 8 % pour le tertiaire,

2 % pour l'agriculture et la pêche, et 9 % pour des usages non énergétiques.

D'où provient cette énergie ? À 32 % du pétrole, à 28 % du charbon, à 23 % du gaz naturel, à 4,5 % du nucléaire et à 11 % des énergies non renouvelables (en ajoutant l'énergie autoconsommée, on atteint 20 % de renouvelable). Les réserves d'énergies non renouvelables étaient estimées, au rythme actuel, en 2017, à cinquante ans pour le pétrole, cinquante-trois pour le gaz naturel, quatre-vingt-quatre ans pour l'uranium, cent trente-quatre ans pour le charbon (hélas !). La pandémie de Covid-19 n'a pas su modifier ces données.

En 2015, l'AIE a indiqué que les émissions de CO_2 dues à l'énergie (dont 45 % pour le seul charbon) s'étaient accrues de 109 % depuis 1973 ! Cela a continué à augmenter jusqu'en 2018, principalement en raison du charbon en Inde, et Chine, mais aussi Pologne et Allemagne. Mais cela s'est stabilisé en 2019, et aura peut-être baissé en 2020 « grâce » à la Covid-19, même si en urgence l'Inde et la Chine relancent le charbon pour sortir de la crise économique. L'énergie est pour 37 % des rejets de CO_2 aux États-Unis et en Allemagne, mais, redisons-le, seulement 16 % en France (grâce au nucléaire). Pourtant, près de 60 % des Français croyaient en 2019 que le nucléaire émettait du CO_2 ! Sidérant ! Mais cela change.

Pour parvenir à maintenir la hausse des températures en dessous de 2 °C, il faudrait s'abstenir d'extraire, d'ici à 2050, un tiers des ressources de pétrole, 50 % du gaz, plus de 80 % du charbon. Impensable ! La plupart des scientifiques n'y croient plus. Le nucléaire est la solution de transition parfaite du point de vue du climat, en attendant un renouvelable plus compétitif, mais il fait peur (accidents, déchets). Sa part est trop faible. La France, qui a la chance de produire ainsi 78 % de son électricité (grâce à Pompidou et Messmer) et qui ne contribue pour cette raison (et en raison de l'hydraulique et d'un peu de renouvelable) qu'à 1 % de l'effet de serre mondial, s'est cru obligée de réduire prématurément cette part jusqu'à 50 % pour des raisons démagogiques, politiciennes et électoralistes. Loi condamnable. Arrêter Fessenheim ne se justifiait pas rationnellement. On ne devrait pas fermer d'autres centrales nucléaires si on ne peut pas prouver que cela n'entraînera pas une hausse supplémentaire de CO_2. En 2017, en France, l'éolien n'atteint même pas 2 %, la biomasse 1 % et le solaire 0,7 %. Il faut les développer, surtout le dernier. Il faut bien sûr réduire, en même temps, la consommation et le gaspillage. Sauf percée scientifique bouleversante, pour le moment imprévisible, l'écologisation de l'énergie, ce sera longtemps des « travaux d'Hercule ».

Voir : Anthropocène ; Chinamerica ; Écologisation ; Nucléaire.

Ère numérique

Il est entendu que l'électronique – cette branche de la physique qui utilise l'électricité pour traiter les informations –, l'informatique – pour le traitement électronique de toutes les informations, ramenées à des séries 0/1/0 –, la conversion de toutes les informations ou signaux électriques en données numérisées, et la transformation par des génies du téléphone portable en ordinateur personnel, doté de plus en plus de fonctions, ont bouleversé la vie économique et quotidienne en un demi-siècle, rendant traitables des milliers de problèmes jusque-là insolubles, et en en créant d'autres, technologiques, sociétaux ou éthiques, inédits et non encore maîtrisés. Prodigieuse épopée, comparable à rien d'autre par sa rapidité, et qui s'accélère encore.

Près de 4,5 milliards d'internautes, plus de 55 % de la population mondiale : le fait que toute l'espèce humaine soit informée en temps réel et que les humains soient connectés et interagissent est sans précédent. L'information instantanée et virale amplifie les réactions émotionnelles avec un risque permanent d'hystérie collective. Ainsi c'est la première fois, avec la Covid-19 que l'humanité tout entière a peur de la même chose en même temps ! Donc c'est un autre monde, c'est établi. Mais en quoi est-ce que cela change la géopolitique, c'est-à-dire les rapports de force ? Il me semble que, jusqu'ici, cela consolide le pouvoir des forts et des plus avancés, et que l'écart avec les autres est encore plus grand que lors des précédentes étapes de la révolution industrielle. Pas de pouvoir « égalisateur » du numérique et du cyber, donc, contrairement à ce que l'on a pu dire de l'atome, même si des petits États bien organisés comme l'Estonie jouent cette carte : supériorité américaine écrasante, challenge chinois redoutable, résilience des Japonais, capacités d'Israël, notamment offensives, performances russes réelles, risque de déclassement européen partiel si rien n'est fait. Rien de très différent du tableau mondial en général après cette rupture technologique.

Néanmoins, Internet favorisant une sorte d'anarcho-individualisme technologique corrosif, et le réveil des utopies correspondantes (même s'il a toujours été soutenu par le budget du Pentagone ou des grandes entreprises de défense), la tâche des gouvernements, même les mieux disposés, même coopérant entre eux, en est rendue plus ardue encore face à de véritables « États-plate-formes ». Y compris les régimes autoritaires eux-mêmes sous pression. Il n'y a que le régime chinois qui croit pouvoir contrôler encore les 900 millions (!) d'internautes chinois. L'ère numérique est ultraconcurrentielle. Les géants du numérique ont atteint une telle taille que le débat est maintenant ouvert aux États-Unis sur leur éventuel démantèlement.

De son côté la Commission européenne veut un meilleur contrôle des contenus et une meilleure protection des données personnelles – nouvelles mines d'or – c'est l'objet des propositions de Margrethe Vestager et de Thierry Breton en décembre 2020. La bataille est engagée.

Voir : GAFAM ; Infrastructures ; Opinion publique ; Ressources (Compétition pour l'accès aux).

Esclavages

Dans son ouvrage publié en 2008, *Le Génocide voilé*, l'économiste et anthropologue sénégalais Tidiane N'Diaye rappelle et démontre que l'esclavage en Afrique, après la chute de l'Empire romain, qui le pratiquait à grande échelle, comme à peu près toutes les civilisations, notamment en razziant des « slaves » (esclaves)[1], a été surtout le fait, pendant treize siècles, de royaumes et de marchands musulmans du nord et de l'est de l'Afrique, par exemple de Zanzibar, et de sultans esclavagistes, dans l'Oubangui-Chari et ailleurs. Ils agissaient selon lui avec une telle violence qu'on peut parler, dans certaines régions du golfe de Guinée, de « génocide », en raison des castrations massives.

1. Voir à ce sujet le chapitre 7 « La Route des esclaves » de l'extraordinaire livre de Peter Frankopan, *Les Routes de la soie*, Flammarion, 2019, que j'ai découvert grâce à Jean-Pierre Elkabbach.

Il décrit en détail le rôle des « royaumes négriers ». Il condamne bien sûr aussi l'esclavage pratiqué plus tard par des compagnies occidentales d'abord portugaises (arrivées en 1482 dans le royaume du Congo), puis par celles des autres Européens, les uns après les autres, car l'esclavage est toujours atroce. Cependant, le même auteur rappelle que ce trafic européen n'a duré « que » deux ou trois siècles, et non douze ou treize, et que ce sont dans ces mêmes pays européens qu'ont été créés les premiers mouvements antiesclavagistes et qui l'ont aboli (par exemple, la campagne de Livingstone dans ce sens, Victor Schœlcher ou autres) alors que les trafics non occidentaux ont continué. Il explique pourquoi cette réalité historique est méconnue en Europe, voire niée ou en tout cas minimisée. Courageux.

À l'opposé de cette approche scientifique, cette question (reconnaissance, intimidation, pardon, judiciarisation, réparation) n'est devenue pour diverses raisons un enjeu de politique intérieure et de pouvoir (les Indigènes de la République) que dans les démocraties européennes et nord-américaines contemporaines, façonnées par la culture judéo-chrétienne, les seules à avoir adopté des lois de repentance et les seules qui y consacrent des sites, des musées ou des commémorations, et sont globalement mal en point. Et pas du tout dans les pays arabo-musulmans du Moyen-Orient, ou chez les descendants des royaumes négriers d'Afrique. Cela rejoint la controverse : devoir de mémoire, ou histoire ? Vérité, ou expiation ? Responsabilité collective et transmissible, ou non ? La question a ressurgi avec virulence aux États-Unis en 2020 à propos du passé esclavagiste du pays, et du racisme aujourd'hui.

L'ONU considère que l'esclavage touche encore aujourd'hui environ 40 millions de personnes, essentiellement en Afrique.

Il faut refuser que ce sujet devienne inabordable et soit proscrit par une sorte de chasse aux sorcières moderne. Ainsi, Olivier Pétré-Grenouilleau avait été très violemment attaqué pour son incontestable œuvre de synthèse en 2005 sur les « traites négrières », tout simplement parce qu'il avait rappelé que : 1) l'esclavage n'était pas un génocide puisque les marchands voulaient tirer profit de la vente des esclaves ; 2) qu'il y avait eu des traites orientale, intra-africaine et occidentale, de 18 à 20 millions d'esclaves chacune. On l'a harcelé et on a cherché à le faire taire pour avoir rappelé ces évidences…

Voir : Colonisations ; Génocides ; Repentance.

Espions (de papier, de pellicule)

L'espionnage est vieux comme le monde, et la littérature pas seulement de gare. Sort du lot l'œuvre de John le Carré, ancien du MI5 (MI pour *Military Intelligence*) et du MI6, célèbre depuis *L'Espion qui venait du froid* et George Smiley. Mais aussi l'inoubliable James Bond, agent « 007 » (permis de tuer) du MI6, créé en 1953 par Ian Fleming, ancien membre des services britanniques, qui écrivit douze romans dans sa villa « Goldeneye », à la Jamaïque. Bond est incarné à partir de 1962 au cinéma (« Mon nom est Bond, James Bond ») par sept acteurs célèbres (à commencer par l'emblématique Sean Connery, disparu le 31 octobre 2020, jusqu'à Daniel Craig qui a le regard de Poutine). Il est mêlé à tous les combats contre les Soviétiques de la guerre froide puis à la lutte de l'Occident contre diverses forces du mal. Particularités : durant les sept décennies marquées par la domination américaine, Bond, « l'agent secret » par excellence, est un agent secret *britannique*, et la gigantesque usine hollywoodienne n'a produit aucun héros équivalent. Ou alors, il faut chercher du côté des premiers *Star Wars* et de la lutte des Jedi contre l'Empire…

SAS, Son Altesse Sérénissime le prince Malko Linge, est un aristocrate *autrichien* agent free lance de la CIA, créé par Gérard de Villiers en 1965 à la demande de l'éditeur Philippe Dandy après la mort de Ian Fleming. Il écrivit 200 épisodes de *SAS*, de 1965 à sa mort, en 2013. Ses livres aux intrigues aussi bien construites que des scénarios mêlent efficacement érotisme et politique internationale. Il s'affirmait « pas raciste mais résolument à droite, libéral, anticommuniste, anti-islamiste, anticommunautariste, antisocialiste » (!).

En dépit (ou à cause) de la violence de ses textes (sexe, torture, meurtres), il conquit un immense public (au moins 150 millions d'exemplaires vendus). En 2013, le *New York Times*, impressionné par la justesse de ses analyses internationales et la pertinence de ses prévisions, en particulier sur le Moyen-Orient, lui consacra un long article. À la suite de quoi les médias français, qui affectaient d'ignorer cet auteur sulfureux, le découvrirent. Gérard de Villiers était un vrai grand reporter à l'ancienne et enquêteur de terrain. Il travaillait avec la DGSE, notamment avec le général Rondot, des diplomates, des journalistes, comme Renaud Girard. Je l'avais invité un jour, étant ministre, pour qu'il m'explique sa méthode et ses sources.

Bien qu'il s'en défendît, Gérard de Villiers s'inscrivait dans la filiation de Jean Bruce, décédé en 1963, inventeur dans l'après-guerre d'OSS 117. Deux espions aristocrates : Hubert Bonisseur de La Bath (OSS 117), aristocrate français de Louisiane, et le prince autrichien

Malko Linge (SAS) ; l'un résidant près du lac Pontchartrain en Louisiane, l'autre au château de Liezen, près de Vienne ; une relation indépendante à l'OSS (ancêtre de la CIA) pour l'un, à la CIA pour l'autre ; le même cocktail d'événements internationaux, d'espionnage et d'érotisme (léger pour Jean Bruce, hard pour Gérard de Villiers, les époques diffèrent) ; les mêmes adversaires : l'URSS (plus tard l'islamisme pour Gérard de Villiers) ; les mêmes procédés de publicité rédactionnelle aux moments les plus incongrus et dans les lieux les plus inaccessibles (parfums, décorateurs, compagnies aériennes, alcools fins, champagnes).

Ces auteurs ont raconté avec un talent prenant, et d'un point de vue délibérément occidental, l'histoire du monde depuis 1945 : la guerre froide jusqu'en 1991, puis dans le monde « global », la nouvelle guerre froide avec la Russie, la lutte contre le terrorisme et les islamistes, les cartels de la drogue, quelques États voyous (définis par l'Occident). Les émergents produiront-ils des héros connus à l'extérieur ? Un James Bond chinois ?

Quant à l'espionnage, le vrai, il est de plus en plus électronique, numérique et cyber, autre terrain d'affrontements entre puissances et entre entreprises. Pour en avoir une vision plus actuelle et républicaine, on peut lire Jean-Claude Cousseran et Philippe Hayez, *Renseigner les démocraties, renseigner en démocratie* (Odile Jacob, 2017).

Voir : CIA (Central Intelligence Agency).

État voyou

Expression très employée par les Américains (*rogue state*) pendant les années Reagan pour vouer aux gémonies des États pratiquant le terrorisme, voulant se doter illégalement d'armes nucléaires et étant, bien sûr, antiaméricains. Par exemple, à l'époque, la Libye. La formule a été de nouveau brandie sous Bush fils. Pouvoir de stigmatisation...

Moins employée ces dernières années et pas du tout par Obama. On pourrait parler aussi d'État paria ou d'État « hors la loi ». Mais au regard de la loi américaine, que les États-Unis prétendent extraterritoriale, tout État, même allié, qui ne se soumet pas à la loi américaine peut être hors la loi (exemple de l'accord sur l'Iran, dès lors qu'il utilise le dollar). L'hyperpuissance estime qu'elle a le pouvoir de déterminer le bien et le mal.

Je pense que, bientôt, l'État voyou sera celui qui, n'appliquant pas ses engagements écologiques, mettra en danger d'autres êtres humains... Cela va venir vite.

Voir : Écologisation ; États-Unis.

États-Unis

De 1917 à l'élection de Trump en 2017, il se sera écoulé un quasi-« siècle américain ». Quand j'avais qualifié en 1998 les États-Unis d'« hyperpuissance » (plus qu'une superpuissance, la plus grande puissance de tous les temps), Madeleine Albright, secrétaire d'État de Bill Clinton, qui allait devenir, malgré cette sortie (à cause d'elle ?), une véritable amie, m'avait téléphoné, indignée (*hyper*, en anglais n'est que péjoratif, pathologique) : « Nous ne sommes devenus la première puissance mondiale qu'à cause des autres. Nous ne le souhaitions pas. Nous sommes venus en Europe en 1917 à la demande des Alliés, britanniques et français, nous y sommes revenus à cause de Hitler, et restés à cause de Staline. »

Ce n'est pas faux. Mais cela ne fait pas disparaître ce phénomène gigantesque de puissance hégémonique que les États-Unis ont exercée dans tous les domaines, longtemps seuls, et ces dernières décennies, imbriqués avec la Chine. Dès la création des États-Unis, les Américains se sont considérés comme exceptionnels, « la nation indispensable » dotée d'une « destinée manifeste » – le sentiment d'élection, de prédisposition leur était consubstantiel. Leur isolationnisme – le fameux testament de George Washington – ne concernait que l'Europe (« ne vous mêlez jamais des conflits entre Européens »). Mais pas le reste de l'Amérique, centrale ou du Sud, ni l'Asie. Et même lui voyait les États-Unis en « législateurs du monde » ! Pour Ludovic Tournès, historien genevois, le processus d'américanisation du monde (*Américanisation*, Fayard, 2020) a débuté dès le XVIIIe siècle. En tout cas, le second XXe siècle, à partir de Pearl Harbor en 1941, aura été américain. Ce que Régis Debray a déploré en 2017[1], l'américanisation de la sphère occidentale, est évident, une imprégnation en profondeur de l'Europe de l'Ouest, et au-delà, depuis belle lurette, du moins à partir de la Libération, depuis soixante-dix ans. Mode de vie, Hollywood, globish, séries, accords Blum/Byrnes, etc. La France de la Ve République était la seule à oser se dire, en politique étrangère, « amie, alliée, mais *pas alignée* ». Alors que, pour Washington, un allié *doit* être aligné.

1. Régis Debray, *Civilisation*, Gallimard, 2017.

Mais, depuis le 11 septembre 2001, le pari optimiste sur l'entrée de la Chine dans l'OMC en 2000, son décollage sidérant, la retenue très cérébrale d'Obama, l'égoïsme et la brutalité sans complexe de Trump, deux façons de se distancier du messianisme wilsonien et des croisades interventionnistes des démocrates et des néoconservateurs, le doute s'est installé... chez les autres. Quel est l'avenir des États-Unis ? Que veulent-ils ? Protégés, clients, alliés ou adversaires, tous, pendant le mandat de Trump, sont sonnés, ou perplexes. Comment allait tourner leur relation avec la Chine, dont le monde dépend ? Voudront-ils encore des alliés ? Ce sera un pays de plus en plus orienté vers l'Asie.

Quant aux Américains, depuis que leur globalisation ne s'est pas révélée aussi triomphale et profitable pour eux qu'espéré mais, au contraire, lourde de frustrations, de menaces et de pertes de « jobs », en tout cas aux yeux des classes populaires et des classes moyennes, ils hésitent entre se replier et recontrôler de nouveau le reste – *the rest*. De façon erratique, ils élisent à chaque élection présidentielle l'inverse exact du président sortant. Après Clinton, G. W. Bush, puis Obama, puis Trump puis Biden ! Il se peut qu'ils conservent un certain temps encore la suprématie grâce au dollar, à leur armée, à leur avance numérique, à leur impérialisme juridique extraterritorial, aux GAFAM. Il se peut aussi que la Chine finisse par les dépasser, forte d'un système de décision moins vulnérable aux aléas de l'opinion et donc plus rationnel, en tout cas plus continu. Ou d'une gestion de la pandémie très autoritaire mais finalement efficace. Ou que les deux s'épuisent dans une longue course-poursuite de pauses et d'affrontements compliquée par les interférences d'une foule d'acteurs, de deuxième ou troisième catégorie (Russie, Inde, Japon, Europe, grouillements de pays moyens et petits) et les aléas écologiques ou sécuritaires.

Ces perspectives posent des problèmes redoutables aux Européens tels qu'ils sont encore. On connaît le proverbe : quand deux éléphants copulent ou se battent, les alentours sont dévastés. Les alentours, ce sont tous les autres. Mais on ne reviendra pas à l'hégémonie des États-Unis des années 50, hard et soft à la fois... Ni même à celle des années 90. L'Europe et les États-Unis, qui avaient été arrimés par la menace stalinienne, s'éloigneront lentement mais sûrement les uns des autres, comme des cousins issus de germains. Au-delà de l'Alliance atlantique, qui perdurera, le lien s'étiolera même avec le retour des démocrates. Impensable et angoissant pour les milieux atlantistes ! Et pourtant, cela pourrait être une opportunité pour l'Europe, à créer. Mais il faudrait que les Européens veuillent forcer le destin et, pour commencer, sachent se faire prendre au sérieux par la nouvelle administration Biden.

Voir : Biden, Joe ; Chinamerica ; Hyperpuissance ; Sanctions ; Thucydide (Piège de) ; Trump, Donald.

Europe

Par quel bout prendre ce mot et ce sujet, sans ajouter à la confusion ?

« Europe » est un mot-valise qui peut avoir des sens très différents, selon les contextes et ce qu'on veut lui faire dire. Un sens géographique, en premier lieu, c'est le « petit cap du continent eurasiatique ». Et alors, la France est le Finistère de ce petit cap. Ses limites à l'ouest, au nord et au sud sont évidentes. Mais à l'est ? Celles de Schengen ? Celles de l'Oural ? Où place-t-on l'Ukraine ? la Biélorussie ? la Turquie ? D'où les errements de la politique d'élargissement.

Parle-t-on d'une histoire, d'une culture, d'une civilisation européennes ? Une, diverse ou multiple ? Cela existe, à l'évidence, mais quels pays, quelles régions d'Europe englobent-elles ? Europe de l'Ouest, du Sud, de l'Est, du Sud-Est ? Europe catholique au nord ? Protestante au sud ? Orthodoxe à l'est ? Ou encore, autre clivage, républicaine ? Monarchique ? L'Histoire ne permet pas de répondre clairement.

On dit aussi : « L'Europe, c'est la démocratie. » Cela paraît aller de soi. Mais ses valeurs *actuelles*, proclamées, sont-elles celles de la chrétienté, sécularisée au XVIIIe siècle par les Lumières ? Ou les valeurs démocratiques modernes post-1789, nouvel an zéro, constamment élargies ? Mais en quoi celles-ci sont-elles aujourd'hui spécifiquement européennes ? Ne sont-elles pas aussi revendiquées par les États-Unis – mis à part les 74 millions d'Américains qui ont voté Trump en novembre 2020 –, le Canada, l'Inde, le Japon, la Corée du Sud, l'Australie, la Nouvelle-Zélande, les Israéliens, et bien d'autres encore dans le monde ? Parle-t-on des institutions ? Ou des peuples ? Ces interrogations, je les ai rencontrées sans cesse pendant mes dix-neuf années au pouvoir, et par la suite dans un nombre incalculable de débats et de discussions sans issue.

Alors, *une* Europe ? Non. Politiquement, il y en a *plusieurs*, pas toutes nées du monde gallo-germanique, gréco-latin ou du judéo-christianisme. Il n'y a pas, et il n'y aura pas, à mon sens, « un » peuple européen. Ce n'est pas comparable avec les États-Unis. Chaque problème, chaque crise fait d'ailleurs ressurgir des différences sous-jacentes profondes et anciennes entre Européens, sous une homogénéité construite en surface. Dans la réalité contemporaine, depuis l'après-guerre, on a surtout parlé de façon technocratique et technologique de « construction européenne » (mais pas Tony Judt dans son remarquable ouvrage traduit en français en 2007 aux éditions Armand Colin : *Après-guerre : une histoire de l'Europe depuis 1945*), des traités successifs, celui de la CECA (1950) et surtout celui de Rome (1957), celui de Lisbonne (2007). L'Europe des 6, 9, 10, 12, 15, 25, 28, 27, celle des lois, des décrets, des directives, des réglementations, du fameux « acquis communautaire » de plus en plus lourd et contraignant de procédures. En construction jusqu'où ? Jusqu'à quand ? Avec quelles limites ?

Mais le mot « Europe » renvoie aussi à une utopie : celle des fédéralistes qui, dans les années 50, entendaient, par « Europe », dépasser les vieux États-nations, antagonistes et belliqueux, et créer des « États-Unis d'Europe ». Ces Européens fondateurs fédéralistes – la démocratie chrétienne – étaient en même temps atlantistes et proaméricains. Pour eux, l'un n'allait pas sans l'autre. Ils ont réussi à transformer Charlemagne, qui voulait être roi des Francs, peuple germanique, en précurseur de l'Europe ! Il y a un prix Charlemagne. Ce sont les mêmes qui, plus tard, voulurent imposer la « méthode communautaire » et écarter la « méthode intergouvernementale ». Opposition stérile. Que d'énergie gâchée ! Tout ce qui a marché a combiné les deux. Autant d'épouvantails pour ceux qui ne veulent pas perdre ce qu'ils ont préservé de leur souveraineté et qui ne sont séduits par une éventuelle « souveraineté européenne » qui si elle *s'ajoute* aux souverainetés nationales.

Aujourd'hui, il subsiste dans des think tanks ou au Parlement européen quelques européistes fédéralistes (1 % ?) ; dans l'électorat, des proeuropéens classiques (centre gauche, centre droit) encore nombreux mais plus nulle part majoritaires ; en plus grand nombre, des déçus *devenus sceptiques*, par allergie à la « réglementation à outrance » ; et encore, et c'est différent, de vrais antieuropéens de principe, pas sceptiques mais carrément euro-hostiles. Et, enfin, des indifférents (une moitié d'abstentionnistes aux élections européennes de 2019). Tout cela dans des proportions qui varient bien sûr d'un pays à l'autre. Pour Maastricht, en 1992, le oui ne l'avait emporté que par 51 %, un point d'écart ! On l'avait trop oublié.

Beaucoup de gens vivent de l'Union européenne. Je ne parle pas des entreprises ou des consommateurs qui ont bénéficié du Marché unique, le plus grand marché du monde, mais des fonctionnaires de la Commission, du Parlement et de la Cour de justice, des élus européens, des juges européens, des médias spécialisés, des think tanks, des lobbyistes, des experts, des avocats.

Au total, entre ceux qui la rejettent en bloc, ceux qui l'idéalisent, ceux qui attendent d'elle des miracles, et les pragmatiques, il y a bien des conceptions de l'Europe ! Prenons l'exemple du concept d'« Europe puissance », mis en avant avec insistance par les Français. Les autres États membres ont renoncé, après 1945, de gré ou de force, à toute politique de puissance, repoussant avec dégoût cette idée, et cultivant l'espérance (l'illusion ?)

que les Européens pourraient défendre leurs intérêts et leurs « valeurs » par le *soft power* des normes et des conditionnalités, par l'influence de leurs déclarations, par leur supériorité morale supposée. Ce qui aurait peut-être été possible si le monde était peuplé de 7 milliards de personnes sympathiques et pacifiques avides de coopérer entre elles.

Mais alors, de quoi s'agit-il en 2021 ?

Le débat reste obscurci par la réécriture à l'eau de rose des années 1945-1955. On occulte dans les récits contemporains européistes le rôle fondateur et le parrainage matriciel des États-Unis, avec le plan Marshall et l'OSCE pour répartir les fonds, leur encouragement aux fédéralistes/atlantistes (Schuman, Monnet), leur insistance à faire rentrer la nouvelle Allemagne de Bonn (la RFA) dans la défense de l'Europe de l'Ouest (d'abord *via* la CED, avortée, puis dans l'OTAN, en 1955). Tout ce qui montre que l'Europe n'est pas la *mère* de la paix, mais sa *fille*. Au départ, c'est un projet économique (CECA, Marché commun), à l'abri de l'Alliance atlantique. Aucun projet de puissance, *au contraire* ! C'est ensuite le traité de Rome de 1957, sur la base d'un deal franco-allemand : ouverture du marché français aux industries allemandes contre la création d'une PAC. Plus tard, Pompidou laisse entrer la Grande-Bretagne pour équilibrer l'Allemagne. Ce n'est qu'à l'époque de Giscard/Schmidt (ils créent le Conseil européen et décident de l'élection du Parlement européen au suffrage universel), puis à celle de Mitterrand/Kohl/Delors (1984-1992) qu'apparaît le terme de « couple » franco-allemand, et que naissent et s'affirment d'un même élan de grandes ambitions européennes : Europe politique, sociale, des citoyens, de la défense, PESC (politique étrangère et de sécurité commune), Europe puissance, etc. Autant d'annonces à double tranchant.

En fait, les principales avancées concrètes après le Marché commun, la PAC et les fonds structurels, sont le Marché unique (Acte unique de 1986), source d'enrichissement mais aussi d'une réglementation proliférante, la création d'une monnaie unique, l'euro, à la faveur de la redistribution des cartes et de la réunification allemande provoquées par Gorbatchev, l'indépendance de la BCE et l'élargissement de 15 à 28.

Depuis que l'*Union* européenne (UE) a été instaurée par le traité de Maastricht (1992), le soutien des peuples à toujours plus d'intégration, « l'Union sans cesse plus étroite » (pour les activistes et les militants, le Graal !), est devenu fragile, voire minoritaire. Le traité « constitutionnel » préparé par la Convention sur l'avenir de l'Europe présidée par Valéry Giscard d'Estaing a été rejeté par les Français, et plus encore par les Néerlandais en 2005. Seule la Grande-Bretagne, à la suite d'une série de maladresses partagées, a décidé en 2017 de sortir de l'Union, et l'a fait le 31 janvier 2020, ce qui a été suivi d'une interminable négociation avec l'UE. Aucun pays n'a pour l'heure la tentation de l'imiter, mais beaucoup d'Européens sont hostiles, ou sont devenus sceptiques (ce n'est pas la même chose), déçus, ou allergiques à la réglementation intrusive.

Les partisans de l'intégration sans cesse poussée plus loin ont beau dénoncer les « égoïsmes nationaux », le « repli sur soi », « le souverainisme » ou le « populisme », et s'indigner du refus grandissant de l'immigration de masse et du détournement de l'asile, etc., ils n'arrivent pas, ou plus, à obtenir des majorités stables et durables, vraiment favorables à plus d'intégration. D'autant que, en promettant que l'Europe aurait une réponse à tous les problèmes des Européens (« Il faut plus d'Europe, pas moins d'Europe », ou, en jargon, « mieux d'Europe »), les européistes ont créé des attentes insatiables qui se retournent contre elle et alimentent la machine infernale à surréglementer pour faire le « bien », qui exaspère. Cercle vicieux.

Néanmoins, il y a peu de risques que l'Union européenne et l'euro se désagrègent. Depuis 2018, nous défendons, Pierre Sellal, Luuk Van Middelaar et moi, l'idée que l'UE est arrivée institutionnellement à maturité. Malgré les espérance et tentatives initiales du président Macron, elle va plutôt rester organisée, institutionnellement, à peu près comme elle l'est aujourd'hui. Aucun traité différent ne sera ratifié par les 27. Sauf si une opération de subsidiarité massive était décidée (par qui ? et imposée comment ?), et si la Commission, le Parlement et même la Cour de justice étaient recentrés sur quelques missions essentielles : préservation du droit d'asile et maîtrise des flux migratoires, coopération militaire, écologisation dans tous les domaines, réduction de la dépendance de l'Europe dans les nouvelles technologies, affirmation d'une souveraineté européenne, redéfinition et affirmation des intérêts vitaux des Européens face à l'Amérique pendant la période Trump et après (?), à Vladimir Poutine, à Xi Jinping, aux islamistes, aux puissances du Proche et Moyen-Orient, aux GAFAM, etc. Ce serait la mission d'une confédération politique conscience des enjeux globaux. Cela n'obligerait pas à contraindre des peuples qui veulent garder leur identité et un niveau raisonnable de souveraineté à se fondre pour former un imaginaire peuple européen. Mme von der Leyen parle comme si elle avait intégré ce message. Mais les élites européistes/mondialisatrices se résigneraient-elles à ce compromis ? Aussi mitterrandien que je sois, je ne reprends pas mot à mot à mon compte sa célèbre formule : « La France est notre patrie, l'Europe est notre avenir. » Plutôt une France forte dans une Europe forte. C'est cette Europe plus forte qui pourra agir au mieux tactiquement et à long terme pour préserver ses intérêts pendant le duel de deux grands prédateurs.

Le plan de relance économique adopté en principe le 20 juillet 2020 et, finalement, le 10 décembre par l'Union européenne sur proposition Macron/Merkel montre que « l'Europe » a su dégager 750 milliards d'euros, de subventions ou de prêts pour empêcher l'effondrement des économies vitales de la zone euro. Certains Français restés fédéralistes y ont vu un pas de géant en avant car le plan comprend une part de dettes contractées par l'UE elle-même, donc une mutualisation de la dette supposée déclencher une relance de l'intégration et, pour les plus utopistes, un moment « hamiltonien », par référence au fondateur du parti fédéraliste américain. Le président du Conseil Charles Michel y voit une révolution « copernicienne ». Pour ma part, je note que l'Allemagne a expliqué que c'était dans son intérêt d'éviter l'effondrement industriel de l'économie de l'Italie du Nord, et a présenté cet accord non comme une conversion mais comme une réponse exceptionnelle à une situation exceptionnelle, pour une année, en principe, et en soulignant que ces prêts devraient être remboursés dès que possible.

En fait, l'effet à long terme de cet accord sur les mentalités européennes et l'avenir de l'UE dépendra des modalités de sa mise en œuvre effective en 2021 et 2022. Donc saut en avant improbable, régression et désagrégation non plus, mais stabilité institutionnelle, développement de l'Europe par projets et politiques nouvelles. Il n'en reste pas moins que 2021 peut être un vrai moment pour l'Union si elle arrive à donner un contenu concret au bel objectif de « souveraineté européenne » – indispensable vu ce qu'est la foire d'empoigne mondiale et complémentaire des souverainetés nationales –, en commençant par les technologies de demain.

Voir : Brexit ; Commission européenne ; Confédération européenne ; France/Allemagne ; Gaulle, Charles de ; Habermas, Jürgen ; Marshall (Plan) ; Souveraineté.

Europe de l'Est

L'Europe de l'Est va-t-elle rester une entité particulière et préserver sa personnalité spécifique ? L'Europe centrale, Pologne, Tchéquie, Hongrie, Slovaquie, et orientale, Bulgarie, Roumanie, mais aussi les trois pays baltes, Estonie, Lettonie, Lituanie, ont eu une histoire très différente de celle de l'Europe occidentale, mais aussi des Balkans. Elle est en partie slave, en grande partie orthodoxe, et a été marquée par sa promiscuité difficile voire traumatisante avec l'Allemagne, mais surtout avec la Russie, puis l'URSS. Et, bien sûr, par la mainmise soviétique de l'après-Seconde Guerre mondiale jusqu'à 1989-1991. Après la fin de l'URSS, ces pays ont très vite rejoint l'OTAN (et l'Union européenne en 2004 après environ quinze ans de possibles négociations d'adhésion, comme Mitterrand l'avait prévu). Les trente et quelques années écoulées depuis n'ont manifestement pas suffi à harmoniser complètement les diverses parties de l'Europe (les fondateurs jusqu'à 12 puis 15 ; les 12 autres ; les pays d'Europe des Balkans pas encore dans l'UE, la Turquie étant un cas à part). Le torpillage en 1989-1991 de l'idée mitterrandienne de confédération européenne a été une erreur historique. La crise des migrants/réfugiés de 2015 et la pression migratoire, comme les débats pour la relance en 2020, ont remis en pleine lumière les différences d'histoire, de mentalités, de psychologie qui conduisent à des décisions unilatérales.

Les partis de centre gauche ou de centre droit qui ont gouverné ces pays les premières années ont ainsi presque tous été supplantés ou contestés par des partis « identitaires » ou « populistes » (y compris dans les Länder de l'ex-Allemagne de l'Est). Et pas seulement en Pologne ou en Hongrie.

Au-delà de cela, ces pays se sont voulus « otaniens » avant d'être européens. La sécurité avant tout. Ils sont pro-Trump (même s'il a introduit un doute inquiétant sur la valeur de l'article 5, celui qui fait obligation aux alliés de défendre un allié, quel qu'il soit, s'il était attaqué). La Pologne s'est sentie « abandonnée » par Obama et rassurée par Trump ! Ils sont sensibles aux sirènes chinoises[1], sont énervés par les leçons de morale et le paternalisme condescendant des pays d'Europe de l'Ouest, fondateurs historiques de l'Union. Ils supportent mal la férule franco-allemande même quand elle n'existe plus. Jacques Rupnik et Bernard Guetta ont écrit sur ces pays des textes sensibles et informés qui font bien comprendre ce qu'ils ressentent aujourd'hui, même à ceux qui regrettent leur évolution récente.

Les diverses parties historiques de l'Europe vont-elles reconverger ou diverger ? Et l'Europe de l'Est restera-t-elle particulière, ou se fondra-t-elle dans l'ensemble européen, ou éclatera-t-elle en nationalismes ? Tout est possible.

Voir : Confédération européenne ; OTAN ; URSS.

Explorateurs

Notre monde est bien fini. Ils font encore rêver. Gageons que, s'il avait connu le tourisme de masse, Lévi-Strauss n'aurait jamais dit : « Je hais les voyages et les explorateurs » ou que, au moins, il leur aurait trouvé quelques vertus, comparés au tourisme de masse qui est devenu

1. En Biélorussie, oubliée jusqu'en 2020 car elle n'est pas dans l'UE, il y a 1 million de Chinois pour 10 millions d'habitants.

une mine d'or, et un fléau. Frappé de plein fouet par la Covid-19, mais qui va reprendre tôt ou tard. Voyager : cela garde toute sa force, mais attention à ne pas oublier que les explorateurs, souvent fous ou hallucinés, qu'il ne faut pas confondre avec les conquérants avides de pouvoir, même s'ils ont eu parfois partie liée, ont réalisé nos désirs et nos rêves, façonné notre manière de voir le monde et nourri notre vision de la planète. Je parle de notre vision d'Occidentaux, voire d'Européens : les fameuses « grandes découvertes », comme si ces terres et ces peuples n'existaient pas avant leurs « découvreurs » européens ! Marco Polo n'avait pas prétendu, au XIVe siècle, avoir « découvert » la Chine de Kubilai, seulement l'avoir visitée et décrite. Mais Colomb croyait (en 1492) avoir atteint « l'Inde ». C'est *Amerigo* Vespucci qui donna son nom à l'Amérique. Vasco de Gama alla en Inde en 1498, Magellan fit le tour du monde en 1519-1522. Cabral « découvrit » (et détruisit) le Brésil en 1550. Cortés anéantit l'Empire aztèque en 1519-1521 à la satisfaction (initiale) des peuples férocement soumis par les Aztèques, et Pizarro l'Empire inca, en 1532. Jacques Cartier explora le Saint-Laurent en 1540. En Asie, explorateurs, voyageurs, marchands, Jésuites se relayèrent.

En fait, Hérodote, au Ve siècle avant J.-C., était géographe et historien. Et, dès le IIe siècle après J.-C., Ptolémée avait affirmé que la Terre était une sphère et qu'un même océan l'entourait. Ibn Battûta, berbère marocain né à Tanger, accomplit au XIVe siècle quatre grands voyages à Tombouctou, à Assouan, sur la Volga et en Chine (« les splendeurs des cités et les nouvelles des voyages »). Léon dit l'Africain (Hassan al-Wazzan) parcourut le Maghreb et l'Afrique au XVIe siècle. L'amiral Zheng He, eunuque musulman chinois, chef de la flotte, traversa l'océan Indien et atteint l'Afrique de l'Est au début du XVe siècle.

Après, ce fut le temps, pendant quatre siècles, des vagues successives et rivales de colonisations européennes, portugaise, espagnole, anglaise, hollandaise, française (René Caillé, Savorgnan de Brazza, magnifique figure), italienne, allemande, belge et des empires européens, en rivalité entre eux, comme des Empires ottoman ou russe. Ces vagues donnèrent naissance à des destructions physiques ou culturelles, des asservissements, mais aussi des découvertes, des échanges sans précédent, des métissages et à une immense créativité artistique de peintres, dessinateurs, sculpteurs, musiciens, écrivains. Que l'on songe aussi à Athènes et l'Empire romain. Aux Gallo-Romains.

En 1872, Jules Verne (l'auteur français le plus traduit au monde) réillustra et actualisa l'esprit de découverte et d'exploration moderne avec ses *Cinq Semaines en ballon* et son *Tour du monde en quatre-vingts jours*. Au XXe siècle, la littérature coloniale a jeté ses derniers feux : Frison-Roche, avec son merveilleux triptyque *La Piste oubliée*, *La Montagne aux écritures*, *Le Rendez-vous d'Essendilène*, Paul Morand, avec ses relations de voyage du premier âge rapide (entre autres, *Paris-Tombouctou*). En 1963, le Suisse Nicolas Bouvier écrivit (magnifiquement) le bréviaire et le guide des futurs routards, *L'Usage du monde*. C'est sa route que je suivis en 1969, sans le savoir, avec quelques amis, pour aller jusqu'à Kaboul. Et Paul-Émile Victor (et son fils Jean-Christophe Victor, trop tôt disparu), Jacques-Yves Cousteau, Jean-Louis Étienne, les grands alpinistes ont essayé de faire vivre jusqu'à aujourd'hui l'esprit d'exploration et de découverte, qui n'est pas forcément celui de l'exploit ni de la compétition, et plus du tout celui de la colonisation. Il existe d'ailleurs encore une « Société des explorateurs ». Rien à voir avec le tourisme. L'aventure spatiale est un beau spectacle mais n'entraîne pas. C'est un genre qui n'est pas tari : Ella Maillart (1903-1997), Sylvain Tesson, écrivain singulier et remarquable.

Voir : Géopolitique ; Tourisme ; Zheng He (Amiral).

F

Fachoda

Obsession française. La stèle érigée pour l'Exposition coloniale de 1931 à la mémoire de la colonne Marchand, chef de la mission Congo-Nil, face à ce qui était alors le nouveau musée des Colonies (aujourd'hui musée de l'Histoire de l'immigration) va de Brazzaville à *Fachoda*.

En 1898, venant de l'ouest, l'Afrique occidentale « française », le commandant Marchand arrive à Fachoda, village soudanais sur les bords du Nil blanc, et l'occupe « au nom de la France ». Le gouvernement britannique refuse que son contrôle vertical de l'Afrique (du Caire au Cap) soit traversé et menacé par cette horizontale française, de l'ouest à l'est de l'Afrique, de Dakar à Djibouti, et se fait menaçant. Affrontement de deux ambitions coloniales. Crise, pressions, menaces : le gouvernement de la IIIe République cède et retire ses troupes. Raisonnable. Mais c'est vécu par l'opinion française nationaliste comme une humiliation, qui nourrira le complexe de Fachoda. Tant de passions, d'efforts, de controverses, d'héroïsme magnifique ou absurde, de bonne conscience ou d'arrogance chez les Européens colonisateurs (et autres), et puis... rien, que de la poussière et de l'oubli remués par les manœuvriers de la repentance ! L'histoire est un long mercredi des Cendres...

Voir : Colonisations ; Histoire de France.

Fleuves

Il y a des fleuves qui ont fait parler d'eux en géopolitique : le Rhin, le Danube, l'Oder, la Neisse, la Bérézina, la Bidassoa. Le Rubicon était un ruisseau. La poudrière est retombée. Ce n'est pas le cas du Rio Grande où Trump voulait achever le mur. Du fleuve Amour qui sépare sur plus de 4 500 kilomètres la Sibérie russe et plusieurs provinces chinoises, dont la Mongolie intérieure et la Mandchourie. Mais les fleuves qui vont faire l'actualité demain sont ceux qui seront disputés entre voisins, en amont et aval, pour le partage de leurs eaux : le Nil en premier, où la tension ne cesse de monter entre Éthiopie et Égypte. Et tous les fleuves qui descendent du Tibet – contrôlé par la Chine – dont la vie en Asie dépend, Yang-Tsé-Kiang, fleuve Jaune, Mékong, Indus, Irrawaddy, affluents du Gange.

Voir : Eau ; Infrastructures.

Françafrique

Au dictionnaire des idées reçues : « rompre avec ».

Expression qui gagnerait à être précisée si, justement, ce n'était pas son caractère vague et non daté qui la rendait précieuse comme arme commode de réquisitoire fourre-tout.

Ce terme désigne les relations étroites que la France avait conservées – d'ailleurs à leur demande (Senghor, Houphouët-Boigny) –, sauf en Guinée, avec ses anciennes colonies d'Afrique après les indépendances dans les années 60, plus étroites que celles des Belges et des Britanniques qui avaient abandonné l'Afrique. Jugées plus tard trop étroites par une partie de l'opinion française (par égoïsme, tiers-mondisme, moralisme ou gauchisme) et les jeunesses étudiantes africaines, par antinéocolonialisme et rejet des régimes en place et de tous leurs amis. En fait, une analyse objective des périodes successives, en fonction des présidents et des transformations de la France-Afrique, serait éclairante : juste après les indépendances (de Gaulle, Pompidou, Giscard), Mitterrand (et la césure du discours de La Baule le 20 juin 1990), Chirac, Sarkozy, Hollande, Macron.

Soixante ans ou plus après les indépendances, la plupart des anciennes colonies veulent garder une relation avec la France si celle-ci (ses entreprises) ne se considère pas comme en terrain conquis. Ils ne veulent pas se retrouver en tête à tête avec les Chinois ou d'autres prédateurs modernes.

Mais, mis à part le milieu des ONG et de l'aide au développement, l'opinion française ne s'intéresse plus beaucoup à l'Afrique, sauf par à-coups. Cela permet à certains médias de dénoncer des dictatures, la corruption, la prétendue complaisance de la France, etc. Les groupes qui condamnent le passé de la France en Afrique ne contextualisent jamais, et surtout ne s'intéressent pas beaucoup à l'Afrique d'aujourd'hui ni à ses demandes.

Ainsi, après que, dans le rapport que j'avais rédigé en 2014 avec Lionel Zinsou (et Tidjane Thiam, Jean-Michel Severino, Hakim El Karoui), à la demande de François Hollande et Pierre Moscovici, « Un partenariat pour l'avenir », nous avions constaté l'effondrement des positions économiques françaises traditionnelles en Afrique et fait des propositions pour les redresser, les dirigeants africains m'avaient dit : « Nous nous réjouissons que la France cesse de se prendre la tête à propos de son passé africain. Nous voulons qu'elle reste engagée avec nous. »

Ce serait un paradoxe que la France soit la seule puissance du monde qui ne conserve pas une politique africaine, ou, en tout cas, une politique *en* Afrique. Continent qui est en effet l'objet de politiques africaines très ciblées d'à peu près toutes les puissances, Chine en tête.

Le débat sur l'Afrique en France est marqué ces dernières années par plusieurs controverses. Une polémique répétitive, organisée et entretenue sur le Rwanda qui répond à des fins précises ; la monnaie des pays de l'UEMOA (Union économique et monétaire ouest-africaine) qui devient l'« eco », et non plus le franc CFA, en attendant une monnaie unique de la CEDEAO (Communauté économique des États de l'Afrique de l'Ouest).

Une interrogation sur la France au Sahel : jusqu'où pourra-t-elle rester très seule – jusqu'à quand, avec quels objectifs, comment, avec quels partenaires et soutiens ?

Une autre sur la maîtrise des flux migratoires intra-africains ou vers l'Europe (conséquence de l'extrême pauvreté, selon la *doxa*, voués au contraire à s'accroître avec l'élévation du niveau de vie, selon Stephen Smith).

Et, bien sûr, la question de la francophonie. Au bout du compte, la relation avec les Africains se maintiendra et s'enrichira, sous forme de partenariats (exemple, la transformation du franc CFA en « eco »), si les Français s'intéressent vraiment aux Africains et pas seulement à ceux qui prétendent parler en leur nom sur l'étroite scène politique française.

Voir : Francophonie ; Migrations ; Repentance ; Rwanda.

France

La France ! Quelle aventure ! Quelle épopée ! Et quelle beauté ! Mais parle-t-on de la France ou de la République française ?

Combien de fois ai-je entendu, pendant mes années au pouvoir, et encore après : « La France est-elle *encore* une grande puissance ? » 1940 est toujours là, dans nos têtes, plus ou moins enfoui sous la dénonciation permanente de la collaboration, sous-produit de la défaite, elle-même assez peu analysée. Les Français ont bien du mal à trouver un point d'équilibre en tenant à distance leurs deux pathologies symétriques : aussi bien la grandiloquence vantarde, bavarde et prétentieuse que la nostalgie, l'autodénigrement, le doute, la repentance et l'expiation, voire la haine de soi et le masochisme, qui dominent ces derniers temps, même dans l'autoaccusation ! Le nombrilisme même dans la déprime ! Les progrès de l'islamisme seraient dus à l'échec de la politique… des banlieues françaises. Absurde et prétentieux ! Et les Frères musulmans ? Et les talibans en Afghanistan ? Et Boko Haram au Nigeria ? Elle aurait été la seule à coloniser, à pratiquer l'esclavage, etc. Cela ne relève pas seulement de l'idiotie, de l'Histoire mal digérée ou de l'ignorance crasse, mais souvent d'une stratégie hostile. En tout cas, pour retrouver son assiette, la France doit bien sûr être réformée, repenser un État providence qui n'asphyxie pas fiscalement l'économie, mais surtout retrouver confiance en elle, et pour cela vaincre son pessimisme, reconnaître ses handicaps, mais être aussi consciente de ses atouts qui sont immenses. Un pays important dans l'histoire du monde, une puissance moyenne d'influence mondiale. Je pense cela depuis des années. Mais, évidemment, pour réussir cette thérapie, elle ne doit pas oublier qu'elle n'est pas seule dans un vide géopolitique. Elle est, qu'elle le veuille ou non, un pays occidental, et ceux-ci ont perdu le *monopole* qu'ils ont exercé durant trois ou quatre siècles, sur la conduite des affaires du monde ! Un pays européen quand ceux-ci sont souvent divergents ! Un pays de Schengen, qui doit impérativement reprendre le contrôle des flux migratoires, un pays allié des États-Unis, qui doit devenir moins dépendant de leurs oukases et de leurs diktats. Comme de plusieurs autres puissances. Un pays qui doit reconquérir point par point sa souveraineté et donner en plus un contenu à la « souveraineté européenne ». Un pays qui doit défendre ses intérêts et pas seulement des « valeurs », des idées, des théories. Cela fait beaucoup, mais tout est lié…

D'après les enquêtes mondiales de l'organisme PEW, les Français sont régulièrement un des peuples les plus pessimistes sur l'avenir de leur propre pays. Mais ce ne sont pas leurs handicaps qui les rendent pessimistes. C'est leur pessimisme qui les handicape, et fait échouer depuis maintenant trop longtemps presque toutes les thérapies. Mais l'Histoire n'est pas finie.

Voir : Europe ; Histoire de France ; Repentance.

France/Allemagne

Allemagne, ce casse-tête français… Rejet, peur, fascination, admiration. Les Français ne s'en sortent décidément pas avec l'Allemagne. Ah ! Si Bismarck n'avait pas réussi à mettre fin à la situation idéale cristallisée pour deux siècles par Richelieu et Mazarin, mais effacée par Napoléon : des dizaines de principautés ou d'entités réunies dans un Saint Empire assez lâche. Cependant, on pensait être sortis après 1945 du cycle tragique victoire/défaites, humiliations/vengeance, Versailles, re-Versailles et le wagon de Rethondes. Certes, la France avait bien essayé après 1945 de freiner la remilitarisation de l'Allemagne, pourtant indispensable face à l'URSS stalinienne, d'où la stratégie contournée de la CED (Communauté européenne de défense), prétendument européenne, pour lui faire passer la pilule. Échec donc au parlement français, et entrée de la RFA dans l'OTAN. Mais c'était il y a si longtemps ! Et depuis, il y a la légende dorée du « couple » : de Gaulle/Adenauer, Reims, Giscard/Schmidt, Mitterrand/Kohl, Verdun. J'ai vécu cette romance auprès de Mitterrand et les larmes de Kohl à Notre-Dame, plus d'une centaine de rencontres, le leadership partagé. La religion d'État de l'amitié franco-allemande.

Mais, entre-temps, il y a eu Gorbatchev qui, en abandonnant le contrôle soviétique sur l'Europe de l'Est – le glacis de Staline –, a rendu possible la réunification, scénario envisagé par François Mitterrand dès octobre 1981 à Latche devant Helmut Schmidt. L'Allemagne réunifiée redevient alors démographiquement et économiquement la puissance européenne numéro 1. La rhétorique du couple s'épuise. Cela se voit bien après les départs de Mitterrand et de Kohl.

On lui a fait accepter, *in extremis*, que le mark se fonde dans une monnaie unique, à condition qu'il soit géré à l'allemande par une banque centrale indépendante. C'était quand même l'intérêt allemand. En France, il y a eu la thèse Bérégovoy, Trichet, Minc : la solution est de devenir budgétairement vertueux comme les Allemands, et de renoncer au déficit permanent. Et l'autre : l'Allemagne attire tout à elle. Il fallait garder des monnaies nationales (ce qui signifie donc, pour nous, rester dans la zone mark !) ou, au moins, deux ou trois euros différents (idée de Stiglitz). Affrontement qui n'est pas *que* gauche/droite. Oui, il faudrait un gouvernement contre-cyclique de l'euro, et pas seulement par l'ingéniosité funambulesque de la Banque centrale. Les désaccords s'accumulent : l'Allemagne est sortie – prématurément – du nucléaire avant de sortir du charbon ; elle a géré, seule, son problème migratoire et accru le pouvoir de chantage de la Turquie ; elle se tient… vis-à-vis de Trump, qui a tenu en otage pendant quatre ans l'automobile allemande ; n'a pas d'autre politique russe que le *statu quo* et la guerre de tranchée, mais elle a quand même essayé de faire le gazoduc Nord Stream 2 malgré Trump ; elle ne veut pas de changement en Europe tant la situation actuelle lui est favorable, ce que Mme Merkel a très bien incarné. Après la réunification, la grand-messe franco-allemande Schröder, Merkel/Chirac, Sarkozy, Hollande, Macron ne masque plus les divergences, ni le décrochage français.

Cela se focalise sur l'idée même de puissance : Europe puissance ou non ? La France déplore l'inhibition allemande sur ce point, surdéterminée par le passé. Mais serait-elle rassurée par une nouvelle volonté de puissance allemande qui ne serait plus seulement industrielle et commerciale ? À part les abonnés aux colloques, les élites françaises et allemandes ne se connaissent plus très bien (en fait ce sont surtout les Français qui connaissent mal l'Allemagne). La relation est à refonder, hors commémoration – Emmanuel Macron a essayé à partir de 2017, sans succès au début. Le sujet est encore impensable, inabordable, une sorte de nouveau tabou, sauf par quelques imprécations solitaires, sur fond de méconnaissance relative et acceptée, et de rituels à bout de sens mais lénifiants.

En 2020, pourtant, le moteur franco-allemand se reconstitue : sous le coup de la pandémie, l'Allemagne ne peut pas prendre le risque de voir s'effondrer l'industrie d'Italie du Nord sans laquelle l'industrie automobile allemande serait en danger. Du coup, elle se convertit à une relance audacieuse. L'Allemagne et la France se retrouvent et obtiennent, le 20 juillet 2020, l'accord des 27 pour un plan de relance, qui comporte même une part de mutualisation. Solution originale et ponctuelle ou début d'un nouveau cycle d'intégration ? L'avenir le dira. Mais aucune relance européenne, ni franco-allemande, ne dispensera la France de ses propres efforts.

Voir : Europe ; Souveraineté ; URSS.

Francophonie

Pourquoi tant de complexes ? L'affaire devrait être simple : le français est l'une des rares langues mondiales de culture, d'échange et de civilisation. Ceux qui en ont hérité, la France mais aussi quelques dizaines d'autres pays (mais pas tous les quatre-vingt-quatre membres de l'OIF – Organisation internationale de la francophonie –, loin de là !) devraient avoir à cœur de faire en sorte que le français soit le plus parlé possible dans le monde entier, dans la vie sociale, économique, culturelle, dans les médias, que ce soit enrichissant, utile et valorisant, et qu'il soit facile de l'apprendre partout. Cela fait partir de la grande bataille pour la diversité culturelle et linguistique.

Doter la francophonie, à partir de 1967, d'associations, d'agences et d'organisations, d'une charte et d'un secrétaire général – à Hanoï en 1997 (j'y étais) –, était sans doute une bonne idée. Mais cela s'est brouillé. D'abord, la France ne peut rester le centre naturel du rayonnement francophone qu'en maintenant chez elle une bonne connaissance et maîtrise du français. Par faillite éducative, snobisme (pseudo-modernisme, start-up, globish, envahissement d'une sous-langue commerciale), ce n'est plus tout à fait le cas (sans parler des régressions obscurantistes telles que l'écriture inclusive, ou idéologiques telles que le pédagogisme). Pourtant, le maintien d'une diversité culturelle (qui n'a rien à voir avec le multiculturalisme défaitiste repentant et à sens unique qui mélange tout) et linguistique est un des terrains où résister au nivellement mondial. Mais le français a été mal défendu par ses défenseurs les plus puristes faisant la chasse à tout mot étranger alors que le français en a absorbé et francisé des quantités (par exemple les mots italiens à la Renaissance). C'est quand la structure, la syntaxe, la grammaire sont attaquées ou délaissées qu'il faut réagir. À cela s'ajoutent dans les médias – le monde réel de la plupart des gens – l'appauvrissement du vocabulaire et la perte de la maîtrise des conjugaisons, la prolifération de tournures fautives, sans que cela gêne personne. Et la longue débâcle éducative (sauf sous Chevènement) jusqu'à Jean-Michel Blanquer qui fait tout ce qu'il peut pour renverser la vapeur.

Par ailleurs, l'OIF a trop prétendu se transformer en une sorte de sous-ONU. Avant d'être politique, ou économique, la francophonie doit être… linguistique et « décomplexée » (*dixit* Emmanuel Macron). Mais l'avenir de la francophonie ne dépend pas seulement de ses institutions… Depuis 2019, c'est Louise Mushikiwabo, ancienne ministre des Affaires étrangères du Rwanda, qui a été élue, comme le souhaitait Emmanuel Macron, secrétaire générale de l'OIF.

Voir : Afrique(s) ; Langues.

Fukuyama, Francis

Un des rares penseurs à avoir eu au cours des trente dernières années un impact mondial. C'est Francis Fukuyama, né en 1952 à Chicago, qui a donné, dès 1989, puis 1992, donc au moment de la disparition de l'URSS, dans *La Fin de l'histoire et le Dernier Homme*, la meilleure expression d'une vieille idée hégélienne : l'Histoire est finie, faute de combattants, puisque tout le monde, ou à peu près, s'est rallié à la démocratie et à l'économie de marché. C'est tellement ce que les Occidentaux voulaient entendre, les Américains sur un mode triomphal, les Européens sur un mode idéaliste, voire ingénu, qu'il est devenu le symbole même de leur optimisme durant la décennie 1990. Par la suite, Francis Fukuyama a, au vu des événements des décennies 2000 et 2010, nuancé sa thèse que Samuel Huntington avait réfutée, même s'il dit croire encore à long terme à la validité de son analyse. Pour l'heure, quoi que croient encore les Européens, le monde n'est pas « fukuyamesque ».

Voir : Huntington, Samuel ; Occident ; Penseurs ; URSS.

G

GAFAM (Google, Apple, Facebook, Amazon, Microsoft)

Sont-ils les maîtres (façonniers) du monde ? Oui, ils ont changé nos modes de vie. Et, en 2018, Google plus Amazon équivalaient au PIB de la France. En 2017, les géants du Web totalisaient 3 500 milliards de dollars à eux cinq. Et la pandémie de 2020 les a dopés !

Comment ces entreprises californiennes qui ont changé notre monde ont-elles pu bâtir cette puissance ? Il y a clairement eu du génie inventif... et beaucoup d'argent du Pentagone, au début. Qu'ont-ils changé dans la vie des gens, des entreprises, des gouvernements ? Presque tout, sauf la nature humaine ! Sont-ils encore contrôlables, régulables, imposables (exigences européennes) par les pouvoirs publics européens ou américains ? Il faut le souhaiter. Philippe Delmas parle « d'États plate-formes » Leurs excès de puissance et d'intrusion dans la vie des gens vont-ils déclencher une méfiance (Facebook, Amazon), une désaffection du public, de nouvelles lois antitrust ? À partir de 2016-2017, l'opinion a commencé à changer. Si les GAFAM étaient régulés, voire démantelés, leurs équivalents chinois en profiteraient-ils pour les supplanter ? Les BATX : B comme Baidu (moteur de recherche), A comme Alibaba (pendant d'Amazon), T comme Tencent (activité et services Internet), et X comme Xiaomi (comme Apple) ? Les démocrates américains, très proches des géants du numérique, le pensent sans doute. On va les voir à l'œuvre !

De toute façon, GAFAM ou BATX, sommes-nous prêts à affronter le choc numérique, à utiliser tout son potentiel pour résoudre d'autres problèmes, à contenir ses menaces ? L'Europe, très entravée par ses propres règles, peut-elle élaborer une politique pour ne pas subir en même temps toutes les influences ? La commission von der Layen semble l'avoir réalisé, du fait du crash-test de la pandémie de Covid-19. C'est le sens des propositions de Thierry Breton, commissaire européen chargé de la politique industrielle et du numérique. C'est maintenant que cela se joue.

Voir : Ère numérique ; Europe ; Intelligence artificielle ; Souveraineté.

Gaulle, Charles de

Légende. Immense personnage de l'histoire de France, et même mondiale. Il y a le Charles de Gaulle historique, en deux époques. Celui de 1940, et celui du retour, de 1958 à 1969. Et le mythe qui ne cesse de grandir, au contraire de bien d'autres qui s'estompent au fur et à mesure que le temps passe.

Celui du 18 juin 40, au moment de la désagrégation de la France, le général (de brigade, à titre temporaire !) de la désobéissance, de la prémonition de la suite de la guerre, n'est comparable à personne d'autre dans l'histoire de France, si ce n'est à Jeanne d'Arc. De Gaulle réussit à se faire accepter par Churchill malgré des désaccords homériques et des exaspérations réciproques (justement : « Il se prend pour Jeanne d'Arc. »). Il résiste à l'hostilité systématique de Roosevelt (par ailleurs grand président mais qui, là, mal influencé par une partie de ses diplomates et par Jean Monnet, joua Pétain, qu'il avait connu et admiré en 1916, vu comme un bouclier, Darlan et Giraud, plutôt que de Gaulle, en qui il redoutait une sorte de putschiste). Il ne voulait pas lui confier l'administration de la France libérée (d'où l'AMGOT – Allied Military Government for Occupied Territories) ! Avec le temps, j'admire de plus en plus ce de Gaulle-là. Cependant, si je comprends pourquoi il a voulu faire croire en 1944-1945 que la France s'était libérée seule, je regrette que cela nous ait enfermés mentalement dans un piège. Dans ses *Mémoires*, de Gaulle regrette que Roosevelt n'ait pas pu le connaître président. On imagine la rencontre ! Est-ce que Roosevelt aurait dit : « Je me suis trompé à votre sujet » ?

Le de Gaulle président est le fondateur de la Ve République. Son bilan réformateur – à la fois capétien et libéral –, pendant les six mois où il a été à Matignon, en 1958, le dernier président du Conseil de la IVe République, très bien raconté par Georgette Elgey dans son dernier tome de l'*Histoire de la IVe République*, est sans équivalent. Il faut dire que presque aucune résistance – qui harcèle et paralyse les gouvernements démocratiques actuels – n'était à l'œuvre. Après, en 1958 et 1962, il a établi de nouvelles institutions, finalement assumées aussi – paradoxe ! – par François Mitterrand, et donc par la gauche à partir de 1981. Affaiblies depuis par trop de concessions à l'esprit du temps, mais conservées pour l'essentiel, même si un certain personnel politique aspire à revenir à la IVe sous le nom de VIe République, et d'autres veulent la détruire au nom de la démocratie directe.

Une fois libéré de la question algérienne, de Gaulle a mené de 1962 à 1969 une politique étrangère qui peut inspirer la nostalgie. Il a refusé une Europe supranationale, mais a accepté le Marché commun pour doper la France, a proposé un plan Fouchet, rejeté mais qui était sur plusieurs points supérieur à ce qu'est devenue l'usine à gaz européenne, et a incarné avec Konrad Adenauer, à Reims et à Colombey, la réconciliation franco-allemande. Il mit en œuvre, visionnaire, une politique indépendante, autant que possible, des États-Unis (Proche-Orient, Vietnam, dissuasion nucléaire, « détente, entente, coopération » avec l'URSS) tout en étant solidaire lors des crises de Berlin et de Cuba, et en quittant finalement l'OTAN, mais pas l'Alliance.

Bien sûr, son bilan peut se discuter, comme celui de tout président, à condition d'éviter l'anachronisme et de se replacer dans le contexte des années 1958-1969.

Et, avec le temps, le mythe grandit. Une sorte de quasi-consensus nostalgique rétrospectif s'est construit autour de sa personnalité, même si la France d'aujourd'hui n'a presque plus rien à voir avec celle des années 60, ni même avec celle des années 80, et ne sait plus bien qui elle est, idolâtre l'horizontalité contre la verticalité, vénère la transparence et les minorités, est façonnée par l'instantanéité, est, malgré elle, très américano-globalisée, préserve mal sa langue et se révolterait contre un retour à cette époque. De Gaulle est comme un roc qui émerge d'un passé embrumé par l'affaiblissement de la transmission historique, salué même par d'anciens soixante-huitards qui l'avaient conspué comme fasciste !

En politique étrangère, certains regrettent le gaullisme, voire le « gaullo-mitterrandisme ». Mais c'est un autre temps, et il faudrait le repenser et le reformuler, en entraînant les Européens si c'était possible.

Et, finalement, que faire aujourd'hui de ces personnages historiques iconiques vénérés et décontextualisés, même les plus grands ?

Voir : Gaullo-mitterrandisme ; Histoire de France.

Gaullo-mitterrandisme

Oxymore ? Pas tant que cela. C'est dès le début du premier septennat de François Mitterrand que j'ai osé, en parlant avec des journalistes, cette formule, pour souligner cette continuité paradoxale, d'abord en matière de défense et de dissuasion. Mitterrand avait endossé sur ce sujet l'héritage gaulliste (« la décision, c'est moi », car il fallait pour dissuader un « dissuadeur » crédible). Cela heurtait quelques vrais vieux gaullistes, mais cela avait du sens. Par la suite, c'est devenu synonyme de politique étrangère française indépendante, que ses tenants, ou ses nostalgiques, ont opposé au « néoconservatisme » à la française censé avoir inspiré, depuis Nicolas Sarkozy, la « rupture » avec la ligne antérieure de la Ve République. Cette controverse a rebondi en 2018. Emmanuel Macron s'est distancié à plusieurs reprises de la ligne « néocon » et a tenté une nouvelle approche de la question russe. Les tenants de cette ligne, très influents au Quai d'Orsay depuis une quinzaine d'années, s'en prennent régulièrement à ce gaullo-mitterrandisme dont ils craignent le retour, alors qu'il faudrait l'encourager ! Quant à savoir ce que ferait aujourd'hui le général de Gaulle, ou François Mitterrand, bien malin qui peut le dire ! Reste la question : est-ce que la France peut conserver, au sein de l'entrelacs des interdépendances mondiales et européennes, une sorte d'autonomie de pensée et d'action ?

Voir : Dissuasion ; Gaulle, Charles de ; Mitterrand, François ; Néoconservateurs.

Gengis Khan

Il a sa statue de 30 mètres à 54 kilomètres à l'est d'Oulan-Bator. Et celle-là, personne ne va tenter de la déboulonner. Gengis Khan a édifié en un demi-siècle le plus vaste empire continu qui ait jamais existé.

Né vers 1162 dans les monts Khentii, au sein du clan mongol des Qyat Temujin, il rassemble les divers clans mongols et turco-mongols des steppes du Nord-Est, se fait proclamer Khan (roi) puis « *Gengis* Khan » (roi universel, ou océanique). Comme quoi nous ne sommes pas les seuls à nous être pensés universels.

Il rallie les Ouïghours et les Örgüt, conquiert la Chine, puis, à l'ouest, conquiert sans résistance toute l'Asie centrale et les immenses plaines steppiques. Il meurt en Chine d'une chute de cheval, vers 70 ans, le 18 août 1227. Tous ceux qui croisent son cortège funèbre sont exterminés, et les caravaniers eux-mêmes. On ne sait pas ce que sont devenus ceux qui ont éliminé ceux qui en avaient trop vu. On ignore l'emplacement de son tombeau. Surréaliste : Chirac en avait parlé à Mitterrand lors de leur escale commune à Irkoutsk en 1986 au retour du G7 de Tokyo. Le plus jeune de ses fils, le quatrième, Tolui, règne sur la Chine (son fils, Mongka, est élu Grand Khan et donne à l'empire sa plus grande extension, son frère, Kubilai Khan, va retourner en Chine et y fonder Cambaluc [Pékin] et la dynastie Yuan, qui régnera de 1279 à 1368. Souvenir cuisant pour les Chinois d'aujourd'hui. C'est lui que Marco Polo rencontrera). Djaghataï, le deuxième de ses fils, régnera sur le Turkestan. Le troisième, élu chef suprême, réside à Karakorum. Le premier, Djötchi, meurt tôt, mais son fils Batu va créer le Khanat de la Horde d'or, etc. L'influence des gengiskhanistes a duré des siècles. Il n'en reste rien. Jacques Chirac m'avait offert *Le Loup bleu : le roman de Gengis Khan,* l'extraordinaire roman biographique du Japonais Yasushi Inoué.

Voir : Empires ; Chine.

Génocides

En droit international : élimination physique, *intentionnelle et programmée*, totale ou partielle, d'un groupe national, ethnique ou religieux, en tant que tel. Le terme « génocide » a été forgé en 1944 par Raphael Lemkin, professeur de droit américain d'origine juive polonaise.

La notion de crime contre l'humanité a été créée à la même époque, en 1945, et est insérée dans les statuts du tribunal militaire de Nuremberg. Il désigne une « violation délibérée et ignominieuse des droits fondamentaux d'un individu ou d'un groupe d'individus inspirée par des motifs politiques, philosophiques, raciaux ou religieux ». Il est défini dans son article 7 comme un crime commis « dans le cadre d'une attaque généralisée ou systématique dirigée contre toute population civile : meurtre, esclavage, déportation, emprisonnement abusif, torture ».

Le *crime de guerre* est défini par l'article 8 du statut de Rome de la Cour pénale internationale comme une violation du droit de la guerre d'une gravité particulière, commise par des militaires ou des autorités qui les commandent.

Au-delà de la condamnation, les génocides du XXe siècle reconnus comme tels (outre la Shoah, les génocides arménien, cambodgien, rwandais et, dans une moindre mesure, herero en Namibie) font l'objet de travaux d'historiens (quand des lois mémorielles ne les en empêchent pas) et de controverses sur leurs causes lointaines et proches, leur déclenchement, leur déroulement, les leçons à en tirer. À cet égard, je recommande – tant la confusion est fréquente – le remarquable *Génocides. Usages et mésusages d'un concept*, de Bernard Bruneteau, aux éditions du CNRS (2019). Bernard Bruneteau demande que l'on revienne à la définition rigoureuse du génocide établie par Raphael Lemkin. Dans l'approximation, il y a des cas où le terme est employé à tort, et, au contraire, d'autres où il aurait dû l'être et ne l'a pas été. Je n'ai rien lu à ce sujet de plus rigoureux ni de plus juste.

Voir : Esclavages ; Lois mémorielles ; Rwanda ; Shoah.

Genscher, Hans-Dietrich

Acteur essentiel du grand changement (1927-2016), un peu oublié en France. Leader centriste du FDP, brillant ministre des Affaires étrangères de la République fédérale allemande pendant plus de dix ans, avec Helmut Schmidt puis Helmut Kohl, jusqu'en 1992. Il avait su, comme Willy Brandt avant lui (de 1966 à 1974), tirer le meilleur parti de la faible marge de manœuvre dont l'Allemagne de l'Ouest disposait pour préparer l'avenir (la réunification bien sûr).

Il s'entendit à merveille avec Roland Dumas, de 1988 à 1993. Il soutint le président Mitterrand pendant la réunification allemande, y compris quand celui-ci fut en butte à des critiques de la droite allemande, relayées par des médias français, notamment sur la reconnaissance de la ligne Oder/Neisse, alors que Helmut Kohl traînait un peu les pieds, entre novembre 1989 et février 1990, par prudence électorale. François Mitterrand lui en était reconnaissant.

Voir : Allemagne.

Géographie

Come-back. Souvent reléguée au second plan par l'histoire (longtemps religion nationale en France avant d'être rattrapée par ses guerres intestines entre déconstructeurs, continuateurs, restaurateurs, modernisateurs), la géographie redevient essentielle. Ce n'était plus le cas quand on (l'Occident triomphant) pensait avoir « gagné ». À quoi bon étudier de près tous ces pays et toutes leurs vieilles histoires ? Seuls comptaient la taille des classes moyennes, leur pouvoir d'achat, les choses « globales ». Mais la géographie, et son enfant naturel la géopolitique, retrouvent droit de cité. Et on redécouvre (ou on devrait) le fil qui court d'Hérodote jusqu'à aujourd'hui, jusqu'à Yves Lacoste ou Michel Foucher en passant par Ibn Battûta et Marco Polo, et les grands noms des cinq siècles passés où se côtoient voyageurs, explorateurs, conquérants, commerçants, cartographes, géographes et espions. Et non, le monde ne sera pas *que* virtuel ! Et l'intérêt pour les atlas ne se dément pas.

La géographie ne sert pas *uniquement* à faire la guerre, contrairement à ce qu'avait écrit Yves Lacoste dans un essai brillant en 1976 – *La géographie, ça sert, d'abord, à faire la guerre*. D'ailleurs, il avait écrit : cela sert *d'abord*... Ce qui, même historiquement, est contestable. Cela a dû servir d'abord à découvrir, et commercer... Langue d'Ésope. Robert D. Kaplan a eu raison d'annoncer en 2012 *La Revanche de la géographie*.

Voir : Braudel, Fernand ; Géopolitique ; Histoire de France.

Géopolitique

Sulfureuse ? Sous prétexte que Karl Haushofer (1869-1946), professeur allemand, préconise une alliance Allemagne/Russie/Japon et que sa thèse sur « l'espace vital » (vieille obsession germanique d'expansion vers l'est) avait été utilisée par les nazis (alors même que sa femme était juive, qu'ils ont eu maille à partir avec les nazis et que ceux-ci avaient assassiné son fils !), le terme de « géopolitique » a eu un temps mauvaise presse, après la Seconde Guerre mondiale. En fait, elle consiste tout simplement en l'étude des interactions entre la géographie, l'histoire et la politique internationale. Napoléon disait : « La politique d'un État est dans sa géographie. » Tous les penseurs et analystes ou voyageurs en ont fait, comme Monsieur Jourdain fait de la prose, avant que le terme ne soit inventé par le grand philosophe et savant Leibniz en 1679, puis au XIXe siècle, en Suède et en Allemagne. Sans oublier les voyageurs grecs ou arabes, ou Montaigne, avec sa théorie des « climats ». À l'époque contemporaine, quelques noms de précurseurs émergent : celui d'Élisée

Reclus, le géographe anarchiste ; celui de Friedrich Ratzel, pharmacien, zoologiste, puis géographe (1844-1904) ; celui de Jacques Ancel, premier géopolitologue français (né en 1882, mort à Drancy en 1943), auteur en 1936 de *Géopolitique* ; et plus encore, celui de sir Halford John Mackinder (1861-1947), considéré comme un des pères fondateurs de la géopolitique moderne (terme qu'il récusait), à laquelle il était venu par la géographie (il fit en 1899 la première ascension du mont Kenya, 5 199 mètres !). Il avait théorisé l'affrontement entre les puissances maritimes et continentales. Pour lui, qui contrôle le Heartland (Eurasie et Afrique, et notamment la plaine centrale de l'Europe à la Sibérie), l'île mondiale, contrôle le monde, les îles périphériques (l'Amérique, l'Australie) et l'océan mondial, Brzeziński était proche de Mackinder. Il y a dans la géopolitique quelques fumisteries, beaucoup d'évidences, mais aussi des aperçus géniaux.

Aujourd'hui, en France, Thierry de Montbrial, Michel Foucher, Pascal Boniface, Jean-Baptiste Jeangène Vilmer, Frédéric Encel, Bruno Tertrais, Alexandre Adler, Jean-Louis Gergorin, François Heisbourg, Thomas Gomart, Pierre Buhler, Philippe Moreau Defarges, Bertrand Badie, Philippe Delmas, et tant d'autres, notamment des militaires, par nécessité professionnelle ou intérêt personnel, font, d'une façon ou d'une autre, de la géopolitique. Pour Yves Lacoste, c'est « l'étude des rivalités sur un territoire ». Tout le monde en fait, ou croit en faire, tant le désordre mondial rend perplexe et bavard – chacun a un avis sur tout –, mais les concepts d'ensemble et les penseurs vraiment globaux sont rares, en dehors des Américains et, quand même, du Singapourien Kishore Mahbubani. Même les pays dont le nom est un manifeste plus qu'une réalité physique – l'Union *soviétique*, la *République* française, l'Arabie *Saoudite* – ne peuvent, ou n'ont pu, s'abstraire de la géographie, et donc de la géopolitique. Cela reste vrai même à l'époque des mondes virtuels, de l'Internet et des cyberstratégies. Surtout dans cette phase de la mondialisation où l'on prend conscience qu'elle a engendré des interdépendances excessives et des fragilités. Il va falloir observer la géopolitique chinoise.

Voir : Acteurs des relations internationales ; Géographie ; Penseurs.

Gorbatchev, Mikhaïl

Utopiste. On lui doit la fin pacifique de la guerre froide. Né en 1931, Mikhaïl Gorbatchev, qui a dirigé l'URSS du 11 mars 1985 à son effondrement, le 25 décembre 1991, est un personnage clé de l'histoire du monde des dernières décennies. Son rôle est trop oublié, souvent sous-estimé, méconnu ou injustement travesti. Responsable communiste doué, il progressa sous l'égide de divers responsables, compris en visitant à Prague que les Soviétiques étaient haïs en Europe de l'Est, et que le système devait être changé de fond en comble quand il fut chargé de l'Agriculture. C'est lui qui avait répondu en 1984 à Tchernenko qui lui demandait, au dîner au Kremlin devant Mitterrand : « Depuis quand l'agriculture ne marche pas ? — Depuis 1917 ! » Après Andropov et Tchernenko, au bout du rouleau, le système fit appel à lui – quoiqu'il fût jugé dangereusement réformateur –, grâce au soutien inattendu de Gromyko. Dès mars 1985, lors des obsèques de Tchernenko, il apparut à François Mitterrand, qui nous le dit tout de suite (et à Thatcher), qu'il serait radicalement différent. Mais Gorbatchev croyait encore possible de sauver l'URSS et le communisme. Ce fut la glasnost (la libération de la parole et de la presse immédiate) et la perestroïka (un plan confus de modernisation totale), et un enchaînement avec des soubresauts dont il perdit le contrôle jusqu'à ce que les républiques fédérées, Russie d'Eltsine en tête, Ukraine, etc., déclarent leur indépendance et fassent disparaître l'URSS, et donc sa fonction.

Très tôt, il avait réalisé qu'il devait lâcher le contrôle soviétique sur le glacis d'Europe de l'Est que Staline avait mis en place après la guerre (redisons-le : en violation des engagements pris à Yalta). Mais les dirigeants communistes des « démocraties populaires » – antiphrase célèbre – à qui il annonça qu'il n'emploierait pas la force pour les défendre ne le crurent pas : il y avait encore 300 000 soldats soviétiques en RDA. Jusqu'à la vague de 1988-1990. C'est grâce à lui que la réunification allemande put se faire à ce moment-là, en 1989-1990, *pacifiquement*. Même si cela a dépassé ce qu'il voulait et a suscité un putsch contre lui qui a finalement échoué, en août 1991. Contrairement à Soljenitsyne, il avait sous-estimé le risque du réveil des antagonismes entre nationalités. Les dirigeants occidentaux ou européens se montrent ignares, sectaires et injustes quand ils commémorent les événements, dont la « chute » du Mur aurait été un déclencheur, sans placer Gorbatchev au centre. D'autant qu'il avait osé imaginer avec Reagan à Reykjavik, en octobre 1986, un processus sans précédent de désarmement nucléaire.

Ses rapports avec François Mitterrand furent tout à fait hors normes. Du début (en 1985, si on ne tient pas compte du déjeuner au Kremlin en 1984) jusqu'à la mort du président français. Il pense que, en Occident, seul François Mitterrand avait conçu les rapports Russie/Europe à l'avenir autrement que sur une base vaincu/vainqueur. Chaque fois que je l'ai revu comme ministre, ou plus tard, il m'en a parlé avec effusion et émotion. Comme Helmut Kohl, et bien d'autres.

Par la suite, Gorbatchev a continué à s'expliquer sur son action (lire les livres remarquables de son ancien porte-parole Andreï Gratchev) et s'est de plus en plus investi dans l'environnement, avec Green Cross International. Ses rapports avec Poutine sont inexistants ou tendus. En Russie, il est très impopulaire, ou oublié. C'est injuste.

Voir : URSS.

GPS (Global Positioning System)

Comment faisait-on avant ? Le Global Positioning System, GPS, système de géolocalisation par satellite, découle de systèmes mis au point en 1957-1960 par la marine américaine, aiguillonné par la course avec l'URSS. Il a été généralisé après qu'un vol civil de la Korean eut été abattu par erreur en 1983 par la chasse soviétique, ce qui a nécessité le lancement de nombreux satellites. Il a équipé les voitures individuelles à partir de 1991. Face au système américain GPS, dominant, il y a le système chinois Beidou, le système russe Glonass et maintenant l'européen Galileo (trente satellites), qui devrait être complètement opérationnel en 2021. Cela change tout pour un grand nombre d'activités militaires ou physiques, ou la vie quotidienne des automobilistes, mais cela entraîne aussi, dans les populations qui s'en servent tous les jours, une baisse de la capacité à lire des cartes, une involution vers l'homme diminué que l'on doit combattre.

Voir : Cartes et atlas ; Ère numérique.

Guerre du Golfe

Le 2 août 1990, l'Irak envahit le Koweït. Le président irakien Saddam Hussein veut mettre la main sur le « coffre-fort » koweïtien car il enrage que l'Arabie, le Koweït et les divers émirats ne compensent pas les dépenses et les pertes humaines considérables assumées par l'Irak pour les protéger de l'Iran des ayatollahs, pendant presque huit ans, de 1980 à 1988. Cette boucherie qui causa de 200 à 500 000 morts de chaque côté et qui s'était conclue par le retour au *statu ante* ! Leur guerre de 14, mais sans vainqueurs ni vaincus (sauf les peuples), et sans « traités ».

Saddam Hussein ne comprend pas le monde de la fin du XXe siècle. Avaler le Koweït ? Ce serait la première fois depuis 1945 qu'un pays membre ferait *disparaître* un autre État membre des Nations unies ! Que ce soit un pays arabe qui en absorbe un autre ne change rien à l'affaire. Erreur supplémentaire : Saddam Hussein croit que l'URSS le protégera : erreur totale, Gorbatchev a bien d'autres soucis, et priorités. Le jour même, le Conseil de sécurité adopte aussitôt *sans veto de l'URSS* la résolution 660 exigeant le retrait inconditionnel de l'Irak. Une coalition internationale s'organise sous la conduite des États-Unis (le président George H. Bush) avec une vingtaine de pays, dont la France (petit à petit, le président Mitterrand va convaincre les Français de la justesse d'une intervention si l'Irak n'évacue pas le Koweït) et la Grande-Bretagne, mais aussi – on l'a oublié – plusieurs pays arabes (Arabie, Égypte, Émirats, Oman, Syrie, Maroc, Bahreïn, Koweït). La France essaie jusqu'au bout de convaincre Saddam Hussein de se retirer pour éviter qu'il ne soit écrasé par cette coalition. « Il faut qu'il sorte sinon il sera expulsé par la force. » Il n'y croit pas. Il ignore ces appels. Le 16 janvier, la coalition attaque. L'armée irakienne est défaite et expulsée du Koweït fin février. Le président Bush, encouragé en cela par François Mitterrand, qu'il consulte, et par son chef d'état-major, le général Colin Powell (futur secrétaire d'État du fils Bush), décide de ne pas outrepasser les résolutions de l'ONU, de s'en tenir là, et de ne pas aller à Bagdad. Ce qui lui sera reproché par les néoconservateurs qui pousseront le président G. W. Bush à envahir l'Irak en 2003 alors même que Saddam Hussein n'était pour rien dans l'attaque du 11 septembre 2001. Avec les résultats catastrophiques et durablement déstabilisateurs que l'on sait, annoncés par Jacques Chirac et Dominique de Villepin.

En raison d'un contexte historique particulier, la guerre du Golfe aura été une des rares manifestations de la « communauté internationale », en incluant la Chine et l'URSS finissante. En dépit de quelques critiques automatiques, elle n'est pas une manifestation d'ingérence puisqu'elle a été prescrite par le Conseil de sécurité de l'ONU. Ce n'est pas du néocolonialisme puisque c'est un pays arabe envahi par un autre pays arabe qui a appelé à l'aide le monde extérieur et que sept pays arabes ont fait partie de la coalition anti-Irak pour le libérer. C'est d'ailleurs la *seule* intervention « occidentale », au cours des vingt-cinq dernières années, qui remplisse toutes ces conditions et qui soit incontestable. Le contexte international qui a permis l'adoption de la résolution 660 en 1990 ne s'est représenté qu'une fois, en janvier 2013, lors de l'offensive djihadiste au Mali à Ségou et Mopti en direction de Bamako. Sauf que, là, la France a été seule à intervenir.

Voir : États-Unis ; ONU ; URSS.

Guerre économique mondiale

C'est à peine exagéré de parler de guerre économique mondiale. La compétition pour l'accès aux ressources rares, énergétiques et autres, minerais, épices, a toujours existé. Mais elle a pris avec la révolution industrielle, l'augmentation du pouvoir d'achat et la consommation de masse une forme plus intense encore pour l'accès aux marchés. C'est flagrant à notre époque de globalisation sino-américaine. Les contentieux commerciaux avant l'OMC, après aussi, ont supplanté, comme les stratégies supplantent souvent, la géopolitique classique. En fait, ils s'y imbriquent. On l'a bien vu avec Trump, la Chine, l'OMC, les batailles de compétitivité, les manœuvres annexes, les mises en demeure. Pour les puissances économiques dominantes, le « protectionnisme » est le pire des crimes. Les 85 000 milliards de dollars du PIB mondial sont le fruit de ces luttes titanesques. Mais attention, les PIB les plus gros restent, en millions de dollars : 1) les États-Unis (21 374) ; 2) la Chine (14 342) ; 3) le Japon (5 081) ; 4) l'Allemagne (3 845) ; 5) l'Inde (2 875) et 6) le Royaume-Uni (2 827) ; 7) la France (2 715) ; 8) l'Italie (2 001). (Source : Banque mondiale, 2019)

Mais par tête, surprise. Cela donne : 1) Qatar ; 2) Macao ; 3) Luxembourg ; 4) Singapour ; 5) Brunei ; 6) Irlande ; 7) Norvège.

Gros serpent de mer : comment réguler tout ça ?

Voir : Dollar ; Ordre mondial ; Ressources (Compétition pour l'accès aux).

Guerre froide

L'expression « Cold War » aurait été formulée d'abord par George Orwell dans un article d'octobre 1945, puis reprise par le conseiller du président Truman, Bernard Baruch, puis par le journaliste Walter Lippmann. On appelle « guerre froide » l'affrontement mondial et multidimensionnel entre les États-Unis et le camp soviétique dirigé par l'URSS, de 45-46-47, jusqu'à la disparition de l'URSS, fin 1991. Comme son nom l'indique, la guerre « froide » n'est heureusement pas devenue « chaude », même si ces presque cinquante années ont été ponctuées d'innombrables crises, affrontements, menaces au bord du gouffre, entre Est et Ouest (Berlin, Cuba, etc.), ou par acteurs interposés, dans le « tiers-monde » qui essayait d'échapper à ce choix par tiers-mondisme et esprit de Bandung. Très tôt, Raymond Aron l'avait défini par sa formule classique, assez rassurante : « paix impossible, guerre improbable ». D'autant que, avant même les années 70, les dirigeants américains et soviétiques mirent en place des modes de relation directs (téléphone rouge après la crise de Cuba en 1962), des sommets réguliers (à Paris, Vienne et Helsinki), des accords de limitation (SALT) ou réduction (START) des armements nucléaires, ou conventionnels en Europe, le traité ABM de 1972. Cela dura une quarantaine d'années. Ce fut la « détente », paradoxalement, avec le recul, une belle époque stable et prévisible. Les États-Unis se sont retirés en 2001 du traité ABM, et du traité FNI en 2018.

Les États-Unis firent à peu près toujours en tête la course aux armements (y compris pendant le prétendu missile gap). Sa relance par Ronald Reagan à partir de 1983 sous le nom de Strategic Defense Initiative (la « guerre des Étoiles ») – faisant miroiter un bouclier – acheva d'épuiser l'URSS dont la faillite était déjà évidente sur tous les plans (sauf l'éducation). Curieusement, Gorbatchev, comme Reagan lui-même, avait cru à la capacité américaine, qui n'existe toujours pas, d'une défense antimissile globale et hermétique, ce qui le terrorisa. La guerre froide a fourni le cadre et la trame d'un nombre incalculable de films et de romans.

Ensuite, rien n'a été négocié ni réglé dans la décennie 1990 entre la Russie et l'Occident (sauf le sort des ogives nucléaires qui se trouvaient, du fait de la disparition de l'URSS, en Ukraine ou au Kazakhstan). Kissinger l'a dit lui-même : « On n'a rien fait ensuite pour intégrer la Russie à un ensemble de sécurité en Europe. » Je pense de même. Et l'affaire Ukraine/Crimée, qui aurait pu être anticipée et évitée, a tout aggravé. Peut-être avant, aussi, l'invasion russe en Géorgie.

Certes, ce que certains appellent, en s'en réjouissant ou en le déplorant, la « nouvelle guerre froide » entre

« l'Occident » et Poutine depuis le début de son troisième mandat en 2012 n'est pas comparable. D'autant qu'elle est concurrencée maintenant par la guerre froide États-Unis/Chine ! Elle n'est pas globale et le système russe ne prétend pas supplanter le système occidental, mais seulement résister à la mondialisation américano-libérale en utilisant sa capacité de nuisance résiduelle périphérique, par exemple en gelant des conflits dans la zone grise. C'est un sous-produit du ratage des relations entre l'Occident et la Russie après la disparition de l'URSS, et pendant les deux premiers mandats de Poutine.

Il n'empêche que les relations Occident/Russie sont plus mauvaises que pendant la guerre froide et la « détente ». Et que c'est absurde.

Voir : Armements (Course aux) ; États-Unis ; Occident ; Russie ; URSS.

Guerre juste

La guerre peut-elle être juste ? Très tôt, des philosophes, des chefs religieux, mais aussi des souverains et des dirigeants se sont souciés de fixer à la guerre, aussi vieille que l'humanité connue, des conditions, des critères, un cadre, des limites, pour qu'elle puisse être considérée comme « juste » par les esprits du temps, alors qu'en général elle ne l'est pas et qu'elle est le plus souvent atroce. Déjà, plusieurs siècles avant J.-C., l'épopée sanskrite de la mythologie hindoue, le Mahabharata, fixe pour cela des critères. Cicéron – sorte de Raymond Aron de l'époque – aussi. Saint Augustin, l'évêque d'Hippone, au IVe siècle, y réfléchit. Pour saint Thomas d'Aquin, au XIIIe siècle, la guerre n'est acceptable (juste) que : 1) si elle répond à des objectifs publics (et non privés) ; 2) si sa cause est juste (mais qui peut l'affirmer ?) ; 3) si l'intention est droite. Au XVIe siècle, pour le dominicain Francisco de Vitoria, la guerre n'est juste que pour éviter un mal plus grand. Ce qui est assez réaliste. Mais là aussi, qui en est juge ?

À partir du XIIe siècle environ est apparue en Europe la notion de raison d'État qui pourrait légitimer des guerres. Les papes ont jugé les croisades légitimes et même obligatoires contre les infidèles, tout en imposant aux féodaux belliqueux des « trêves de Dieu » (entre eux !).

Mouliné par l'Histoire et le droit international, cela donne, après la Seconde Guerre mondiale, la Charte des Nations unies qui prévoit la légitime défense et le recours à la force pour préserver la sécurité internationale, si aucun des cinq membres permanents du Conseil de sécurité n'y oppose son veto (mais qui réaffirme en même temps la non-ingérence) ! Tout un courant de pensée religieux ou idéaliste, surtout occidental, a produit des déclarations pour interdire, maudire ou bannir la guerre. Mais bien sûr ne respectent le droit international et ce genre de proclamation que ceux qui le veulent bien, ou n'ont pas le choix.

Des débats comparables se poursuivent à propos de la dissuasion (juste, ou légitime parce qu'elle maintient la paix ; injuste ou illégitime parce qu'elle repose pour ce faire sur une menace d'anéantissement à grande échelle). Le pape François est allé jusqu'à condamner, à Nagasaki, la simple possession de l'arme nucléaire. Le président Macron lui a justement répondu.

Débat aussi sur l'ingérence justifiée, impérative, ou au contraire injuste ou illégitime parce que violant la souveraineté des États de façon néocoloniale, sans résultat probant le plus souvent. Justifiée parce qu'on ne peut pas laisser une population être massacrée ou maltraitée, *a fortiori* par ses propres dirigeants, sans rien faire.

Cette thèse a dominé dans les médias européens, surtout en France, durant environ vingt-cinq ans. Une synthèse a été tentée par Kofi Annan avec le concept de « responsabilité de protéger ». J'y ai apporté mon appui. Finalement, tout dépend de *qui* a le droit de décréter qu'une guerre est juste ou non !

Voir : Droit international ; Ingérences ; Nucléaire ; Universalisme.

Guerres puniques

« C'était à Mégara, faubourg de Carthage, dans les jardins d'Hamilcar. » Qui ne se rappelle le début de *Salammbô* de Flaubert ? Contestant la domination de la Méditerranée par l'Empire carthaginois punique (Carthage, près de l'actuelle Tunis, fondée par des Phéniciens au VIIIe siècle avant J.-C.), la Rome antique en pleine ascension réussit en trois guerres « puniques », commencées en 264 avant notre ère par la conquête de la Sicile, étalées sur cent dix-huit années, aux IIIe et IIe siècles avant J.-C., à détrôner la puissance carthaginoise. *Delenda Carthago est !* Ce fut fait en 146.

C'est pendant la deuxième (de 218 à 201) que le général Hannibal Barca (Hanni-Baal en punique), brillant stratège, plus grand ennemi de Rome, réussit l'exploit de traverser les Alpes avec des éléphants de guerre partis d'Espagne. Mais il resta trop longtemps à Capoue en Campagnie où ses troupes furent amollies par « les délices ». De ce fait, il n'attaqua pas Rome. Il fut finalement vaincu à Zama, près de Carthage, où il s'était replié. Ensuite, il quitta Carthage, s'exila en Asie, se mit au service de divers royaumes grecs. Quand même pourchassé par les Romains impitoyables, il se donna la mort. Triste fin. La machine de guerre romaine restera inentamée encore plusieurs siècles.

Voir : Batailles ; Empire romain ; Stratégie (stratège).

H

Habermas, Jürgen

Une des incarnations de l'Allemagne d'aujourd'hui. Théoricien, sociologue et philosophe allemand, de la seconde génération de « l'École de Francfort », né en 1929. Son œuvre sur la morale, la politique et les relations internationales est considérable, mais il est surtout connu pour son engagement pour une Europe fédérale et postnationale, et pour la portée qu'il a donnée au concept-ersatz de « patriotisme constitutionnel », conçu par des Allemands pour des Allemands qui se pensent désormais interdits de patriotisme. Il a inspiré des hommes politiques allemands comme Joschka Fischer et a salué l'élection d'Emmanuel Macron en 2017. Mais les peuples européens sont éloignés de cette vision « kantienne », et même en Allemagne, la Cour constitutionnelle de Karlsruhe, réticente à tout nouveau transfert de souveraineté, exprime certainement mieux le sentiment profond de l'opinion allemande d'aujourd'hui que Jürgen Habermas.

Voir : Allemagne ; Kant, Emmanuel.

Hassner, Pierre

Normalien, élève de Raymond Aron, Pierre Hassner a finement marqué la pensée contemporaine sur les conflits Est/Ouest et les relations internationales : la guerre froide, la fin de l'URSS, la guerre en Yougoslavie. Né en 1933 en Roumanie, il aperçut, avant d'autres procureurs plus bruyants et moins fins des totalitarismes, que l'on était passé du monde de Locke et de Kant à celui de Hobbes et que, entre les dictatures et les démocraties, il y a des « démocratures ». Et, de fait, pourquoi le mécanisme démocratique ne ferait triompher que des idées libérales mesurées ou équilibrées ? Chez lui, l'intelligence analytique des faits et le réalisme sont toujours restés, jusqu'à son décès en 2018, plus forts que les *a priori*, ce qui l'a amené à rester au-dessus de la mêlée dans le débat sans fin entre idéalisme et réalisme. Ce n'est pas sans appréhension que cet aronien avait diagnostiqué en 2004 « la revanche des passions » – ce que Bertrand Badie a constamment souligné à propos de l'« humiliation ». On ne parlait pas avec lui sans s'enrichir.

Voir : Humiliation ; Penseurs.

Hiroshima

Césure : avant et après Hiroshima. Le largage, le 6 août 1945, sur la ville d'Hiroshima au Japon d'une bombe nucléaire de 15 tonnes, surnommée Little Boy (suivi le 9 août 1945 d'une autre, sur Nagasaki) a entraîné immédiatement 80 000 morts puis, le 2 septembre, la capitulation du Japon. Les chefs militaires américains avaient convaincu le président Truman, qui avait succédé le 12 avril au président Roosevelt, que, à défaut d'un coup décisif, la reconquête des îles du Japon jusqu'à la victoire finale sur le militarisme japonais fanatisé nécessiterait des mois de combat, et entraînerait des centaines de milliers de morts supplémentaires de part et d'autre. Ce qui a été contesté ensuite par divers mouvements ou personnalités pacifistes ou antinucléaires militant pour l'abolition de l'arme nucléaire.

Le Japon est ensuite devenu, sous MacArthur, un protectorat américain puis un allié (traité de 1951, renégocié en 1960). Soixante-quinze ans après, l'île est de plus en plus désireuse de retrouver son autonomie stratégique... tout en espérant rester protégée par les États-Unis car il y a le dragon Chine... Dilemme, d'autant que la controverse sur l'arme nucléaire se poursuit et que le pape l'a relancé à Nagasaki, le 24 novembre 2019.

Voir : Japon ; Nucléaire ; Seconde Guerre mondiale.

Histoire de France

Longtemps culte national en France, aujourd'hui source de controverses sans fin. Compte tenu de l'extraordinaire enchaînement d'événements qui a conduit à ce que l'on appelle la France et de la volonté de la IIIe République d'en enseigner une version conforme à la légitimité du régime qui s'installait, entièrement centrée sur la césure de 1789, il n'est pas étonnant que l'histoire de France ait été et soit restée un enjeu politiquement sensible. Entre ceux pour qui la France est une idée, et ceux pour qui elle est un territoire, une histoire, et un, ou des, peuples.

Contre l'histoire de France, telle qu'elle a été conçue et enseignée par les Lavisse, Malet-Isaac, et illustrée par un Jules Michelet, les critiques se sont accumulées depuis des décennies. Critique marxiste et de l'École des Annales : ce « roman national » était étroitement nationaliste ; il ne traitait que des rois et des dirigeants, pas du peuple ni du prix du blé. À l'époque contemporaine, critique européiste ou mondialiste : l'Histoire est faite de flux, cela n'a pas de sens d'enseigner l'histoire d'un pays en particulier. Critique féministe inspirée de mouvements radicalisés sur les campus américains : cette histoire est celle d'hommes par des hommes. Critique anticolonialiste ou antiraciste de même inspiration : c'est l'histoire vue par les colonisateurs. Il s'est construit ainsi, à force d'attaques combinées à la désastreuse déconstruction de l'apprentissage chronologique, c'est-à-dire logique, un roman antinational masochiste absurde. La France aurait été la seule à avoir été en guerre, à avoir colonisé, à avoir à un moment donné pratiqué l'esclavage, etc. Grotesque.

Ce ne serait plus possible d'honorer les personnages historiques non conformes aux dogmes des minorités activistes actuelles les plus intimidantes ni à la conception contemporaine du Bien ! Faut-il alors marteler les cartouches comme sous les pharaons, ou détruire des portiques de cathédrale ? Débaptiser des rues ou des places consacrées à des personnes devenues controversées ? On a vu au printemps 2020 le mouvement américain de déboulonnage de certaines statues essaimer dans quelques lieux ailleurs en Europe, dont la France.

Patrick Boucheron[1], grand historien par ailleurs, et son école contestent, contre la plupart des historiens, la spécificité même d'une histoire nationale, *a fortiori* d'un roman, alors que personne n'a jamais nié, même à l'époque du Malet et Isaac, les échanges et les influences entre nations, peuples et coutumes. Cette controverse vigoureuse n'est pas sans lien avec celle qui ressurgit périodiquement sur le bien-fondé ou non de lois mémorielles.

1. Patrick Boucheron, *Histoire mondiale de la France*, Éditions du Seuil, 2017.

Le grand public reste indifférent à cette casuistique, comme le démontre le succès des livres et/ou des émissions de Jean-Christian Petitfils, de Stéphane Bern ou de Franck Ferrand, ou des BD historiques, *Alix, Les Sept Vies de l'épervier*, etc., comme autrefois ceux d'Alain Decaux ou d'André Castelot, et la passion intacte pour les biographies. Il faut remettre du bon sens et de la mesure dans tout cela. René Rémond, reviens ! Au secours, Pierre Nora !

Voir : Lois mémorielles ; Repentance.

Hitler, Adolf

Satanique. Incarnation contemporaine pour les Occidentaux et les Russes du mal absolu. Aucun des nombreux dictateurs de troisième ordre que l'on a voulu depuis affubler de l'étiquette de « nouveau Hitler » ne lui arrive à la cheville dans l'horreur et la puissance destructrice. En même temps, il est le résultat d'un impensable enchaînement : une guerre 14-18 perdue par l'Allemagne sur le sol français et pas allemand (d'où la légende du coup de poignard dans le dos inventée par Ludendorff), une politique de réparations jugées excessive et à courte vue, notamment par les Américains, la crise de 29 et ses ravages sociaux, la faiblesse de la république de Weimar, le talent diabolique et envoûtant de Hitler à la radio, l'obsession de la conquête de l'espace vital (*Lebensraum*) à l'est, le ressentiment féroce des Allemands envers la France après le traité de Versailles, la prédisposition d'une partie des Allemands à faire des Juifs le « bouc émissaire », l'inhibition pacifiste des démocraties européennes (« plus jamais la guerre »), la terreur paralysante du bolchevisme (mieux vaut Hitler que Staline), etc. À l'arrivée, un épouvantable accident industriel où aucun verrou n'a fonctionné ! Parmi tous les ouvrages sur Hitler, je recommande celui de François Delpla, *Hitler* (Grasset, 1999).

Le fait que Staline ait, au bout du compte, entraîné la mort de plus d'hommes et de femmes que Hitler, et Mao plus encore que Staline, n'a pas modifié cette hiérarchie dans l'abominable car, curieusement, une grande partie de l'opinion dans le monde pense encore que les « intentions » étaient différentes et qu'exterminer pour créer l'Homme nouveau est moins atroce que vouloir éradiquer un peuple en soi.

Quoi qu'il en soit, le XXe siècle aura été celui des plus grands totalitarismes et des plus grands massacres. Affaire aussi de démographie et d'industrialisation. Des décennies de condamnations solennelles et rétroactives, de création d'un arsenal d'excommunications juridiques, l'érection d'une justice internationale ont-elles immunisé l'humanité de demain contre la férocité inhérente à l'espèce humaine, qui peut toujours ressurgir, notamment quand elle se sent humiliée, en danger, menacée ?

Rien ne le garantit.

Voir : Seconde Guerre mondiale ; URSS.

Humiliation

Le sentiment d'humiliation est un ressort tellement puissant dans la psychologie humaine qu'il serait bien étonnant de ne pas en trouver des traces dans les relations entre les peuples – même s'il est toujours hasardeux de définir des sentiments collectifs. Toujours est-il que l'humiliation (réelle ou ressentie) est au moins aussi présente dans les relations internationales que la peur, souvent couplée à la haine, l'instinct de puissance et de domination, l'arrogance, l'hubris ou l'étrange culte masochiste des défaites.

Quand le terme est brandi dans les débats actuels, c'est évidemment pour incriminer l'Occident, à commencer par l'Europe qui a dominé les affaires du monde pendant trois ou quatre siècles, avant que les États-Unis ne s'engagent dès leur origine sur la voie démiurgique de l'américanisation du monde[1]. Évidemment, il y a des tas d'humiliations secondaires ou contradictoires et des concours d'humiliation, mais elles sont souvent refoulées : l'humiliation, par exemple, de la France face à l'Allemagne en 1870. Mais pas toujours : les Chinois de l'époque Xi Jinping parlent d'effacer les humiliations du siècle des traités inégaux. C'est sans fin. On connaît le rôle du wagon de Rethondes comme instrument d'humiliation changeant à répétition.

La question est de savoir à quel point ces sentiments d'humiliation sont réellement ressentis, enracinés ou fabriqués, entretenus, et dans quel but. Et comment ceux qui n'ont de cesse de les attiser à des fins politiques, ou de revanche, réussissent à les apaiser, à les cautériser, ou à s'en libérer. S'ils n'y parviennent pas, la rage de se venger les uns des autres s'opposera à tout compromis. N'est pas Mandela qui veut.

1. Ludovic Tournès, *Américanisation*, Fayard, 2020.

Huntington, Samuel

Un des penseurs majeurs de la fin du XXᵉ siècle. Professeur américain de sciences politiques, né en 1927 à New York, mort en 2008 à Martha's Vineyard, Samuel Huntington devient mondialement célèbre, et controversé, pour avoir opposé en 1993, puis 1996, la thèse pessimiste du clash (en français, du « choc ») des civilisations à celle optimiste de la fin de l'Histoire de Francis Fukuyama. Ce qu'avait pu dire avant lui Bernard Lewis, en 1957, puis Fernand Braudel de 1963 à 1987 avec sa *Grammaire des civilisations*, et avait été débattu entre spécialistes sans faire hurler. Alors que Huntington, lui, fut violemment attaqué sur l'idée même de civilisation, sur sa classification en huit civilisations (occidentale, latine américaine, islamique, slave orthodoxe, hindoue, japonaise, confucéenne, africaine) et sur le « clash ». Le monde occidental et assimilé voulait à tout prix que Fukuyama ait raison, ce qui devient de plus en plus difficile à défendre, et rejetait tout ce qui entravait son triomphalisme. Mais Huntington ne préconisait pas le clash, il l'annonçait comme un risque ! À Jacques Chirac qui me dit un jour : « Je condamne cette théorie », je répondis : « Il vaut mieux combattre le risque. »

Il est clair que, si on peut juger la mise en garde de Huntington trop sommaire, discutable (il y a au moins autant de conflits au sein des civilisations qu'entre elles), elle contient malheureusement une part de vrai, surtout entre l'Islam et ses voisins, l'Occident, la Chine, la Russie.

D'où la question : que faire pour éviter le clash auquel travaillent délibérément ou inconsciemment des petits groupes activistes ou fanatiques au sein de chaque civilisation ?

Voir : Braudel, Fernand ; Penseurs.

Hyperpuissance

En 1998, alors que j'étais ministre, j'ai employé spontanément ce terme, dans une interview à *Jeune Afrique*, pour désigner les États-Unis de Bill Clinton. Leur rayonnement mondial dans tous les domaines, sept ans après la disparition de l'URSS, était sans comparaison, historique ou contemporaine. Pour la plus grande puissance de tous les temps, « superpuissance » devenait un terme trop limité, et connoté « guerre froide ». Rien de génial, donc. Mais le terme fit florès car en anglais le préfixe *hyper* est toujours péjoratif (contrairement au français : *hypermarché*), d'où une polémique.

La presse américaine dénonça cette manifestation nouvelle d'un indécrottable antiaméricanisme français, alors que le terme n'était que descriptif. Madeleine Albright, alors secrétaire d'État, et francophone, m'appela : qu'avais-je voulu dire ? Je le lui expliquai. Elle comprit et se fit mon interprète aux États-Unis. Mais la plupart de ceux qui reprennent ce thème aujourd'hui lui donnent en effet un sens critique. Il est adapté aux États-Unis de la décennie 1990, avant le 11 septembre 2001. Je l'ai moins employé pendant une quinzaine d'années. Mais, s'il y a une puissance (encore) numéro 1, les États-Unis, et un 1 *bis*, la Chine, les États-Unis, même challengés, gardent en propre plusieurs éléments de puissance : la suprématie militaire, la supériorité technologique, les GAFAM, l'influence normative intellectuelle de l'Amérique anti-Trump sur le politiquement correct occidental (la dictature des minorités sur les campus), la pratique scandaleuse de sanctionner unilatéralement pays, entreprises ou industries, hors du cadre de l'ONU, et sans crainte de représailles ! Le dollar fait loi.

Avec Trump capable de prendre en otage l'économie mondiale tout entière, on pouvait reparler d'hyperpuissance, en tout cas judiciaire. Pas seulement rayonnante, ou un peu arrogante. Mais hargneuse, agressive, revancharde, voulant réviser l'ordre mondial libéral… américain… Une sorte d'autorévisionnisme qui est en train d'éroder la relation États-Unis/Europe. Mais malheureusement la politique des sanctions extraterritoriales avait commencé bien avant Trump et risque de durer après lui...

Voir : États-Unis.

I

Inde

Grande puissance régionale ? Ou un des pôles du monde de demain ? L'Inde politique n'est pas le seul ensemble civilisationnel à avoir été forgé par une invasion extérieure (que l'on pense à la Gaule des Gallo-Romains) et en réaction à elle : la colonisation britannique a joué ce rôle, de 1750 à 1947, après quatre Empires moghols, une des branches des Empires mongols – que l'on songe au Taj Mahal édifié au XVIIe siècle par l'empereur mongol Shâh Jahân. Est-elle aujourd'hui d'abord nationaliste ou hindouiste ? L'un et l'autre. En tout cas, elle n'est plus l'Inde des Nehru/Gandhi qu'elle a été de 1947 à 2014 !

L'histoire est lourdement chargée. Avec l'indépendance, chaotique, et la violente et meurtrière séparation Inde/Pakistan (1 million de morts, 12 millions de déplacés), il y eut trois guerres indo-pakistanaises en 1947, 1965 et 1971. En 1998, l'Inde s'est dotée de l'arme nucléaire, comme le Pakistan, et cela a eu depuis un effet dissuasif. Pendant soixante-sept ans, le parti du Congrès, celui du pandit Jawaharlal Nehru (et de sa famille, Indira puis Rajiv Gandhi, aucun rapport avec Gandhi), a maintenu un cap tiers-mondiste, assez distant des Occidentaux, assez proche de l'URSS, plutôt socialiste et étatiste.

Rencontrer des dirigeants qui ont ensuite été assassinés ne s'oublie pas. Je connaissais surtout l'Inde par Malraux ou les livres de Tibor Mende sur Nehru. J'étais là en 1982 quand François Mitterrand a accompagné Indira Gandhi à la Mutualité où elle était allée assister avec son père, Nehru, avant la guerre, à un meeting antifasciste. En Inde avec Laurent Fabius, Premier ministre, quand il avait été invité par Rajiv Gandhi. Puis avec François Mitterrand qui était allé s'incliner sur leurs tombes. Et j'ai rencontré sa veuve, Sonia Gandhi, avec Jacques Chirac. Et j'y suis venu comme ministre.

À partir de 2014, le Bharatiya Janata Party (BJP), parti nationaliste hindou de Narendra Modi, a vaincu le parti du Congrès épuisé, a orienté l'Inde sur une voie économiquement « libérale » et plus ouverte à la mondialisation. Avec un certain succès, jusqu'en 2020. Il inquiète maintenant avec sa législation hindouiste, l'hindutva – l'Inde aux hindous (80 % de la population) –, avec sa loi de 2019 qui aggrave la marginalisation des musulmans (14 % de la population en Inde, 172 millions, la plus grande population musulmane du monde après l'Indonésie) et qui a provoqué de violentes attaques contre des mosquées ; et avec la révocation brutale en 2019 de l'autonomie du Cachemire – dont le statut est controversé, héritage empoisonné depuis la partition ratée de 1947 –, le muselage féroce des Cachemiris et l'isolement qui ont suivi. Certains parlent de démocratie indienne à la dérive ! On est bien loin du rêve de Gandhi conçu dans l'ashram de Sabarmati durant l'entre-deux-guerres ! Gandhi Mahatma (la grande âme), avec son rouet, son pagne, sa marche du sel, son opposition à la partition et son assassinat pour cette raison, le 30 janvier 1948, par un hindou ultranationaliste. Il avait dit, prémonitoire : « La mort serait une glorieuse délivrance pour moi, plutôt que d'être le témoin impuissant de la destruction de l'Inde, de l'hindouisme, du sikhisme et de l'islam. »

En dépit de sa participation aux réunions des BRICS et aux G20, et de sa diaspora dynamique et performante sur la côte est des États-Unis, notamment dans la Silicon Valley, et en Asie (près de 15 millions), l'Inde n'est toujours pas un acteur majeur dans les relations internationales, même si elle sera un jour au Conseil de sécurité. Rien à voir avec la Chine qui a plusieurs longueurs d'avance. Mais, visiblement, le souci de ne pas laisser la Chine dominer jusqu'à l'Afrique la zone indo-pacifique *via* les routes de la soie tentaculaires et mondiales dans l'océan Indien peut rendre l'Inde moins introvertie, et l'amener à plus de vigilance et de détermination, himalayenne : l'Inde n'a pas oublié l'affrontement à 400 000 mètres d'altitude en 1962 avec la Chine ; et des incidents se produisent régulièrement. Surveillance océanique aussi, sans prétendre que tout l'océan « Indien » soit à elle.

Ce qui m'impressionne le plus en Inde : la mondialisation américano-globale ne l'a pas dissoute. Elle est restée en profondeur un monde différent, comme le Japon. Avec ou sans Modi. Va-t-elle retrouver une cohésion ou glisser vers la guerre civile ? L'inconnue numéro 1 est sa relation avec la Chine. Il ne faut pas *tout* ramener au bras de fer sino-américain. Ce qui se passe en Inde depuis 2014, le retour à un hindouisme agressif, n'est pas sans faire penser à la réaffirmation d'une sensibilité russe après l'URSS, à la nostalgie ottomane d'Erdoğan qui rêve au califat, au repliement d'une partie des musulmans sur l'islamisme, à l'extrémisme sans concession d'une partie des Israéliens, ou de celui de certains bouddhistes birmans, sans oublier certains évangélistes américains. J'y vois, entre autres causes, un des effets d'une mondialisation agressivement nivelante, et trompeuse.

Voir : Chine ; Mondialisation/démondialisation.

Indo-Pacifique

A priori, géographiquement, ce terme désigne les régions qui bordent les deux océans, Pacifique et Indien. Immense ! En fait, ce terme a un sens géopolitique, et il est déjà ancien : il a été lancé la première fois en 2007 par le Premier ministre japonais Shinzō Abe – qui a démissionné en août 2020 pour raisons de santé – devant le parlement indien. Japon-Inde. C'est explicite. Mais c'est le lancement, quelques années plus tard, par Xi Jinping, de l'initiative « One Belt, One Road » qui lui a donné, en réaction, son sens actuel. Il s'agit bien d'établir entre toutes les puissances de ces régions (Japon, Vietnam, Australie, Inde, Indonésie) des liens stratégiques, pour résister à toute hégémonie, c'est-à-dire en clair celle de la Chine. Cela intéresse forcément les Occidentaux.

Donald Trump a employé cette expression. Jean-Yves Le Drian et Emmanuel Macron aussi, dans un sens un peu différent, « en complément de notre stratégie chinoise », a-t-il précisé. La France y a sa place en raison de la Nouvelle-Calédonie et de la Polynésie. Cela explique aussi le renforcement des liens sécuritaires France/Australie. Les Chinois affectent de s'en moquer. Il n'empêche qu'ils surveillent de près toute concrétisation de ce concept et que l'Asie du Sud-Est est à l'épicentre des tensions adverses. Impossible de dire si cela restera un concept, ou si cela deviendra une quasi-alliance…

Voir : ASEAN ; Chine ; Guerre économique mondiale.

Influences

Finalement, qui aura eu le plus d'influence sur la marche du monde depuis cent ans ? Réponse classique : Lénine et Staline (hélas), Hitler (hélas), Mao (hélas, mais) Roosevelt, Churchill et Truman (tant mieux), un peu de Gaulle (tant mieux), les leaders de l'ancien tiers-monde (cela dépend), quelques papes, Gorbatchev (courageux !), les démocraties depuis 1945. Mais on pourrait aussi répondre, *matter of fact*, depuis 1945 :

Les ingénieurs, mathématiciens, informaticiens de la Silicon Valley (expression inspirée par un journaliste local, Don Hoefler, dès 1971), qu'ils aient été des utopistes individualistes anarcho-libertaires libertariens ou des génies commerciaux ou financiers, ou des mégalomanes. En quelques décennies, ils ont changé le monde, le monde quotidien de chacun de nous. Des mathématiciens français de talent y ont joué un rôle.

Deng Xiaoping. Il aurait pu neutraliser en 1979, avec l'armée, les derniers maoïstes délirants sans pour autant prendre la décision de révolutionner le système économique chinois, de libérer du carcan communiste la colossale énergie chinoise (tout en en gardant le contrôle politique !). En faisant de la Chine l'atelier puis l'usine du monde, en accord et synergie avec les États-Unis, jusqu'à Trump, trente-huit ans après, il a créé l'économie mondiale telle que nous la connaissons et changé la géopolitique que nous connaissions.

Et, un peu moins global, les islamistes radicaux, se nourrissant de toutes les frustrations contemporaines dans les populations musulmanes, en réveillant partout un affrontement sans pitié contre les musulmans « normaux » non extrémistes, et tous les « impies ».

Infrastructures

Maillage essentiel de la globalisation. Manifestation de modernité, de puissance économique, mais aussi de vulnérabilité. Il y a les infrastructures évidentes : en 2016, près de 4 000 aéroports, 26 000 avions et plus de 1 300 compagnies aériennes ; 115 000 kilomètres de voies ferrées ; 1 900 kilomètres de routes supplémentaires par an et 25 millions de kilomètres de routes nouvelles d'ici à 2050 ; 800 000 barrages, dont 52 000 grands ; près de 800 ports.

Mais il ne faut pas oublier les 448 câbles sous-marins qui s'étirent sur 1,2 million de kilomètres et qui interconnectent toutes les régions du monde, à commencer par les États-Unis qui restent le centre mondial d'Internet ; ni plus de 2 600 satellites (essentiellement américains et russes, et maintenant un peu européens et chinois) ; 457 réacteurs nucléaires dans 211 centrales ; 28 500 centrales électriques dans 164 pays. Pour les gazoducs, 500 000 kilomètres aux États-Unis, 203 000 en Europe, encore plus de pipelines. Et 18 400 usines de dessalement dans le monde. Organes vitaux, et cibles.

Voir : Géopolitique.

Énorme contradiction ! La Charte de l'ONU, dans son article 2, § 7, adoptée en 1945, consacre le principe de la « non-ingérence » dans les affaires d'un autre État, tant les ingérences étaient synonymes de colonialisme. Tout en innovant avec le chapitre VII. Mais dans la vie internationale, c'est l'inverse qui se produit, tout le temps ! Cela a été évident en Europe pendant des siècles, notamment pour des raisons religieuses, jusqu'aux très sages et aujourd'hui mal compris traités de Westphalie. Et qu'est-ce que l'histoire des conquérants sinon celle des ingérences militaires ? Les colonisations (de la guerre des Gaules jusqu'aux colonisations du XIIIe au XIXe siècle) pour « évangéliser », « civiliser », et mettre la main sur des ressources, sont de gigantesques ingérences, même si le terme n'est pas employé.

À l'époque moderne, la notion de « droit – voire de devoir – d'ingérence » est apparue en Europe (Bettati, Kouchner) au cours de la décennie 1960, au moment même – ce n'est pas fortuit – où les colonisateurs européens devaient accepter les indépendances. Pour reprendre d'une main ce qui avait été lâché de l'autre ? Cela a eu en France ses heures de gloire, avec Médecins sans frontières, surtout au début. Cela a été ensuite mis à toutes les sauces, dévoyé et glorifié pour apaiser les souffrances (des téléspectateurs européens, selon les esprits caustiques), mais aussi, plus noblement, pour protéger des populations en danger. Les questions demeurent : qui s'ingère ? Chez qui ? Pas le Sud au Nord ! Non, des pays occidentaux encore imbus de leur mission « universelle » – le vocabulaire a été aseptisé –, où l'opinion est inflammable et peut forcer la main des gouvernements, et qui dispose de vraies capacités militaires.

Donc souvent la France. Mais après trop d'interventions infructueuses et mal comprises depuis une trentaine d'années, les opinions française, britannique, américaine se sont fatiguées.

Cela dit, les ingérences prennent des formes très diverses : elles peuvent être directes, militaires et assumées ; directes et masquées : celles des services secrets, les campagnes de fake news (pas si nouveau que cela) ; des ingérences classiques ou indirectes : l'utilisation des lobbies, des diasporas, l'abus du droit (sanctions américaines ou européennes, pas encore chinoises !), qui recoupent en partie les batailles d'influences. Une vraie mêlée.

Voir : Diaspora(s) ; Droit international ; Influences.

Intelligence artificielle

Quel tintamarre ! Les érudits ont beau expliquer que l'emploi du terme intelligence dans « intelligence artificielle » (IA, terme inventé par John McCarthy en 1956, il y a soixante ans) est impropre, que cela n'a rien à voir avec « l'intelligence », mais qu'il fallait, à l'origine, trouver une formule simple pour marquer les esprits, rien n'y fait. D'où l'excitation, ou l'angoisse.

Cette IA est partout, elle va tout changer. Mais quoi exactement ?

La codification de tout sous forme de séries de nombres, le numérique, le digital, les ordinateurs personnels, la mise en réseau, Internet, l'Internet-working, la « Toile », le Web, tout ce qu'a produit la Silicon Valley, Fairchild et ses descendants : oui, cela a tout changé et créé un autre monde. Et pourtant, il y a toujours des peuples, des Américains, des Chinois, des pays, la France et l'Allemagne, et autres, la volonté de puissance, la bataille pour les ressources rares, et toutes les angoisses humaines (sans parler du CO_2 dégagé par l'activité numérique, 3,8 % en 2019, plus que ce que rejette la France seule !).

Rapportée à la géopolitique, cela se ramène à la question suivante : la diffusion de l'IA va-t-elle non seulement modifier les modes de vie, mais égaliser la puissance ? Ou va-t-elle au contraire donner à la puissance qui la maîtrisera le mieux (États-Unis ? Chine ? Europe ?) un pouvoir irrattrapable pour supplanter, connaître, affaiblir, voire asservir tous les autres, par une cybersupériorité, une cybersuprématie ? Une brutale géopolitique de l'IA ? C'est ce qu'a dit Poutine. Celui qui dominera l'IA dominera-t-il le monde ? Ce serait trop simple. Il y a d'immenses facteurs humains. C'est comme pour l'ensemble de la révolution informatique/numérique : comment maximiser ses opportunités et réduire ses risques et les nuisances ?

Voir : Ère numérique.

Interdépendances

C'est une évidence économique, vantée pour l'enrichissement qu'elle entraînerait. On s'est extasié pendant quarante ans, à la fin du XXe siècle et au début du XXIe, sur les chaînes de valeur mondialisées. Mais si presque tous les peuples, les États, les économies, les cultures, les gens sont devenus interdépendants, imbriqués les uns dans les autres, peut-on encore parler d'indépendance, qu'elle soit nationale, européenne ou autre ? De souveraineté ? Comment, dans des réseaux aussi serrés, garder la capacité de penser par soi-même, de décider de façon autonome ou, au moins, avec ses partenaires librement choisis ? D'autant que certains – la majorité – sont plus dépendants que d'autres et que les moyens d'intimider, de menacer, de manipuler, de sanctionner, de boycotter, de s'ingérer, d'utiliser les lobbies et les diasporas, sont inégalement répartis. Il faut élaborer, pour décrire cette foire d'empoigne, un indice multifactoriel de dépendance, reflet inversé de la souveraineté ! Tout le monde tient tout le monde par la barbichette, mais pas au même degré ! Ce sont des questions politiques, économiques et démocratiques essentielles. Mais ce monde qui fonctionne à flux tendus et qui s'en enivrait n'a-t-il pas été confronté à cette interdépendance et à sa propre vulnérabilité de la façon la plus inquiétante possible, lors de la pandémie de la Covid-19 en 2020, lorsqu'il a fallu suspendre presque tous les transports et contacts de 7 milliards d'habitants agités de « mouvements browniens » depuis des décennies, et confiner en urgence, faute de vaccin, de traitement, ou de tests, le maximum de gens ? Il faut donc préciser : ne pas dépendre, dans un domaine stratégique, d'un seul fournisseur ; diversifier ; même chose pour les échanges intellectuels ou culturels. Sans parler du domaine stratégique. Parler d'autonomie de décision plutôt que d'indépendance. Ce qui suppose avoir gardé ou recouvré une autonomie de pensée.

Voir : Covid-19 ; Europe ; Souveraineté.

Iran

L'Iran, c'est la Perse, nom donné par les Grecs à l'Empire achéménide, et le centre d'empires parmi les plus anciens et les plus puissants. Et l'Iran moderne, un casse-tête. Disputé entre les deux blocs, mais quand même, sous le shah d'Iran, érigé en gendarme du Golfe et armé jusqu'aux dents par les États-Unis. Depuis la révolution islamique des mollahs en 1979 et l'arrivée au pouvoir de l'ayatollah Khomeiny, il est le cauchemar des Arabes sunnites, Arabie en tête, et l'obsession des Américains qui ne pardonneront jamais la prise en otages de leurs diplomates en 1979-1980. La profonde méfiance antiarabe qui rapprochait autrefois l'Iran et Israël a été supplantée ces dernières décennies, et plus encore ces dernières années, par une alliance *de facto* israélo-saoudienne contre le régime des mollahs de Téhéran. Elle a été renforcée par les violentes menaces d'Ahmadinejad contre Israël et les opérations déstabilisatrices des Gardiens de la révolution partout où il y a des chiites dans la région : Irak, Syrie, Bahreïn, Yémen.

La tentative solitaire et courageuse d'Obama de geler, grâce à l'accord de 2015, la menace nucléaire iranienne, à défaut de pouvoir empêcher les autres actions iraniennes mais en faisant le pari que la société iranienne « moderne » submergerait le régime si le pays se développait, était à mon avis la plus intelligente possible. Plus que les sanctions sans fin, ou la guerre. Elle a été pulvérisée par la politique du pire menée par Trump de 2017 à 2020 avant d'avoir pu produire ses effets positifs. Trump, le Saoudien MBS, les Émirats et les nationalistes israéliens, Likoud et autres, ne visent en fait qu'un objectif : que les « modérés » – les plus dangereux – soient discrédités, que le régime s'effondre, du fait d'une révolte interne provoquée par des sanctions cyniques, même si le régime respecte les clauses de l'accord nucléaire ! Un jour ou l'autre, peut-être après une nouvelle révolution, et sans doute un autre régime, l'Iran sera une vraie puissance régionale et un grand pays émergent. D'ici là...

Voir : Arabe (Monde) ; États-Unis ; Israël ; Trump, Donald.

Irrealpolitik

Au dictionnaire *moderne* des idées reçues (il reste à écrire, mais il serait volumineux !), à realpolitik : « tonner contre, la dénoncer ». Il me semble pourtant que, à tout prendre, les politiques étrangères et les diplomaties fondées sur les réalités et le réalisme, c'est-à-dire la realpolitik, qui conduit à des compromis, a fait historiquement moins de ravages que l'irréalisme, l'utopisme, le chimérisme, fussent-ils drapés d'un idéalisme issu du wilsonisme et du droit-de-l'hommisme ou du romantisme, ce que j'appelle l'irrealpolitik, qui peut lui aussi conduire à un fanatisme. Mais s'agissant des formules, j'ai eu moins de succès avec irrealpolitik qu'avec *hyperpuissance*, pourtant moins significative ! Ou avec d'autres formules telles : « Il ne faudrait pas que l'Europe devienne l'idiot du village mondial » (il y a vingt ans !), ou la distinction plus récente entre « mondialisateurs et mondialisés », ou les « insurrections électorales » en 2016 et après. Sans doute les médias subodorent-ils dans irrealpolitik une critique les englobant ? Ils auraient raison.

Voir : Hyperpuissance ; Réalisme (realpolitik, irrealpolitik).

Islam

Comment aborder ce sujet ? Cela fait quatorze siècles que l'islam, révélé ou créé par Mahomet, a conquis en quelques décennies foudroyantes le Moyen-Orient, tout le pourtour sud de la Méditerranée, ainsi qu'une partie de l'Afrique et de l'Asie centrale, et, pour plusieurs siècles, la péninsule Ibérique, faisant disparaître ou reculer le christianisme, le judaïsme, l'animisme, les cultures locales, rayonnant à partir de Damas (les Omeyyades), puis de Bagdad (les Abbasides). Et près de cinq cent soixante-dix ans que des Turcs mongols convertis à l'islam, qui faisaient pression depuis des siècles, ont mis à bas l'Empire byzantin et fondé l'Empire ottoman. Les musulmans seraient aujourd'hui 1,8 milliard (dont 1,4 non arabes), soit 24 % de la population mondiale. Depuis l'origine, l'islam est resté prosélyte, comme l'a été longtemps la chrétienté (les protestants évangélistes le sont encore), alors que le judaïsme ne l'a quasiment jamais été (mais le roi des Khazars en Asie centrale s'y convertit au VIIIe siècle), ni les hindouistes, ni les bouddhistes ou des confucianistes.

Il y a eu une division majeure – la grande discorde – dès la mort de Mahomet entre les tenants de la succession familiale – pour les chiites (partisans, suiveurs), c'est le gendre de Mahomet, Ali, qui doit être calife – et ceux – les sunnites (la tradition) – qui jugent que tout musulman issu de ce groupe dirigeant initial peut accéder au califat si son prédécesseur le désigne. Les schismes se sont enchaînés au sein de l'Islam (comme au sein du christianisme), et les tensions et affrontements n'ont presque jamais cessé entre les musulmans et les autres religions ou civilisations.

Aujourd'hui, les divisions sunnites/chiites sont de nouveau vivaces ou sont réapparues, ou attisées pour des raisons nationales, sur fond de réaction au monde moderne, qui conduit une importante minorité des musulmans au fondamentalisme, au wahhabisme, au djihadisme, puis, dans quelques rares cas, au terrorisme. Mais les terroristes n'ont pas besoin d'être nombreux pour terroriser.

Au sein du monde sunnite, la bataille fait rage partout entre l'islam modéré, ou routinier, majoritaire, et la volonté wahhabite, ou salafiste, de retour à la pureté des ancêtres (*salaf*). L'islamisme vient de loin, mais il se nourrit de toutes les frustrations actuelles locales. Et l'islamisme politique est à l'offensive partout. 90 % des victimes du terrorisme islamiste, qui en est la dégénérescence ultime, sont des musulmans.

En France, on n'a longtemps rien compris à tout cela. « L'essentialisme », c'est le mal. Et, pour les laïcs, les religions sont secondaires. S'y sont ajoutés : le remords colonial, la repentance. On essaie laborieusement de faire rentrer l'édredon islamique (si ce n'est islamiste) dans la valise républicaine… tout en réduisant de façon égocentrique des convulsions, en fait mondiales, à des causes françaises (banlieues ou autres). On s'est plié lâchement à la mise en demeure qui condamne l'islamophobie alors que c'est un amalgame délibéré, forgé pour étouffer toute critique : l'islamo-phobie (*peur* de l'islam), critique de l'islam (elle doit être possible), racisme antiarabe (à combattre, mais c'est tout autre chose). En oubliant les musulmans et musulmanes modernes qui sont en lutte chaque jour partout dans le monde pour résister à cette réislamisation régressive et mortifère. Zineb El Rhazoui menacée de mort avait dit que l'islam devait se soumettre aux lois de la République ! Ce que 40 % des musulmans refusent… C'est d'eux, intellectuels musulmans, romanciers algériens, femmes marocaines ou tunisiennes, roi du Maroc, homme et femme de tous les jours, etc., de leur résistance et de leur courage, qu'il faut s'inspirer. Ceux qui prétendent qu'il n'y a pas et qu'il n'y aura pas de musulman modéré car tout musulman est potentiellement islamiste font le jeu de ces derniers.

L'objectif : l'alliance des musulmans et des démocrates contre les islamistes.

Israël

Quel ami d'Israël, quel admirateur du peuple juif, de sa religion, de sa culture, de sa ténacité aurait imaginé l'Israël nationaliste d'aujourd'hui, colonisateur sans complexe ? Mais aussi, en qui un Juif, après la Shoah, où qu'il vive, pourrait avoir confiance pour garantir la survie d'Israël, si ce n'est dans la supériorité de son armée et dans son influence sur les États-Unis, malgré quelques personnalités courageuses de ce que l'on a appelé le « camp de la paix », qui n'ont cessé de proposer sans succès un autre chemin ? Affreux dilemme. On n'en sort pas...

Le 2 novembre 1917, le secrétaire d'État britannique, Arthur Balfour, écrit à lord Lionel Walter Rothschild, financier du mouvement sioniste, lancé par Theodore Herzl en phase avec le courant des nationalités (avec, fugacement, le soutien paradoxal de Guillaume II qui voulait éloigner ces Juifs socialistes ou sociaux-démocrates) : « Le gouvernement de Sa Majesté envisage favorablement l'établissement en Palestine (qui est alors administrée par la Grande-Bretagne, et lui sera confiée par mandat en 1922) d'un Foyer national pour les Juifs et emploiera tous ses efforts pour faciliter la réalisation de cet objectif. » Il ajoute, ce qui est évidemment contradictoire : « [...] étant clairement entendu que rien ne sera fait qui puisse porter atteinte aux droits civiques et religieux des collectivités non juives existant en Palestine ». Mouvement nationaliste parmi d'autres qui se développe difficilement. Puis il y a la « solution finale » nazie finalement organisée à la conférence de Wannsee, en janvier 1942, les 5 à 6 millions de Juifs d'Europe assassinés, l'écrasement du Troisième Reich en 1945, et le vote le 29 novembre 1947 à l'ONU (par 33 voix pour, 13 contre – dont les sept pays arabes déjà membres, le Pakistan et l'Inde – et 10 abstentions) de la résolution 181, dite « plan de partage » de la Palestine, que les pays arabes rejettent aussitôt, n'y voyant que la poursuite de la politique coloniale et une trahison britannique de plus.

Le 14 mai 1948, dès la fin du mandat britannique, David Ben Gourion – le fondateur inflexible – proclame l'indépendance d'Israël mais il accepte le partage. Plus tard, après 1967, il condamnera la colonisation. Ses échanges avec de Gaulle, après la fameuse conférence de presse controversée, sont passionnants. Le général Bentégeat lui a consacré un chapitre dans son *Chefs d'État en guerre* (Perrin, 2019). Les pays arabes entrent en guerre, et la perdent. 750 000 Palestiniens partent ou sont chassés, 600 000 Juifs arrivent en Israël, venus d'Europe et de tous les pays arabes.

Vingt ans après, en 1967, la guerre des Six Jours se traduit par la mainmise d'Israël sur Jérusalem-Est, la Cisjordanie, le Sinaï et le Golan. La résolution 242 de l'ONU demande l'évacuation de – ou des – territoires occupés. Six ans plus tard, la guerre de 1973 est suivie d'une résolution 338. Mais déjà Israël n'a que faire des résolutions de l'Assemblée générale. En 1977, Menahem Begin réunifie les droites au sein du Likoud (« la consolidation »). Ce parti va exercer une influence croissante puis dominante dans les décennies suivantes au sein d'un Israël plus extrémiste, nationaliste et/ou religieux – ce ne sont pas les mêmes –, encore plus dans les années 90 avec l'arrivée des Juifs russes (ce que Bill Clinton avait dit à Jacques Chirac et à moi). Après Begin, le Likoud a été dirigé par Yitzhak Shamir, Ariel Sharon et Benjamin Netanyahou. Celui-ci a formé quatre gouvernements et tenait encore bon après avoir remporté quatre élections, jusqu'à celle du printemps 2021 ! Les travaillistes ont gouverné avec Yitzhak Rabin (leur grand homme, très dur, finalement convaincu de la nécessité d'un État palestinien, qui avait commencé à négocier avec Arafat, assassiné par un extrémiste juif encouragé par des rabbins extrémistes), Shimon Peres et Ehud Barak. Le parti centriste Kadima créé par Ariel Sharon (qui avait décidé de quitter le Likoud, parce que ce parti, le sien, s'opposait à tout compromis territorial) a été brisé dans son élan par les deux AVC de Sharon (dont il décédera en 2014), et qui aurait peut-être fait une paix, réaliste et dure, une paix par la force si l'on peut dire, mais la paix quand même... Rabin, Sharon, deux occasions manquées. Trois, si l'on y ajoute Olmert, qui avait rejoint Kadima.

Aujourd'hui, la droite israélienne nationaliste, le Likoud, pressée sur sa droite par le parti Yamina de Naftali Bennett, a affirmé son emprise sur les organisations pro-israéliennes à l'extérieur, en particulier aux États-Unis et en France. Elle a le soutien quasi unanime et automatique des États-Unis[1], elle intimide les Européens, même s'ils préconisent encore de temps en temps à mi-voix une solution à deux États. Seul à gauche demeure le parti

1. Les professeurs de sciences politiques réalistes John Mearsheimer et Stephen Walt, qui ont osé critiquer en 2007 l'influence du lobby israélien (en fait le Likoud) dans *The Israel Lobby and US Foreign Policy* sur la politique étrangère américaine, ont été violemment attaqués pour avoir violé ce tabou et ont vu leur carrière menacée. Barack Obama décrit en détails cette réalité dans le premier tome de ses mémoires, *Une terre promise* (Fayard, 2020).

Meretz qui tourne autour de 5 %. Le « camp de la paix » est courageux, mais n'en est plus un, même s'il reste quelques personnalités isolées ; diplomates, intellectuels, journalistes, avocat, ONG, militaires, qui contestent la ligne nationaliste. Et naturellement, les ambiguïtés, incapacités et divisions palestiniennes (malgré le ralliement d'Arafat très poussé par la France, à la solution politique dans les années 80) ont servi Israël. Et aussi les divisions ou l'indifférence arabe, les menaces iraniennes (Ahmadinejad, et même après lui la puissance menaçante de l'Iran), qui ont rapproché Israéliens et Saoudiens, c'est devenu manifeste en 2020, ont nourri et favorisé en Israël la ligne la plus dure et la plus intransigeante. De 2017 à 2020, Trump – pour flatter sa base évangéliste, plus dure encore que le lobby israélo-likoud – a apporté un soutien brutal presque sans faille aux Israéliens les plus durs, qui pensent avoir gagné et pouvoir imposer aux Palestiniens brisés (c'est pire à Gaza qu'en Cisjordanie !), à la grande satisfaction de Netanyahou et avec la complaisance saoudienne, un statut de « bantoustans ». Pas étonnant qu'il ait pris acte cyniquement de cette situation début 2020 dans son pseudo-plan. Il a quand même inclus dans son plan un micro-État palestinien, ce qui est encore trop pour les nationalistes israéliens, et les colons !

En 2016, on recensait 395 000 colons dans 130 implantations en Cisjordanie, plus 200 000 à Jérusalem-Est. Pour mémoire, il y a environ 13,8 millions de Juifs dans le monde. Près de 50 % vivraient en Israël, 39 % aux États-Unis. Sur les 9 millions d'habitants d'Israël, 20 % sont arabes. Les Palestiniens sont un peu moins de 7 millions, dont 1,8 million en Israël (qui commencent à essayer d'exister politiquement à la Knesset) et 5 millions à l'extérieur. Les déclarations ou condamnations internationales politiques ou juridiques sont totalement ignorées par Israël. Qui réussit à faire passer en Occident les campagnes de boycott, contre les produits issus des colonies dans les territoires illégalement occupés, pour des campagnes contre Israël, ou pour de l'antisionisme.

Ce qui est poignant, c'est qu'il y a eu plusieurs occasions manquées qui auraient permis (*peut-être*) à ces *deux peuples* de coexister sur une terre qui leur est commune (ce n'était évidemment pas, contrairement au slogan sioniste, « une terre sans peuple pour un peuple sans terre »). *Si* les Arabes avaient accepté le plan de partage initial de 1948 ; *si*, en 1969, les Arabes n'avaient pas dit trois fois non à Israël alors que le Premier ministre Levi Eshkol était prêt à rendre tous les territoires conquis (sauf Jérusalem) ; *si* Yitzhak Rabin n'avait pas été assassiné en 1995 ; *si* Bill Clinton avait essayé d'imposer une solution dès sa réélection en 1996 au lieu d'attendre la fin de son deuxième mandat en 2000 (j'ai vécu au jour le jour la tentative confuse, trop tardive et mal préparée de Camp David II) ; *si* Ariel Sharon n'avait pas gagné en 2001 ; *si* la conférence de Taba (en Jordanie) avait été validée ; *si* Sharon n'avait pas été victime d'un AVC alors qu'il avait quitté le Likoud, et créé Kadima ; et *si* Ehud Olmert, qui avait courageusement évolué, n'avait pas été reconnu coupable de corruption et démis en 2008. Beaucoup de « si » ! Crève-cœur quand même. Depuis, rien.

Les Israéliens sont aujourd'hui focalisés sur la menace iranienne, comme les Saoudiens et les Émiratis. D'où leur alliance, proclamée par Trump à l'automne 2020, accompagnée de la normalisation des relations entre quelques pays arabes et Israël. Les Israéliens, renforcés, ne pensent même plus qu'il y a un « problème » palestinien à résoudre, d'où la loi sur Israël, nation juive. Netanyahou a cependant dû renoncer à annexer la vallée du Jourdain, en fait inutile. Ou a agité tactiquement cette menace ? Les Palestiniens « vivent » dans des conditions désespérantes, quoiqu'un peu meilleures actuellement en Cisjordanie (matériellement, pas politiquement). Ce n'est pas le seul problème Islam/Occident, mais il les envenime tous, avec les conséquences que l'on voit. Pendant ce temps-là, Israël ne cesse de se développer hors-sol de façon de plus en plus modernisée et technologique, sans aucun lien avec son environnement géographique. Que feront les Israéliens si les Palestiniens, constatant l'impossibilité d'un État palestinien, demandent à vivre dans un État unique avec des droits égaux ?

Israël sera vraiment en sécurité quand les peuples arabes, et pas seulement leurs dirigeants, l'auront reconnu et admis comme voisin.

Voir : Arabe (Monde) ; Iran ; Palestine ; Trump, Donald.

J

Japon

Ne pas l'oublier. L'ancien empire légendaire Jinmu, vigoureusement modernisé sous l'ère Meiji (1868) en imitant à marche forcée l'Occident après deux siècles et demi de fermeture, devenu un féroce empire militariste qui a échoué à imposer par la force « la sphère de coprospérité » et a failli sombrer après la capitulation imposée par les bombardements de Hiroshima et Nagasaki, n'a dû sa survie qu'à la volonté de MacArthur d'éviter au Japon de basculer dans le « communisme », et donc à son choix de préserver l'empereur. Protectorat américain ensuite, resté japonais dans l'âme, il était pronostiqué comme troisième grand en 1969 (par le journaliste Robert Guillain). Il est aujourd'hui membre du G7, encore la troisième économie mondiale, quoique stagnant depuis des années, et sa population (126 millions) baisse de 0,16 % par an. Futur pays de vieillards assistés par des robots ? Face à la Chine, quelle stratégie pour le Japon ? Soit continuer à compter sur la protection américaine (traité de 1951, de 1960, accords de 1978, de 1996-1997). Soit se soumettre à la Chine, devenir pays tributaire. Mais celle-ci demanderait quand même, malgré l'interdépendance économique des deux économies, un commerce extérieur très imbriqué, et l'apport économique et technologique japonais, une reconnaissance explicite, humiliante, des crimes japonais commis de 1937 à 1945, et certainement une limitation des dépenses militaires du Japon.

Ou alors, compter sur ses propres forces : 60 milliards de dollars pour les forces d'autodéfense, très modernes, en 2018. Voire compter sur le nucléaire, un jour, facile à réaliser malgré le refus horrifié de sa population ? Cela ne peut être exclu.

Le Japon a su en tout cas entrer en novembre 2020, avec la Chine, dans le grand accord de libre-échange Asie-Pacifique.

Voir : Chine ; Indo-Pacifique ; Nucléaire.

Jean-Paul II

Né en 1920, décédé en 2005, le cardinal polonais Wojtyła, athlète qui, telle une sorte d'Atlas, a porté l'Église vingt-six ans sur ses épaules, de 1978 à 2005, et la parole chrétienne comme une rock star dans 129 pays, est resté célèbre par son message du 22 octobre 1978, « N'ayez pas peur », repris de celui du Christ à ses disciples. Il a, à l'évidence, accéléré la désagrégation déjà bien entamée de l'empire communiste en Pologne, et dans toute l'Europe de l'Est, catholique ou non, ce que Gorbatchev prendra en compte à partir de 1985, mais pas pour l'URSS elle-même. Au Saint-Siège, quand il m'a reçu le 9 octobre 1999, déjà cassé par la maladie mais encore charismatique, il m'a dit, comme à tout responsable français : « France, qu'as-tu fait à ton baptême ? »...

Vaste sujet : qu'est-ce ce qui a survécu souterrainement de plus de mille cinq cents ans de christianisme dans la France de la Révolution, de la laïcité, de la république, de la consommation, de l'individualisme de masse ? Beaucoup, si on admet que les Lumières ont sécularisé les valeurs chrétiennes... Presque rien, si ce n'est le manteau d'églises, si on voit la vitesse avec laquelle tout cela s'efface, mis à part l'esprit millionnaire encore vivace chez certains intellectuels.

Jeux

On ne compte plus les jeux qui s'inspirent ou ont inspiré la géopolitique. Le plus ancien, devenu fameux, serait chinois : le jeu de go, qui remonterait aux Zhou orientaux de 700 à 450 avant J.-C. ! On y apprend à gagner en encerclant et en étouffant, jamais en attaquant.

L'ancêtre commun des jeux d'échecs apparaîtrait vers l'an 800 (on n'est sûr de rien) en Inde du Nord (chaturanga) et en Chine, avec des déclinaisons arabes (shakran), mongols (shatan) perse (chatrang).

Le jeu de dames, plus schématique, n'est pas une transposition des échecs mais une création espagnole, au Moyen Âge. « Risk », créé par Albert Lamorisse en 1957, est une guerre mondiale. Mais à notre époque, les jeux vidéo, puis tous les jeux numériques, ont largement puisé dans le répertoire géopolitique (« Guadalcanal », « Dune », « Warcraft »), tout en étant imprégnés de folklore, de mythologie et de sagesse nordique.

À l'école militaire et au CHEM (Centre des hautes études militaires), on pratique désormais le War Gaming. Mais intègrent-ils les formes non militaires et non guerrières des conflits ?

Voir : Stratégie (stratège).

Justice internationale

Vieille idée. Rêvée par des philosophes, des idéalistes ou des puristes, une justice « internationale » tente d'émerger depuis un peu plus de deux siècles de la justice des vainqueurs (*Vae victis*). Dès le XVIe siècle, Francisco de Vitoria y réfléchit dans *De potestate civili* (1528). En 1872, le Genevois Gustave Moynier, cofondateur du CICR (Comité international de la Croix-Rouge), propose un tribunal pour poursuivre les contrevenants à la 14e convention de Genève. Les propositions de juger Guillaume II en 1918 (Clemenceau), les tribunaux de Nuremberg et de Tokyo en 1945 relèvent de la justice des vainqueurs. En revanche, les tribunaux pour l'ex-Yougoslavie créés en 1993 par le Conseil de sécurité comme celui créé, en 1994, à Arusha, pour le Rwanda, sont les premiers pas vers une justice « internationale », avant l'acceptation en 1998 par 128 États dont la France (j'étais alors ministre) du statut de la Cour pénale internationale pour juger les dirigeants coupables des plus grands crimes. Cette CPI est entrée en vigueur en 2002, le chiffre de soixante ratifications ayant été atteint. Néanmoins, plusieurs États très importants n'ont pas ratifié : États-Unis, Israël, Russie, Chine, Inde, plusieurs pays arabes. Plusieurs pays africains accusent la CPI de ne juger que les dirigeants africains. Plusieurs décisions des tribunaux sur la Yougoslavie ou le Rwanda ont été controversées. Mais quelle décision ne l'est pas ?

Le mouvement de lutte contre l'impunité des dirigeants criminels continuera sans doute de progresser, mais très lentement. On voit bien, à travers cet exemple, qu'il n'y a pas encore de « communauté internationale », et, de toute façon, la « justice internationale » ne préviendra pas tellement plus le crime international que la justice nationale n'a empêché le crime national… En attendre des miracles, comme l'ont fait espérer les zélotes à son lancement, devait inévitablement conduire à des désillusions et des reproches injustes quelques années plus tard, empêchant de voir le progrès accompli.

Voir : « Communauté internationale » ; Droit international.

K

Kant, Emmanuel

Grand penseur de l'*Aufklärung* (les Lumières allemandes), le philosophe de Könisberg (1727-1804) symbolise encore aujourd'hui l'idéalisme allemand et l'universalisme européen. On dit d'ailleurs « idéalisme kantien ». Sa postérité est immense. Il me fait cependant penser à la formule de Sartre : « Il a les mains propres, mais il n'a pas de mains. » C'est un peu réducteur, mais... Et avant lui, à celle de Bakounine : « Les idéalistes veulent créer un monde entre le ciel et la terre. » L'espèce humaine est ainsi faite. Kant en aurait été conscient : le monde dans lequel on pense n'est pas le monde dans lequel on vit.

Voir : Droits de l'homme ; Habermas, Jürgen ; Universalisme.

Kennedy, John Fitzgerald

S'il n'avait pas été tragiquement assassiné le 22 novembre 1963 dans des circonstances jamais vraiment élucidées, si Jackie et lui n'avaient pas été aussi photogéniques, sexy et glamour au moment même où débutait le règne de l'image, de la télévision et des news (la légende de « Camelot », celle du roi Arthur et des chevaliers de la Table ronde, recyclée autour de la saga Kennedy), et si les vautours et les lyncheurs des réseaux sociaux avaient déjà existé, jamais John Fitzgerald Kennedy – Jack – ne serait devenu une icône mondiale des sixties, à l'égal des plus grandes stars du rock. Il n'aurait peut-être pas été élu le 8 novembre 1960, certainement pas réélu et peut-être destitué ! La crise de Cuba a été maintes fois décortiquée. On oublie d'ailleurs de rappeler que des missiles nucléaires américains à moyenne portée Thor avaient été déployés au préalable par les États-Unis en Turquie, à la frontière soviétique ! Cela rend le bilan de sa présidence problématique (baie des Cochons, Cuba 1962, rencontre au sommet avec Khrouchtchev). Étonnamment, la révélation de sa sexualité compulsive, voire maladive – dont un centième briserait net une carrière sous l'empire de l'ordre moral actuel –, n'a en rien terni son image ni la nostalgie, voire la fascination, qui nimbe son souvenir, celui de Jackie, et celui de Robert assassiné à son tour.

Voir : Présidents.

Kipling, Rudyard

Je ne le mentionne pas ici comme créateur du *Livre de la jungle*, mais comme « chantre de l'impérialisme britannique ». Même si « The White Man's Burden » (« Le Fardeau de l'homme blanc »), poème de 1899, évoque en fait les Philippines, et non pas l'Inde, son retentissement fut universel. Kipling fut d'ailleurs le premier anglophone prix Nobel de littérature, en 1907. De nombreux politiques ou écrivains européens de la seconde moitié du XIXe siècle ont ainsi affirmé que les « races » (dans le sens de l'époque : peuples, nations, ethnies, épargnons-nous l'indignation anachronique) supérieures avaient le *devoir* de civiliser les races inférieures, sauf à se montrer égoïstes et infidèles à leur mission prosélyte. C'était le cas dans la France de Jules Ferry. Sous d'autres formes, ce prosélytisme missionnaire n'a pas disparu.

Voir : Colonisations.

Défi ? Universitaire et ancien diplomate, le géopoliticien singapourien s'est rendu célèbre depuis une vingtaine d'années en annonçant la fin de la « parenthèse occidentale » qui aura duré trois siècles, et le retour de l'Asie au premier plan. On a bien lu : la parenthèse ! En ce qui me concerne, j'écris depuis longtemps que « l'Occident a perdu le *monopole* de la puissance ». C'est très différent.

Dans son dernier essai paru en anglais en 2018, *Has the West Lost It?* (*L'Occident (s')est-il perdu ?*, Fayard, 2019), il conseille à l'Ouest une nouvelle stratégie fondée sur 3 M : le Minimalisme (l'Occident est bâti sur l'inverse) ; le Multilatéralisme (l'Europe l'idéalise et l'encense, Trump l'a jeté aux orties) ; le Machiavélisme (au sens de stratégie à long terme, lucide et réaliste, l'Europe moderne le condamne). En septembre 2018, à Paris, il me dit : « L'Asie a besoin d'une Europe forte. » C'est la première fois ! Je lui demande pourquoi : « Parce que ce serait dangereux que le sort du monde ne dépende que des relations imprévisibles entre la Chine et les États-Unis. Et que nous ne sommes pas protégés en Asie contre des engrenages sécuritaires dangereux. » Mais il ajoute : « J'ai fait le tour de l'Europe. Presque personne n'y pense de façon globale et stratégique. Donnez-moi des raisons d'espérer ! » Moi : « Cherchons-les ensemble ! Qu'est-ce qui permettra selon vous ce sursaut de l'Europe ? » Lui : « Un moratoire sur les migrations [c'est la première fois qu'il en parle], et que l'Europe devienne machiavélienne. » À 27 ? Avec la diplomatie d'opinion et des « valeurs » ? Dans cet essai, il préconise aussi que la Grande-Bretagne laisse son siège de membre permanent du Conseil de sécurité de l'ONU à... l'Inde ; et la France le sien à l'Europe. À réfuter, mais à méditer... Car on ne peut plus ignorer de telles interpellations.

Voir : Europe ; Occident ; Réalisme (realpolitik, irrealpolitik) ; Souveraineté.

Kissinger, Henry

Star. Né allemand, en 1923, à Fürth, Henry Kissinger, devenu secrétaire d'État en ayant entretenu son accent allemand, fait figure de grand pontife de la politique étrangère américaine et de la géopolitique occidentale voire mondiale (pendant longtemps, un pléonasme). Bien sûr, par sa carrière (conseiller à la Sécurité nationale puis secrétaire d'État de Nixon, puis de Gerald Ford), de 1969 à 1977, sa politique controversée, ses exploits (l'alliance sino-américaine contre l'URSS), son exceptionnel sens de la mise en scène et de l'autopromotion, mais peut-être surtout sa puissance analytique et ses écrits : *Diplomacy* (éloge de Richelieu et de Metternich), ses mémoires (*À la Maison Blanche*, *Les Années orageuses*), *On China*, *L'Ordre du monde*.

Il a mené un échange intellectuel ininterrompu et des controverses brûlantes avec les autres grands penseurs (essentiellement américains) de ces décennies : Zbigniew Brzeziński, Stanley Hoffmann, Samuel Huntington, Francis Fukuyama, Joseph Nye, etc., et les dirigeants mondiaux. Il a été attaqué sur sa gauche par ceux qui ont dénoncé son rôle et celui de la CIA dans le coup d'État en 1973 contre Allende (mais Mitterrand l'écoutait avec intérêt) ou la stérilité de sa politique des petits pas au Proche-Orient. Et, plus violemment encore, sur sa droite, par les nouveaux conservateurs américains, les « néo ». Ceux-ci étaient souvent issus, à l'origine, de la gauche du parti démocrate avant de migrer à la droite du parti républicain. Ils en voulaient à Truman d'avoir choisi face à l'URSS « l'endiguement » (*containment*) plutôt que le « refoulement » (*roll back*). Ils détestaient la realpolitik de Kissinger envers l'URSS et la Chine. Trop réaliste ! Quelques années plus tard, ils essaieront d'imposer l'idée en Occident qu'il ne faut pas parler, négocier, traiter avec des pays qui ne « partagent pas nos valeurs » (alors, on fait la guerre !) comme en Irak, en 2003.

Aucun de ses contestataires n'a atteint une notoriété et un rayonnement intellectuel mondiaux comparables au sien. Il n'a jamais varié sur la nécessité d'une alliance entre les États-Unis et la Chine, celle à laquelle Donald Trump a mis fin en 2018, avec un soutien assez large chez les démocrates. Il m'a dit en 2018 reconnaître qu'il fallait un coup d'arrêt économique à l'ascension chinoise, mais qu'il voudrait préserver malgré tout entre Pékin et Washington une sorte de partenariat stratégique. On verra si c'est compatible.

Son héritage est difficile à mesurer à une époque où les opinions imposent de plus en plus leurs exigences immédiates aux gouvernements démocratiques, ce qui rend presque impossible pour eux de mener une politique étrangère réaliste et rationnelle dans la durée, *a fortiori* une stratégie. Toujours en 2018, à Paris, au Ritz, Kissinger m'a dit : « À l'époque de Mitterrand, l'Europe avait une vraie stratégie... » (il pensait aux euromissiles).

C'est un réaliste dur. Un jour, il m'a demandé : « En quoi est-ce important pour la France que la Syrie soit gouvernée par X plutôt que par Y ?... » Les valeurs, l'opinion, notre rôle, l'exportation de la démocratie ? Il ne se rattache pas au messianisme occidental !

Je pensais à cela en septembre 2018 quand Kishore Mahbubani m'a dit : « Pour que l'Europe s'en sorte, il faudrait qu'elle devienne machiavélienne. » Mais qui en Europe connaît encore le vrai sens des mots cynisme ou machiavélisme ?

Voir : États-Unis ; Géopolitique ; Penseurs ; Réalisme (realpolitik, irrealpolitik).

Kremlin

Lieu de fantasme maximum ! Le Kremlin (fortification), a eu une longue vie avant la révolution d'Octobre. Modeste forteresse en bois à partir de 1156, conquise en 1382 par le khan mongol Tokhtamych, il est reconstruit de 1483 à 1495 sous la direction d'architectes italiens quand le grand prince de Moscovie, Ivan III, devient grand prince *de toutes les Russies*. Le Kremlin, où résident dès lors les tsars, désigne le pouvoir par métonymie. Il est mis en scène dans de nombreux opéras, dont le plus célèbre est *Boris Godounov*. Le Kremlin sera encore attaqué par les Tatars de Crimée, les Polonais, par Napoléon. Hitler n'y parviendra pas.

Et puis, en 1917, à partir du putsch de Lénine, il devient le siège du pouvoir bolchevique soviétique, jusqu'à la fin de 1991 où l'URSS s'effondre, laissant place à la Russie, l'Ukraine, etc. Donc c'est dans ce vaste ensemble de palais qu'ont habité, même s'ils avaient des datchas à l'extérieur de Moscou, en Crimée, Lénine, Staline (lire le saisissant *Staline. La Cour du tsar rouge* de Simon Sebag Montefiore), Khrouchtchev, Brejnev, Andropov, Tchernenko, Gorbatchev, Eltsine, Poutine.

Mon souvenir le plus marquant au Kremlin : Gorbatchev, alors chargé de l'Agriculture, quand Tchernenko, alors numéro 1 souffreteux, lui demande depuis quand l'agriculture va mal, répond : « Depuis 1917 ! », dans la grande salle à manger, en juin 1984. C'était pendant le voyage de François Mitterrand, pendant le déjeuner, avant que celui-ci ne parle du professeur Sakharov.

Objet de fantasme pour les Occidentaux durant des décennies, capitale de « l'empire du Mal » jusqu'à la fin de l'URSS et, pour certains, encore aujourd'hui avec Poutine.

Voir : Gorbatchev, Mikhaïl ; Lieux de pouvoir ; Poutine, Vladimir ; Russie.

Kurdistan

Histoire malheureuse d'un peuple sans État, le plus nombreux, plus que les Palestiniens ou les Tibétains. La proclamation grandiloquente par l'Occident, au XXe siècle, du principe des nationalités (Wilson) s'est révélée inapplicable dans certains cas ; la création d'un Kurdistan autonome – qui leur avait été promise par le traité de Sèvres (1920), mais ne fut pas reprise dans celui de Lausanne (1923) – aurait fait exploser ce qui restait de la Turquie, ainsi que l'Irak, l'Iran, un peu la Syrie. Même en 1920-1923, c'était inapplicable, sauf si cela avait été imposé (par qui ?) et maintenu par la force (combien de temps ?).

Dans la décennie 2010, les Kurdes réapparaissent comme les bons musulmans modérés, étrangers à la dérive islamiste, persécutés par des régimes atroces et des combattants valeureux en Irak et en Syrie, ce qu'ils sont, alliés aux Occidentaux contre Daesh. Mais le résultat est le même : l'Occident s'est mis hors jeu en Syrie, et personne ne fera la guerre à la Turquie pour les Kurdes. On l'a vu avec Trump en 2019. Le seul but atteignable pour les Kurdes à vue humaine : une autonomie culturelle et linguistique dans les quatre pays concernés, et des circulations facilitées entre Kurdes. C'est ce que l'on devrait exiger des quatre pays concernés.

Voir : Arabe (Monde) ; Turquie.

L

Langue anglaise (Peuples de)

De 1956 à 1958, retiré du pouvoir, passant souvent l'hiver dans les jardins de La Mamounia (d'avant les rénovations) à Marrakech, à peindre l'Atlas enneigé, Winston Churchill a publié en quatre tomes une *History of the English-Speaking Peoples*. Pour lui, il y avait entre ces peuples plus qu'une communauté linguistique et culturelle, une solidarité géopolitique autour de la Grande-Bretagne, une confiance et un rôle mondial particulier, une sorte de chevalerie. Même si le British Empire, à la grande fureur du Vieux Lion, avait été lâché par les États-Unis qui voulaient voir disparaître, après la Seconde Guerre mondiale, les empires coloniaux européens si encombrants et périmés, y compris celui de la Grande-Bretagne. L'hégémonie peut s'exercer autrement ! Ce à quoi les travaillistes n'avaient pas résisté. Il existe d'ailleurs toujours une coordination étroite entre services secrets de Grande-Bretagne, des États-Unis, du Canada, d'Australie et de Nouvelle-Zélande, les *Five Eyes*. Mais le temps a passé. Beaucoup de temps ! La relation spéciale États-Unis/Grande-Bretagne n'est plus que l'ombre d'elle-même. La belle langue anglaise a quant à elle échappé à ses créateurs et à ses locuteurs d'origine, Angles, Saxons, Normands, dits Britanniques d'Oxbridge. À sa place, c'est un horrible et pauvre globish d'aéroport et un jargon *corporate* qui se répandent dans les populations globalisées du monde. Il est hégémonique, voire monopolistique, dans le monde des affaires, dominant dans le système multilatéral. C'est, bien sûr, commode. Cela dit, les Chinois ne se convertiront pas tous à l'anglais, ni les Russes, ni les Arabes. Les logiciels d'interprétation sont de plus en plus fiables. La bataille pour la diversité culturelle et linguistique se poursuit de plus belle, et les francophones ne doivent pas baisser les bras.

Langues

L'un des aspects de la bataille culturelle mondiale est la bataille linguistique. Mais il ne suffit pas de compter le nombre de locuteurs. Dans ce cas-là, le chinois mandarin ou les langues indiennes arrivent mécaniquement en tête. Ce qui compte, dans la bataille d'influence, c'est le nombre de gens dans le monde qui utilisent une langue indépendamment du pays où cette langue est apparue. C'est évidemment l'américain qui arrive en tête, le fameux globish, comme l'avait été le phénicien ou le grec. Le français n'a jamais été la *lingua franca* du commerce, de Louis XIV à Clemenceau, mais celle des élites. Faut-il se résigner à ce que ce fameux globish, langue très pauvre par rapport au véritable anglais (langue des aéroports et des traders), devienne le seul vecteur de communication dans le monde américano-globalisé ? Je ne le pense pas. Les Chinois ne vont pas s'y convertir massivement. Des traducteurs automatiques instantanés et sûrs sont quasiment au point. Les hispanisants ne sont pas pessimistes sur l'avenir de leur langue, notamment aux États-Unis. Ce serait donc un paradoxe que la France, un des rares pays dans le monde où s'est développée et d'où s'est diffusée une grande langue de culture et de civilisation, soit la seule à baisser les bras, à considérer que la messe est dite et que l'avenir est au sous-américain d'aéroport. Il ne s'agit pas d'appeler sur ce monopole une malédiction biblique : Jahvé confondit les langages de ceux qui avaient dit, au pays de Shinéar, « Bâtissons une ville et une tour dont le sommet atteindra le ciel », et les dispersera à la surface de la Terre (Genèse 11, 1-9, Bible de Jérusalem). Mais de rappeler que, au sein de la mondialisation, la bataille se poursuit pour la diversité culturelle (adoptée par l'UNESCO) et donc linguistique...

Voir : Francophonie.

Latin

Avant que le latin nous devienne aussi indéchiffrable que les hiéroglyphes pendant quinze siècles, jusqu'à Champollion, souvenons-nous que bien des expressions, locutions ou phrases latines que nous apprenions ont à voir avec la géopolitique, et plus largement avec le pouvoir.

À commencer par *Si vis pacem, para bellum* – « Si tu veux la paix, prépare la guerre ». Ce qui est au fondement même de la politique romaine de conquête, et plus largement de la notion d'équilibre des forces, et même de la dissuasion.

Vae victis – « Malheur aux vaincus » – est une tentation permanente des vainqueurs, surtout s'ils craignent une revanche, s'ils ont eu très peur, ou s'ils pensent incarner le bien contre les forces du mal. Cela peut conduire à des exterminations. Quant au *Sic transit gloria mundi*, cousin de la parabole roche Tarpéienne/Capitole, il devrait être gravé sur tous les monuments triomphants...

Autre exemple : *Nemo auditur propriam turpitudinem allegans* – « Personne ne peut se prévaloir de sa propre turpitude ». Et : *Oderint dum metuant* – « Qu'ils me haïssent pourvu qu'ils me craignent ». Rien de tout cela n'est périmé...

« Sic transit gloria mundi »

Voir : Manichéisme.

Lieux de pouvoir

Fascination. Les lieux de pouvoir classique fascinent. Les lieux religieux : le Vatican, le saint des saints, Karnak à Louxor, la Kasbah à La Mecque. Et plus encore politiques ou militaires. Ils ont toujours enflammé les imaginations et inspiré bien des fantasmes, souvent entretenus à dessein par les bénéficiaires. Les médias « d'investigation » vivent de l'obscurité qui est censée protéger ces endroits, et donc de « révélations » à répétition. Mais la transparence comme le complotisme est insatiable : quand les enquêtes établissent que, dans les lieux de pouvoir, les présidents, Premiers ministres, chanceliers, ministres, etc. travaillent, tout simplement, lisent des notes, se réunissent, téléphonent, envoient des mails, la conviction se répand que les vraies choses secrètes ont été dissimulées ! Paranoïa dissimulable pour l'accès aux archives politiques. Jamais rassasiée, la transparence boulimique alimente le complotisme au lieu de l'apaiser.

Aujourd'hui, les principaux lieux de pouvoir politique sont, bien sûr, la Maison Blanche et le Capitole à Washington, le 10, Downing Street à Londres, la Chancellerie à Berlin, le palais de l'Élysée à Paris (les « dorures »), mais aussi, bien sûr, le Kremlin à Moscou, et à Pékin, pour les spécialistes Zhongnanhai, que l'on confond avec l'ancienne Cité interdite, qui est juste à côté. En revanche, quasiment pas de fantasmes sur le siège de la Commission européenne ou du Parlement à Bruxelles, ni celui de la Banque centrale, à Francfort. Il faudrait, peut-être ! Les lobbyistes, eux, ne s'y trompent pas. Mais les systèmes de pouvoir en réseaux compliquent la vie des complotistes...

Le succès des séries sur le pouvoir, au départ anglo-saxonnes, est frappant.

Peut-être est-ce alimenté par les réminiscences du passé pour nous, les guerres civiles romaines, la Rome impériale, le Louvre, la tour de Nesle, Versailles. Napoléon était si mobile que son souvenir n'est pas lié à un endroit précis, sauf à la fin, après le pouvoir, Elbe, Sainte-Hélène. Ou même peut-être par celles de notre terrifiant XXe siècle, qui n'est pas si vieux que cela, le nid d'aigle de Hitler – le Berghof –, le bunker de Churchill, le Kremlin.

Sur les empereurs communistes, deux ouvrages saisissants à lire : *Staline. La Cour du tsar rouge*, de Simon Sebag Montefiore, et *Mao, sa cour et ses complots. Derrière les Murs rouges*, de Jean-Luc Domenach.

En fait, le « pouvoir » politique, dans les démocraties, n'en a jamais eu aussi peu, et il est strictement encadré, surveillé, jugé (par les médias, les réseaux sociaux – où les dénonciateurs chassent en meute –, les juges, etc.). Et le nouveau maccarthysme, qui veut détruire socialement ceux qui ne se plient pas aux nouveaux dogmes, rencontre étonnamment peu de résistances.

Et si les vrais lieux de pouvoir étaient ailleurs : à la Bourse de New York, dans la Silicon Valley ou à Shenzhen, dans les sièges des entreprises mondiales de toutes nationalités, dans les télévisions d'information continue, ou bien partout et nulle part en même temps, dans l'âge de la démocratie d'opinion et des lyncheurs numériques ?

Voir : Élysée (Palais de l') ; Kremlin ; Maison Blanche.

Lobbies

Le terme a longtemps heurté les chastes oreilles françaises. Maintenant, on voit plutôt des « lobbies » partout ! À l'origine, les lobbies tirent leurs noms du *lobby*... d'hôtel où attendaient aux États-Unis au XIXe siècle les représentants d'intérêts privés divers qui voulaient accéder aux divers titulaires des pouvoirs exécutifs ou législatifs.

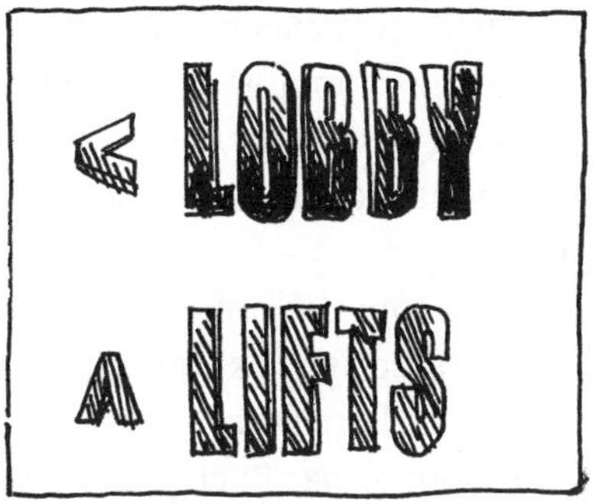

Très logiquement, ils se concentrent là où l'on décide, où l'on réglemente, ou bien là où l'on vote. Ils grouillent donc à Washington, à Paris, Berlin, etc., en attendant Pékin, ou encore auprès d'organismes internationaux puissants (OMC à Genève pendant une vingtaine d'années ; Commission européenne ; divers organes de régulation). Leur nombre a explosé avec la mondialisation des trente dernières années. Cela dit, dans l'ambiance généralisée de méfiance et de soupçon dans les démocraties qui peinent à être encore jugées représentatives, on a un peu tendance à amalgamer les représentants légitimes d'intérêts essentiels, les démarches normales d'informations et les manœuvres en coulisses, voire les pressions. Les mêmes peuvent exalter nos fleurons industriels face à la concurrence internationale et les couvrir d'opprobre quand ils défendent leurs intérêts réglementaires ou fiscaux. Par exemple, l'agro-industrie doit-elle être soutenue, réglementée, combattue ? Ou transformée, mais à quel rythme ? Nos sociétés qui ne croient plus à grand-chose idolâtrent la transparence, la surveillance à tendance inquisitoriale et la justice. D'où une avalanche de réglementations et d'exigences pour proscrire les abus, par exemple les amendements transmis prérédigés aux parlementaires.

En faisant preuve de cynisme marxiste, on pourrait avancer que, dans une économie de marché globale dérégulée et financiarisée, cela ne devrait pas surprendre que tout se vende et s'achète, y compris les décisions publiques, et les votes.

Impensable ! Le terme de lobby renvoie à des intérêts économiques (donc méprisables) obscurs et agissant non par l'argumentation et la persuasion mais par la compromission et la pression, et par l'achat des décideurs.

Tout cela existe, mais il n'y a jamais eu autant de dispositifs légaux et judiciaires de plus en plus contraignants, de lois et de comités d'éthique pour encadrer ces actions. C'est nécessaire. Mais cela ne calmera pas les tricoteuses du moralisme, jamais rassasiées. D'autre part, les fameux « lobbies » sont parfois une forme de résistance de la société à des changements économiques, techniques, réglementaires, écologiques, trop rapides et mal expliqués. Le lobby des constructeurs de diligence essaie de ralentir l'implantation des chemins de fer, celui des forestiers de ralentir l'exploitation du charbon, les lavandières l'installation des machines à laver, etc.

Il faut une saine transparence et plus de responsabilité, mais ne pas tout mélanger. Ce qui suppose un peu plus de connaissances ou de culture économique.

Voir : Acteurs des relations internationales ; Influences ; Think tanks.

Lois mémorielles

Est-ce que des parlementaires élus peuvent imposer par le vote d'une loi un point de vue officiel et définitif sur un événement historique ? Si cette assemblée est remplacée par une autre qui vote une loi différente, est-ce que cela veut dire que la vérité proclamée par la loi antérieure était un mensonge ? Une loi peut-elle interdire, ou même punir et pénaliser, l'expression de points de vue différents sur un événement historique ? Sujet de controverse récurrent en Occident. En tout cas, la classe politique française et la majorité des médias n'a pas d'état d'âme à ce sujet puisque le parlement français a adopté la loi Gayssot sur la Shoah le 13 juillet 1990, qui ne se contentait pas de sanctionner l'antisémitisme (il y avait déjà des lois très précises contre le racisme), puis le 29 janvier 2001 la loi sur le génocide arménien de 1915, et le 21 mai 2001 une loi dite « Taubira » reconnaissant la traite de l'esclavage en tant que « crime contre l'humanité ». Ce type de loi est contesté par de nombreux juristes, évidemment pas par négation de faits incontestables, mais parce qu'ils estiment qu'on n'a pas à mélanger dans des lois, par exemple, des dispositions justifiées contre le racisme et des injonctions mémorielles qui ne devraient pas relever de la loi. Elles l'ont été surtout il y a quelques années par des historiens réunis dans l'association Liberté pour l'histoire, créée à partir d'une pétition lancée par Pierre Vidal-Naquet (« absolument contre cette loi »), présidée ensuite par Pierre Nora, pour qui « l'Histoire n'est pas une religion ». C'était aussi la position du grand historien René Rémond et de Madeleine Rebérioux, présidente de la Ligue des droits de l'homme. En quoi une assemblée élue (voire un président) aurait la compétence et la légitimité pour fixer et figer la vérité historique, *a fortiori* quand elle concerne d'autres peuples ? C'est ce que j'avais dit en tant que ministre, à l'Assemblée nationale : il n'appartient pas à une assemblée élue de fixer la vérité historique. Même Paul Ricœur a écrit contre l'idéologie victimaire, qui a proliféré depuis, que « la mémoire est la matrice de l'Histoire, elle comporte le risque de corriger, de critiquer, de démentir la mémoire d'une communauté lorsqu'elle se replie sur ses souffrances propres au point de se rendre aveugle et sourde aux souffrances des autres communautés ». C'est un peu ce qu'a dit Barack Obama en novembre 2019 en mettant en garde contre la nouvelle culture de la dénonciation. Les historiens ne parlent guère de « devoir de mémoire », expression dont ils se méfient car c'est une construction sociale conjoncturelle, mais d'Histoire. J'en reste donc au rapport de la mission Accoyer, adopté en 2008 à l'unanimité, qui ne demanda pas l'abrogation de lois mémorielles antérieures, mais mis en garde contre le risque de dévoiement du devoir de mémoire à l'école et précisa que le Parlement devrait à l'avenir renoncer à la loi pour porter une appréciation sur l'Histoire ou la disqualifier.

Dans la réalité politique, un conflit peut surgir quand, par exemple, des Américains, ou Européens, d'origine arménienne, ne tenant aucun compte de ces principes d'historiens, obtiennent des élus de leur pays, qui s'autoattribuent une compétence universelle, des lois mémorielles (équivalents moraux des sanctions économiques américaines) sur le génocide arménien, et que la Turquie tente d'empêcher par diverses pressions. Pressions incohérentes de sa part puisque des procès avaient eu lieu en Turquie même, entre la fin de l'Empire ottoman et le début du kémalisme, contre les responsables du génocide, alors incontesté (voir Taner Akçam, *Un acte honteux : le génocide arménien et la question de la responsabilité turque*, 2006). Cette reconnaissance officielle par un État peut aussi tenir lieu d'arme sur la scène internationale : le parlement syrien (!) a ainsi reconnu, le 13 février 2020, le génocide arménien, dans un contexte de tensions avec la Turquie. On pourrait prendre d'autres exemples. Dans ce débat délicat, le fils de Susan Sontag, David Rieff, s'est montré courageux. Dans son *Éloge de l'oubli, la mémoire collective et ses pièges* (Premier Parallèle, 2018), il a écrit que la « mémoire », qui est par « définition une construction collective, peut enfermer dans une prison mentale à perpétuité ». Henri IV, reviens !

Voir : Diaspora(s) ; Génocides ; Repentance.

Londres

Fondée il y a deux mille ans, en 43 avant J.-C., par les Romains après l'invasion menée par l'empereur romain Claude, né à Lyon, Londres, avant d'être la capitale du Brexit, a été la capitale de l'Angleterre, puis de la « Grande-Bretagne », puis du « Royaume-Uni » (Ulster, pays de Galles, Écosse), enfin, au XIXe siècle, de l'Empire britannique. Elle est alors la ville la plus peuplée du monde. Plus tard, en 1940, capitale de la résistance churchillienne à Hitler malgré le Blitz, après la débâcle totale de la France. Capitale du Commonwealth depuis 1931. Puis capitale d'un des 28 États membres de l'Union européenne et, à partir de 2020, capitale de la Grande-Bretagne sortie de l'Union européenne après le Brexit. Demain, d'un Royaume encore uni ?

Destination touristique mondiale, comme Paris, Rome ou Athènes – avant la pandémie de Covid-19. Il y a toujours le 10, Downing Street où se trouvait le Vieux Lion, mais quel pouvoir y siège aujourd'hui ? Et Westminster ? Et la Tour de Londres ? *Sic transit gloria mundi...*

Reste quand même Harrods. Et le peuple anglais qui nous étonnera encore !

Voir : Brexit ; Europe ; Langue anglaise (Peuples de).

M

Machiavel, Nicolas

À l'index ! Qu'est-ce que le machiavélisme dans la sous-culture médiatique contemporaine ? Une sorte d'immoralisme abject, d'indécence déontologique, de cynisme (autre contresens sémantique) répugnant – à l'opposé de la moraline obligatoire.

En réalité, le penseur, théoricien et fonctionnaire florentin Nicolas Machiavel a rédigé, dans *Le Prince* (1513) et *Discours sur la première décade de Tite-Live* (1513-1520), des réflexions réalistes (donc en s'affranchissant des inhibitions religieuses et moralistes de l'époque) sur la conquête, l'exercice et la conservation du pouvoir par « le Prince ». Précurseur au XVIe siècle de l'éthique de la « responsabilité » de Max Weber.

Vivant au temps des princes dans une Italie éclatée, Machiavel espérait une république italienne unifiée, et il réfléchissait aux moyens d'y parvenir. L'unité italienne se fera sous l'impulsion de Cavour et dans le cadre de la monarchie piémontaise, mais trois siècles plus tard !

Machiavel reste l'un des grands penseurs politiques d'Occident.

On devrait le relire. C'est ce qu'a fait Roger-Pol Droit dans *Les Échos* du 11 janvier 2019 à propos… des Gilets jaunes ! : « Si le prince doit n'avoir qu'une vertu, c'est celle d'être capable d'anticiper. En agissant lorsque les signaux sont faibles, il est aisé de prévenir les tempêtes. Une fois qu'elles sont déchaînées, il n'y a plus rien à faire. Mon ami Machiavel, dans *Le Prince*, le dit très clairement. Lorsqu'on prévoit le mal de loin, ce qui n'est donné qu'aux hommes doués d'une grande sagacité, on le guérit bientôt ; mais lorsque, par défaut de lumière, on n'a su le voir que lorsqu'il frappe tous les yeux, la cure se trouve impossible. »

Un vœu : que l'Europe devienne machiavélienne !

Voir : Penseurs ; Réalisme (realpolitik, irrealpolitik).

Maison Blanche

Siège et résidence de l'individu « le plus puissant de la planète », jusqu'à ce que cela change un jour (les mémoires de Barack Obama nous font toucher du doigt les limites de la puissance !). La Maison Blanche – manoir géorgien construit de 1792 à 1800 au 1680, Pennsylvanie Ave, pour héberger le président des États-Unis, auparavant à Philadelphie – a été occupée par le successeur de George Washington, John Adams. Elle a été incendiée en 1812 par les Anglais.

Reconstruite, repeinte en blanc (*White* House), réaménagée, rééquipée plusieurs fois, cette résidence de 132 pièces est devenue, avec la montée en puissance des États-Unis au XXe siècle, le lieu de tous les fantasmes. La Maison Blanche ! Le Bureau ovale ! Les frasques de John Kennedy ! Mais aussi John enfant à quatre pattes sous le Bureau ovale ! L'East Wing masque un bunker, un abri antiaérien et un centre de commandement. La West Wing a été l'objet d'une célèbre série.

Quelques souvenirs personnels : la soirée dansante avec Julio Iglesias pendant la grande visite américaine de François Mitterrand, invité par Reagan, après sa réélection en 1984. Le vrai échange entre Mitterrand et Reagan quant aux intentions de Reagan sur l'URSS après sa réélection en 1984 ; l'entente exceptionnelle entre François Mitterrand et George H. Bush ; François Mitterrand expliquant à Bill Clinton, à sa demande, dans le Bureau ovale, l'histoire complexe de la Yougoslavie (pas simplement un régime communiste de plus à balayer !). La rencontre, dans le sulfureux boudoir, entre Jacques Chirac (et moi) et Bill Clinton en décembre 2000 où celui-ci nous dit : « La question israélo-palestinienne était déjà la plus difficile à résoudre ; avec l'arrivée massive de Juifs russes en Israël, elle est devenue insoluble. » Ma visite, en tant que ministre, au printemps 2001 où je comprends, en parlant avec Condoleezza Rice, puis Dick Cheney, que cette nouvelle équipe cherche une occasion et un prétexte pour écrabouiller l'Irak et qu'elle laisser tomber le « processus de paix » au Proche-Orient. Alors qu'à Taba, quelques semaines auparavant, on était allés plus loin que jamais ! La visite avec Jacques Chirac, juste après le 11 septembre 2001, programmée avant mais maintenue, et le déjeuner à la Maison Blanche avec G. W. Bush gentil, courtois et désemparé… Et puis il y a eu Barack Obama, Donald Trump… et ses tweets, puis Joe Biden.

Voir : Lieux de pouvoir.

Manichéisme

Au sens premier, le manichéisme est une religion fondée au IIIe siècle par le Perse Mani, à partir du zoroastrisme, du bouddhisme et du christianisme. Elle sépare le monde en deux royaumes distincts : celui de la Lumière, de la vie divine et de l'éternité ; et celui des Ténèbres, royaume de la matière et de la mort. L'homme étant partagé entre les deux, entre son corps et son esprit. De cette synthèse intellectuelle et raffinée, on a tiré un affrontement simpliste, binaire, « manichéen », entre le bien et le mal. La plupart des religions monothéistes, à la source desquelles UNE vérité a été révélée par un dieu, les fameuses « religions du

Livre », y tendent par nature. Les civilisations polythéistes ou peu religieuses (Empire romain, Empire chinois) moins, l'animisme pas du tout. Néanmoins, dans tous les grands affrontements géopolitiques, une opposition schématique ressurgit entre cultures, religions, idéologies et nations antagonistes. Et persiste même quand la foi recule. Par exemple pendant la guerre froide entre les États-Unis et l'URSS. Aujourd'hui entre l'Occident et la Russie. Entre Israéliens et Arabes. Musulmans sunnites et chiites, etc. Un jour, la Chine et *the rest* ?

Confronté à la prise de contrôle de la présidence de G. W. Bush par la ligne « néoconservatrice » américaine, j'avais déploré, en 2001, que le manichéisme soit de retour... en Occident, aux États-Unis. Mais, avec le recul et en comparaison de Donald Trump, G. W. Bush paraît avoir été un président modéré et raisonnable.

Voir : Religions.

Mao Zedong

Demi-dieu ou tyran ? Parmi les *Trente « Empereurs » qui ont fait la Chine* (voir cet excellent livre de Bernard Brizay) Mao Tsé Toung (puis Mao Zedong) restera un de ceux qui l'ont refondue, cruellement mais efficacement, après plus d'un siècle de divisions, d'affaiblissement, de guerre civile, d'occupation, de traités inégaux. (L'histoire de la fondation du PCC dans la concession française de Hong Kong et de l'influence du « groupe de Montargis » – Zhou Enlai, Deng Xiaoping – est un roman en soi).

Il prit la tête, à travers le Parti communiste chinois, de la résistance populaire et paysanne à l'occupation japonaise et supplanta ainsi le nationalisme chinois moderniste de Tchang Kaï-chek (qui se réfugia à Formose/Taïwan). À l'issue de la « longue marche », il a pris le pouvoir à Beijing (Pékin) en 1949. Il imposa alors à la Chine une dictature marxiste égalitariste et paysanne, en fait personnelle, lança, pour préserver son pouvoir *de facto* impérial, son pays dans des fuites en avant communistes absurdes et ruineuses comme celle du « Grand Bond en avant » (plusieurs dizaines de millions de morts par famine). Il déjoua les manœuvres de ses compagnons, qui voulaient endiguer son extrémisme en le marginalisant, en déchaînant contre eux une jeunesse fanatisée : les gardes rouges. Feu sur le quartier général !

Résultat : de nouveau, plusieurs dizaines de millions de morts. Ce n'est qu'après sa mort en 1976, à 82 ans, que Hua Guofeng jugule, grâce à l'armée, les derniers maoïstes de la « bande des Quatre », que Deng prend le pouvoir et libère les énergies chinoises pour reconstruire le pays, tout en en gardant le contrôle politique, ce qui a changé le monde. Mao peut se comprendre au regard de l'histoire chinoise. Mais le prestige et l'influence du maoïsme pendant des décennies au sein d'une petite partie des élites intellectuelles européennes, et notamment parisienne et française, sont à la fois incompréhensibles et consternants. Il y a eu en France des partis maoïstes ! En 1968, c'était un dogme à Normale sup, et ceux qui n'étaient pas maoïstes étaient considérés comme des fascistes, fussent-ils trotskistes ! Passe encore au tout début (Philippe Sollers, *Tel Quel*), même si c'est déjà délirant et révélateur d'une fascination d'une partie de l'Occident pour le néant (le sien) et de l'attirance d'une certaine extrême gauche pour la violence. Après tout, Mao lui-même ne disait-il pas : « Le poisson pourrit par la tête » ? Mais à notre époque ? Badiou ? Même Deng a concédé qu'il y avait eu 70 % de bon dans Mao (et donc 30 % de mauvais). Xi Jinping ne cherche pas à dé-maoïser plus, au contraire. Certains pensent qu'il s'inspire de Mao, sous une forme plus technologique, quant au contrôle total de la société, avec sa directive du 26 août 2018 et le système Skynet de reconnaissance faciale, l'introduction de sa « pensée » dans les textes fondamentaux, la sinisation des grandes religions, etc. Il est en tout cas le plus puissant des successeurs de Mao. Mais il ne pourra pas imposer une hégémonie chinoise au monde…

Marshall (Plan)

Mythique. Vaste plan de prêt américain, annoncé à Harvard le 5 juin 1947 par le secrétaire d'État de Truman, le général George Marshall. Il était destiné à l'Europe pour sa reconstruction, pour un montant équivalent à 173 milliards de dollars 2018 et était lié à l'engagement d'importation de produits américains (sans équivalent en Europe à l'époque) d'un montant équivalent. Le Président avait arbitré pour ce plan contre celui de son secrétaire au Trésor, Hans Morgenthau, né en Allemagne et émigré aux États-Unis, qui voulait « ramener l'Allemagne au stade préindustriel » (ou même à « l'âge de pierre »). Le récit qu'en fait Benn Steil (Les Belles Lettres, 2020) est passionnant.

Cela ne fit pas grand bruit à l'époque, sauf chez les communistes qui, sur ordre de Staline qui avait peur que cela ne sape son influence en Europe, combattirent ce plan « américain et capitaliste ». Pour répartir les crédits de ce plan, les Américains créèrent en 1948 l'OECE, ancêtre de l'OCDE, avec tous les pays européens bénéficiaires, y compris donc la RFA, l'Allemagne de l'Ouest. Le plan fut la matrice de l'OTAN et de la construction européenne, trop oubliée par les européistes, qui sautent une étape et font comme si c'était « l'Europe » qui avait fait la paix. Les années 1945-1957 (et le rôle des Américains) sont escamotées.

Depuis, le « plan Marshall » est devenu un mythe. On en réclame pour l'Afrique, le développement, les banlieues, la relance de l'économie après la pandémie, etc. Sans réaliser que souvent des sommes équivalentes ont déjà été consacrées à ces fins. Par exemple pour « l'aide » à l'Afrique depuis les années 60, sans résultats suffisamment probants.

En fait, pour que de telles sommes soient bien gérées, réparties, affectées judicieusement, pour déclencher des processus économiques vertueux, il faut un substrat social, économique, juridique, donc étatique. Ce qui existait encore, malgré la guerre, dans l'Europe occidentale des années 1945-1950.

Marshall est un des visages les plus aimables de l'Amérique libératrice (GI et chewing-gum), protectrice (l'Alliance en 49), rayonnante (Hollywood), leader du « monde libre ». Une Amérique et un monde d'un autre temps. L'américanisation sympathique.

Voir : Mythes ; Seconde Guerre mondiale.

MBS (Mohammed ben Salmane)

Incarnation de l'Arabie... Salmanite, et non plus seulement Saoudite. Né en 1985, un des quatre fils de Salmane ben Abdelaziz Al Saoud devenu roi le 23 janvier 2015 à la mort du roi Abdallah, Mohammed ben Salmane (MBS) s'est attribué en quelques années l'essentiel du pouvoir. Il a obtenu de son père l'éviction du prince héritier (Mohammed ben Nayef Al Saoud), et écarté en les emprisonnant par un coup de force, sorte de lettre de cachet, le 4 novembre 2017, onze princes, quatre ministres, des dizaines d'anciens ministres et des dizaines d'hommes d'affaires, dont le milliardaire Walid ben Talal. Finalement relâchés après avoir signé des reconnaissances de dettes pour 100 milliards de dollars ! MBS accomplit alors un changement de régime, un putsch dans le régime *saoudien* gouverné jusque-là par la succession de frère en frère – dite adelphique – et collectivement par la vaste famille royale (des milliers de princes, quelques dizaines qui jouent un rôle). À l'extérieur, il est nationaliste et obsessionnellement anti-iranien et antichiite (Iran, Syrie, Yémen, Liban). Il a donc été très pro-Trump, plus encore que pro-israélien, on l'a vu fin 2020. À l'intérieur, s'appuyant sur les attentes de la jeunesse (70 % de la population) qui veut des distractions, des cinémas, etc. et des femmes qui veulent conduire, il veut préparer l'Arabie à l'après-pétrole (le plan Arabie 2030, conçu à grands frais par des consultants occidentaux) et moderniser la société, plus ou moins contre le clergé wahhabite. Il se proclame d'un « islam modéré ouvert au monde, et à toutes les religions ». Il a même déclaré le 24 octobre 2017 devant des Occidentaux, ce qui avait de l'allure : « Nous ne gâcherons pas trente autres années de nos vies à combattre les idées extrémistes, nous allons les détruire aujourd'hui ! »

S'il dit vrai, il va devoir se libérer du pacte conclu en 1744 entre le patriarche Mohammed Ibn Saoud, et l'imam Abdelwahhab pour créer le premier État saoudien *wahhabite*. S'il réussit économiquement, s'il se dégage des aventures extérieures (Yémen ; là-dessus sa vision diverge maintenant complètement de celle de MBZ qui veut contrôler un Yémen du Sud indépendant), s'il succède à son père (qui l'a quand même un peu freiné sur la privatisation de l'Aramco avant même la crise de 2020 et l'abandon complet des positions arabes sur l'État palestinien), et s'il met fin à la propagande wahhabite offensive financée depuis quarante ans auprès des musulmans sunnites du monde entier (y compris en Europe), cela changera le rapport de force au sein de l'islam, entre musulmans et islamistes, même si l'islamisme politique a d'autres sources.

Tout cela a été suspendu un moment par l'assassinat et le découpage à la scie, le 2 octobre 2018, au consulat saoudien à Istanbul, d'un journaliste opposant saoudien, Jamal Khashoggi, sur ordre, selon Erdoğan (qui lui-même fait enlever, torturer et disparaître ses opposants gülenistes) et la CIA, de MBS lui-même. En tout cas de très proches, provoquant un embarras énorme chez tous ceux qui, horrifiés par cet acte, ne peuvent pourtant pas, ou ne veulent pas, rompre avec l'Arabie, son pétrole, ses marchés, son argent, etc.

Le roi Salmane soutint et confirma son fils, comme Donald Trump, mais une interrogation est née sur l'avenir du prince héritier, d'autant que, aux États-Unis, le lobby antisaoudien s'est réveillé... Mais y a-t-il encore une famille « saoudienne » capable de le stopper ? L'Arabie peut-elle se moderniser – par exemple par le tourisme – sans exploser ? Elle s'y emploie en tout cas : promotion de sites nabatéens – Al-'Ula de Dariya, berceau de la maison des Saoud –, création d'une ville touristique nouvelle, Qiddiya. MBS a présidé à distance le G20 de novembre 2020.

Il a commencé à se préparer à l'administration Biden qui va se distancier, un peu. Il faut moins dépendre de l'Arabie.

Voir : Arabie Saoudite ; Islam ; Israël ; Trump, Donald.

MBZ (Mohammed bin Zayed Al Nahyan)

Mohammed bin Zayed Al Nahyan, plus connu sous le nom de MBZ, actuel prince héritier et ministre de la Défense d'Abou Dabi (la capitale des Émirats arabes unis, qui comptent sept émirats dont Dubaï), est le vrai stratège et penseur de la péninsule Arabique. Il est le fils du fondateur, le cheikh Zayed bin Sultan, décédé en 2004. Je me souviens encore du profil d'aigle de celui-ci alors qu'il était venu saluer le président Mitterrand à l'aéroport – nous faisions une escale technique. Seigneur du désert.

La politique étrangère de MBZ est ambitieuse, voire aventuriste. Il est totalement anti-iranien (contrairement à son voisin le Qatar) et donc pro-Trump. Au Yémen, il s'est engagé pour les sudistes, contre les houthistes soutenus par l'Iran. Il veut un Yémen du Sud indépendant, sous son contrôle ce qui l'oppose maintenant à MBS qui ne veut pas d'un Yémen chiite indépendant à sa porte. Et en Libye, il aide Haftar contre Fayez el-Sarraj.

En août 2020, il a officialisé l'établissement de relations diplomatiques avec Israël, certainement en accord avec MBS. Son ministre des Affaires étrangères (son frère) a indiqué que cela avait permis d'obtenir de Netanyahou le report de l'annexion de la vallée du Jourdain. En fait, c'est le front anti-iranien. Nous sommes mêlés à ce jeu. Il y a depuis 2009, sous Sarkozy, une base française à Abou Dabi, et même un accord de défense.

Voir : Arabe (Monde) ; Iran ; Israël.

Mearsheimer, John

Courageux. S'il y a encore un « néoréalisme américain » en politique étrangère, c'est le professeur de sciences politiques John Mearsheimer, né en 1947, qui l'incarne. Il a eu notamment le courage de publier en 2007, avec Stephen Walt, autre néoréaliste, *Le Lobby pro-israélien et la Politique étrangère américaine*, décrivant l'influence considérable, et à leurs yeux abusive, du lobby israélien sur la politique étrangère américaine. Celui-ci est devenu au fil du temps presque exclusivement un lobby Likoud. C'est facile aux États-Unis d'identifier les nombreux lobbies car ils se vantent en général de leurs résultats : lois ou nominations bloquées ou obtenues. Mearsheimer a évidemment été violemment attaqué par les partisans, nombreux aux États-Unis – lobbies israéliens et, de plus en plus, évangélistes –, d'un soutien inconditionnel à la politique du Likoud et à l'extension des colonies jusqu'à rendre impraticable une solution à deux États. Ces derniers ont réussi à faire taire presque toute critique de la politique israélienne (sauf en Israël même).

Voir : Penseurs ; Réalisme (realpolitik, irrealpolitik).

Menaces (perceptions)

On a tout intérêt à ne pas rester nombrilistes pour comprendre ce qui nous attend. Une méthode simple que j'emploie dans mon séminaire à Sciences Po est de confronter les *perceptions* contradictoires des menaces, si possible à l'aide d'études d'opinion sérieuses, dans la durée.

Exemple : la Russie est perçue comme menaçante par les Européens. Par quoi et par qui les Russes se sentent-ils menacés ? Même question pour les Chinois, les Américains, les Israéliens, etc. Pour l'Europe, c'est plus facile : elle se sent menacée par beaucoup de choses mais personne ne se sent menacé par elle. Juste un peu énervé, parfois…

Mende, Tibor

Je lui suis reconnaissant de m'avoir éveillé à la géopolitique. Il est venu plusieurs fois dîner chez mes parents à Bois-Colombes, avenue Cloarec, dans les années 60, lorsque j'étais lycéen. Juif hongrois, né à Budapest en 1915, devenu français, esprit universel et polyglotte, il avait écrit de nombreux livres. À table, il racontait ses rencontres avec Nehru ou Zhou Enlai… J'étais fasciné. Plus tard, dès 1972, il a dénoncé dans l'« aide au développement » un effet pervers « d'aide à la recolonisation ». C'était un tiers-mondiste de l'époque Bandung, fin, libre d'esprit et non dogmatique. Sa remarquable épouse s'appelait Vera Mende. Ils s'en amusaient : *vert amande*… Il est décédé en 1984, au Canada. On devrait le rééditer et le relire.

Metternich, Klemens Wenzel von

Klemens Wenzel von Metternich a été, au nom de l'empereur d'Autriche, l'architecte principal du congrès de Vienne, puis de la Sainte-Alliance antirévolutionnaire, et d'une subtile politique d'équilibre en Europe au sein du concert européen, jusqu'à sa chute en 1848. Dans sa thèse, classique, Henry Kissinger dit son admiration. Metternich sera autorisé à revenir à Vienne en 1859. Par la suite, c'est Bismarck, et donc la Prusse, qui prend la main. Il continue, sous une forme plus rude, une forme de realpolitik aventureuse et révisionniste, que Guillaume II abandonnera, et unifie l'Allemagne.

Metternich connaissait très bien la France. Ambassadeur à Paris de 1806 à 1809 (date à laquelle il devient chancelier d'Autriche), il y fut l'amant de Caroline Bonaparte et de la duchesse d'Abrantès (l'épouse de Junot). Il avait de bons rapports avec Talleyrand – cela ne peut nous étonner – et organisa le mariage avec Marie-Louise. Son époque n'est pas celle de guerres perpétuelles ni de nationalistes exaltés.

Sa biographie par Charles Zorgbibe est précieuse – *Metternich, le séducteur diplomate.*

Voir : Zorgbibe, Charles.

Migrations

Attention, à ce sujet, exprès ou par ignorance, on confond en général tout : émigrants, immigrants légaux ou illégaux, demandeurs d'asile légaux ou *de facto*, migrants temporaires. Et on croit, par notre nombrilisme habituel, que cela ne concerne que l'Europe. En plus, tout cela est politisé de la façon la plus caricaturale. Je schématise : pour la gauche, tout immigrant est un réfugié et il est inhumain de ne pas l'accueillir ; pour la droite, tout demandeur d'asile est déjà un immigré illégal. Nos médias emploient le terme amalgame de « réfugiés » à tort et à travers. Confusion totale. On entend des remarques fréquentes et absurdes : « Il y a toujours eu des migrations. » Oui, peut-être, si on pense la colonisation du monde par l'*Homo erectus* puis l'*Homo sapiens*, et si l'on raisonne en milliers d'années ! Mais on parle alors de quelques centaines de milliers de chasseurs-cueilleurs à la recherche de gibier, ou d'un climat plus clément, il y a des dizaines, ou des centaines de milliers d'années, *sur une terre vide*. Même aux époques historiques, à part les invasions, ou les mouvements de population des IVe et Ve siècles, les migrations ont été, le plus souvent, des mouvements assez lents, des déplacements à pied ou en chariots de petits groupes, ou des attaques par quelques dizaines d'individus, dans des territoires clairsemés. Tout cela n'a absolument aucun rapport avec le monde du XXIe siècle et les tensions innombrables sur une planète surpeuplée. Face à la question migratoire, pour mieux comprendre les différences de réaction, il faut commencer par distinguer les pays où les premiers occupants ont été quasi exterminés (Amérique du Nord, Caraïbes, Australie, Argentine), ou bien largement réduits, ou encore « décimés » (un dizième), qui ont dû ensuite être repeuplés par une immigration massive, et qui sont donc en général favorables à l'immigration. Rien de surprenant. Il faudrait distinguer ensuite les pays que les émigrants ont fui en raison de la pauvreté (au XIXe : Irlande, Italie, Scandinavie) de ceux qui se sont exilés par exemple pour des raisons religieuses (sectes protestantes anglaises fondamentalistes qui partent en Amérique pour exercer librement leur culte). Pendant près de mille cinq cents ans, la France n'a été ni l'un ni l'autre, sauf à la marge lors du départ obligé et désastreux des huguenots. Grande stabilité.

Depuis les années 2000, selon l'ONU, environ 190 millions d'hommes et de femmes bougent chaque année, soit 2 à 3 % de la population mondiale. « Bouger » ne veut pas dire émigrer. Cela englobe les mouvements à l'intérieur de chaque pays (comme en France « l'exode rural » dans les années 50 et 60), mais aussi d'un pays à l'autre, voire d'un continent à l'autre. À notre époque, c'est beaucoup plus facile, moins cher et relativement sûr – sauf en Méditerranée – de se déplacer. Ce n'est pas sans retour. Et c'est tentant : tout le monde connaît les facilités et les aides sociales auxquelles on a accès dans les pays européens. En fait, les migrations posent peu de problèmes aux pays d'arrivée quand elles ne sont pas trop massives, qu'elles sont étalées dans le temps, qu'elles ont lieu dans des territoires peu denses, que les populations arrivantes ont, pour des raisons religieuses ou autres, des modes de vie pas trop différents ni antagonistes, veulent s'intégrer, si ce n'est s'assimiler, et qu'il y a en face volonté et moyens d'intégration. Pourquoi ces évidences basiques sont-elles niées avec autant de mauvaise foi ? Parce que l'immigration sert de combustible à une querelle idéologique !

À l'heure actuelle, c'est l'inverse qui se passe. Il se mêle, sur une Terre surpeuplée, occupée, urbanisée et très organisée, des gens qui fuient des persécutions ou des guerres et qui cherchent un asile, aux termes de la

Convention de 1951 – Syriens, Érythréens, Afghans, par exemple ; et des gens qui « votent avec leurs pieds » et vont ailleurs pour vivre mieux, par exemple en Europe, mais pas qu'en Europe : les Africains vont d'abord vers leurs grandes agglomérations, puis en Côte-d'Ivoire, au Nigeria ou en Afrique du Sud avant, pour les plus audacieux d'entre eux et les plus capables de rassembler quelques milliers d'euros afin de payer les passeurs, de tenter leur chance vers l'Europe en utilisant toutes les failles et les contradictions des législations et des réglementations, et les relais en Europe même. Selon un sondage de l'Institut PEW réalisé en 2017, 40 % des jeunes subsahariens *voudraient* émigrer ! Mais, contradiction, 87 % de Nigériens préféreraient rester chez eux !? Cela ne concerne pas que l'Afrique : des centaines de milliers d'Européens de l'Est, du Sud et des Balkans ont ainsi quitté leurs pays depuis le début du XXIe siècle.

Les migrations vont rester un sujet perpétuel d'instrumentalisations politiques et de controverses sur les « valeurs », surtout dans un pays comme la France qui adore l'idéologie (= les valeurs), mais aussi de pugilats, de faits et de chiffres dans des débats « continus ». C'est une nécessité vitale pour l'Europe de ressusciter un Schengen qui marcherait *et dissocierait demande d'asile et demande légale d'immigration*. C'est peut-être ce que Mme von der Leyen a en tête quand elle évoque un « système de gestion de la migration ». Pour l'immigration, cela suppose une cogestion entre pays de départ, de transit et d'arrivée ; et la fixation périodique de quotas professionnels. Mettre fin à son détournement massif, c'est la seule façon, face aux opinions, de sauver le droit d'asile. Ce long aveuglement est comparable au refus « progressiste » de considérer l'explosion démographique comme un problème. C'était être « malthusien » (Malthus, 1766-1834), crime presque aussi atroce que d'être « réactionnaire » ! La prise de conscience de l'urgence écologique qui va s'étendre est en train d'ébranler tout cela.

Voir : Afrique(s) ; Démographie ; Europe ; Manichéisme ; Valeurs.

Ministre

Titre encore assez prestigieux, en tout cas pour certains postes. En latin, *minister* = « serviteur ». Pendant longtemps, ce terme a eu un sens religieux : ministre de Dieu. À partir du XVIIIe siècle, « ministre » a acquis un sens politique.

À notre époque, un ministre, membre d'un gouvernement, et donc chef d'une administration, peut avoir un poids considérable (encore que dans les démocraties modernes, directes, sous pression permanente de l'opinion, tout affaiblit les dirigeants et transforme les leaders en followers) ou insignifiant. Cela dépend de beaucoup de choses. Aux critères classiques (les compétences, la résistance physique, l'autorité, la confiance du souverain) s'est ajouté dans les démocraties modernes un critère de représentativité au sens étroit : un gouvernement devrait être (aussi ou seulement ?) un échantillon représentatif des catégories et sous-catégories, majorité et minorités. Au moment même où la notion de démocratie *représentative* est contestée de toutes parts, c'est paradoxal.

C'est donc une fonction extraordinaire ou ingrate, selon les contextes. En tout cas, ministre des Affaires étrangères (*Secretary of State*) reste de loin, à mon avis, la fonction la plus intéressante, à part celle de président, du moins si l'on dispose d'assez d'autonomie pour être

« chef de la diplomatie ». Et si l'on peut s'affranchir de la fatalité dénoncée par Tocqueville : les démocraties mèneront de plus en plus leurs affaires *extérieures* sur la base des affaires *intérieures* ! Que dirait-il aujourd'hui des régimes d'opinion ?

En fait, l'avenir de la fonction de ministre et son intérêt dépendent beaucoup de l'évolution de l'affrontement entre démocratie représentative, démocratie directe ou continue, et démocratie participative. Et de la redécouverte, ou non, de la nécessité, dans le monde chaotique, de la politique étrangère, de la stratégie, de la durée, et donc de la négociation, ce qui est un métier.

Voir : Diplomatie ; Opinion publique.

Minorités

D'abord, de quoi parle-t-on ? Il y a une vision classique du sujet et une approche différente aujourd'hui en Occident. L'approche « classique » et juridique a été définie après la Seconde Guerre mondiale, en tout cas en Europe, et dans le système onusien multilatéral, en réaction à la façon cruelle ou atroce dont ont été traitées les minorités ethniques, linguistiques ou religieuses depuis la nuit des temps, pendant la Seconde Guerre mondiale bien sûr, mais aussi après 1945 avec les gigantesques mouvements de populations. Pour les protéger, il a été créé à partir de la Convention de Genève de 1951 relative au « statut des réfugiés », un « droit des minorités ». Les pays homogènes, où il n'y a quasiment pas de « minorités » de ce type (Japon, les deux Corées), sont rares. Dans la plupart des autres cas, même quand il ne s'agit pas d'empires ou d'États multinationaux, les minorités sont nombreuses. Cela dit, dans beaucoup de pays d'Europe, contrairement à ce que l'on dit pour minimiser la pression migratoire nouvelle, la population n'a guère bougé de la fin des « grandes invasions » jusqu'au XXe siècle.

D'autre part, d'autres minorités, influencées par ce qui se passe en Amérique du Nord, se durcissent et s'organisent depuis deux ou trois décennies. Minorités sexuelles. Il ne s'agit pas là des femmes qui ne sont pas une minorité, et donc pas non plus seulement des diverses formes de féminisme radicalisées, mais des LGBT, etc., et des minorités ethniques.

Dans le passé, les minorités ont pu, selon les cas et les époques, être tolérées, bien traitées, acceptées (la bourgeoisie copte en Égypte), voire être dominatrices (les Alaouites dans la Syrie des Assad), mais aussi utilisées, instrumentalisées, ou encore persécutées, et même anéanties. Plus récemment, cette question a pris un tour beaucoup plus âpre dans les anciens pays colonisateurs, en France et ailleurs en Occident, en tout cas dans ceux qui sont des démocraties ouvertes et judiciarisées où la partie la plus activiste des organisations qui disent représenter les minorités est tentée d'aller au-delà de la lutte contre les discriminations. Pour, par exemple, obtenir des réparations (minorités issues de pays colonisés) voire *de facto* un droit de veto sur des pratiques, des mots, des politiques, qui peuvent les agresser. Cela tourne à la censure, par exemple dans le courant américain des *post-colonial studies*, à la revanche contre l'homme blanc occidental. La bataille fait rage dans les universités nord-américaines en ce qui concerne l'enseignement de l'histoire, de la littérature, etc. (Philip Roth avait épinglé il y a longtemps avec son talent prémonitoire le risque de ce nouveau maccarthysme). Pour Marcel Gauchet (*Le Débat*), on ne pourra bientôt plus y enseigner les humanités. Ce mouvement est superficiel, mais réel. Il se répand dans les médias et le monde étudiant en Occident, même si l'histoire de la violence aux États-Unis est très spécifique. Il faut préserver les libertés de penser et de s'exprimer. C'est une bataille fondamentale pour l'avenir.

De même, dans une partie du monde musulman menacé ou intimidé par l'islamisme, l'enseignement des sciences (et du darwinisme) devient difficile, voire impossible.

Les batailles actuelles pour ou contre le « multiculturalisme », au Canada ou en Europe, sont typiques d'une époque où, en Occident, une partie des minorités ne veut plus s'intégrer ou s'assimiler mais devenir, sans s'adapter, une partie constituante d'un ensemble social ou politique tout à fait nouveau, et y exercer un droit de veto ou d'injonction, voire un chantage. C'est la question du communautarisme, voire du « séparatisme ». Les luttes judiciaires (mais qu'y peut la justice ?) pour déterminer s'il y a ou non un nouveau « racisme anti-Blanc » s'ajoutant aux racismes classiques en font également partie. Ainsi que la querelle de « l'appropriation » (au théâtre) en Amérique du Nord qui n'est pas que ridicule. Le risque est que « la seule minorité dont on ne se préoccupe pas soit la majorité ». Tout cela a alimenté aux États-Unis le vote Trump en 2017, et son score élevé en 2020 même s'il a été battu.

La nouvelle querelle minorités/majorité ne se présente de cette façon violente qu'en Occident, ou dans quelques pays culturellement et politiquement comparables. La question classique de l'instrumentalisation des minorités dans les relations internationales pour affaiblir un concurrent, neutraliser un pays critique, appuyer des revendications, est bien d'actualité.

Voir : Correct ; Diaspora(s) ; Influences ; Migrations.

Mitterrand, François

Difficile pour quelqu'un qui a consacré vingt-deux ans de sa vie à travailler avec le président Mitterrand après l'avoir admiré et deviné de loin si longtemps avant, après avoir entendu parler toute sa jeunesse de « François » par son père, après avoir passé plus de quinze années à présider la Fondation qui entretient la mémoire de sa vie et de son œuvre, quelqu'un qui a écrit deux livres sur lui[1], difficile d'en parler objectivement ! Je n'essaierai même pas ! C'est ailleurs, et plus tard, que je reviendrai peut-être sur cette aimantation, sur ce que le temps resculpte sans arrêt, sur cette intensification de la vie à son contact. Cela s'appellera « Retour à Mitterrand ».

Disons seulement pour parler géopolitique que sa façon d'assumer, en le faisant évoluer, l'héritage gaulliste de la Ve République, après l'avoir combattu, a donné naissance au néologisme moins oxymoresque qu'il n'y paraît de « gaullo-mitterrandisme ». La gauche socialiste a la nostalgie du Mitterrand d'Épinay, de l'Union de la gauche en 1971 à la victoire de 1981, et encore jusqu'au « tournant », qui n'en est pas vraiment un, de 1983. Elle est moins à l'aise avec la suite, et en général elle a zappé la France unie de 1988, la large réélection (54 %) et le second septennat. La plupart des gaullistes ont toujours combattu Mitterrand sauf quand, avec Chirac en 1981, ils ont trouvé VGE pire. Les rocardiens ne l'aimaient pas et jugeaient avant 1981 Mitterrand fini, mais c'est quand même grâce à ce dernier que Rocard a pu être un – bon – Premier ministre. Pour tous les politiques, de gauche et de droite, Mitterrand a été un sorcier du genre. Nombreux sont ceux

1. *Les Mondes de François Mitterrand*, Fayard, 1995-2019 ; *François Mitterrand, un dessein, un destin*, Gallimard, 2006.

qui m'ont dit : « Qu'aurait fait François Mitterrand dans cette situation ? » Pour tous les autres, les gens, François Mitterrand est un personnage historique. Beaucoup ont découvert l'homme Mitterrand, et le romantique avec les *Lettres à Anne* et le *Journal pour Anne* !

De nombreux chercheurs français et étrangers continuent à travailler sur lui. Et sur ce qu'il a eu à gérer – avec sang-froid – avec Mikhaïl Gorbatchev, George H. Bush et Helmut Kohl, c'est-à-dire le plus grand bouleversement mondial depuis la guerre : la fin de la guerre froide et de l'URSS, mais aussi sur sa relance de l'Europe avec Kohl, en mai 1984 à Fontainebleau, suivi d'une marche rapide jusqu'à la ratification du traité de Maastricht en 1992 (plutôt une monnaie unique qu'une zone mark *de facto*), passé, on l'oublie trop, à seulement 51,05 % des suffrages ! C'est à partir de ce moment-là que j'ai pensé qu'il y avait eu un bug dans cette construction européenne.

Des centaines, je dis bien des centaines, de livres lui ont été consacrés. À sa vie, bien sûr (1916-1996), ainsi qu'à sa politique et ses gouvernements, mais aussi à sa famille, ses proches, ses amis, sa guerre, sa carrière, ses lectures, ses livres, ses maisons, ses chiens. Livres haineux, critiques, favorables, admiratifs, dithyrambiques. On trouve de tout. Quelques-uns passionnants (Jean Lacouture, Franz-Olivier Giesbert, Jean Daniel, Philip Short, Alain Duhamel, Serge July, Éric Roussel).

Je me suis réjoui qu'en octobre 2018 un sondage *Le Figaro*/France Info, à la question : « Quel a été selon vous le meilleur président de ces quarante dernières années ? » (donc après de Gaulle), François Mitterrand ait été choisi, très en tête, avec 31 % des suffrages (puis Chirac à 26 %), même si Jacques Chirac a bondi en tête devant le général de Gaulle, sous le coup de l'émotion juste après son décès. Ne pas oublier : François Mitterrand était né en 1916 et avait connu l'effondrement de 1940. Un lien souterrain avec de Gaulle. Et une différence radicale avec les autres. C'était aussi avant le quinquennat, et les réseaux sociaux… un autre monde.

Voir : Confédération européenne ; France ; Présidents.

Mondialisation/démondialisation

Encore un mot-valise ! Le mot « mondialisation » a été employé pour la première fois, de façon optimiste, par Pierre de Coubertin en 1904. Il s'est répandu après la Seconde Guerre mondiale et, plus encore, depuis l'américano-*globalisation* (terme anglais, querelle vaine entre les partisans de l'un ou l'autre terme) des quarante dernières années. Objet de controverses acharnées. D'un côté ses partisans à tous crins pour qui la mondialisation est comme une évidence positive et l'assurance d'un progrès pour toute l'humanité, pour qui l'on ne peut ou ne doit ni la critiquer, ni la corriger, ni la ralentir, ni même la questionner, et à peine la réguler ; de l'autre ses contempteurs, pour qui elle est la source de tous les maux, surtout quand elle est – horreur ! – capitaliste ! Tous mélangeant allègrement causes et conséquences, sur fond de confusions historiques et d'inculture économique (plus encore en France qu'ailleurs).

Essayons d'y voir clair. La mondialisation ne date pas d'aujourd'hui ! « Sortie d'Afrique », de certains *Homo erectus*, il y a environ 1,8 million d'années (ils ne savaient pas qu'ils sortaient d'Afrique, ils suivaient des animaux) qui auront des descendants, en Asie et en Europe. Sortie de certains *Homo sapiens* il y a deux cent à cent cinquante mille ans, qui croisent certains des descendants d'*Erectus* (Néandertal et autres) et se mêlent un peu à eux. Les scientifiques disent pudiquement : « Ils échangent leurs gènes. » Colonisation complète du monde par ces *Sapiens* en quelques dizaines de milliers d'années. En zoologie, on dirait que le genre « *Homo sapiens* » est une espèce invasive, même à pied ! Les controverses entre paléoanthropologues sont très riches et très excitantes.

Bien bien longtemps après, après des millénaires de stabilisation/sédentarisation (le néolithique : immense progrès ou – Yuval Noah Harari, *Sapiens : une brève histoire de l'humanité* [2011] – fin d'un monde idyllique ?), il y a eu des mondialisations partielles, si l'on peut dire. En Eurasie : celle du christianisme, celle de l'islam, celle des Vikings, celle des marchands arabes en Afrique (pour le commerce et l'esclavage), vers l'océan Indien et en Asie du Sud-Est. Celle, plus spécifiquement asiatique, de la Chine. Et, déjà mondiales, celles des colonisateurs européens, d'abord portugais, puis espagnols, anglais, français, néerlandais, danois, allemands, italiens, russes. Suivies des empires : ottoman, russe, britannique, français ; la mondialisation britannique (la plus étendue) de

1850 à 1914 ; les Japonais entre les deux guerres. Puis l'actuelle, depuis 1945, l'américano-globalisation. D'abord, après la guerre, l'ONU, le plan Marshall, Bretton Woods, le GATT, l'OTAN, les bases américaines, puis, après la fin de l'URSS, en 1995, l'OMC.

Finalement, l'extension au monde entier de l'économie de marché, mais pas n'importe laquelle (il y avait des foires en Champagne au XIIIe siècle), chaque mot compte. C'était dans les gènes des États-Unis dès leur fondation. Et pour les décennies 1990-2020, une économie de marché dérégulée, financiarisée, dollarisée, numérisée.

En fait, la « mondialisation » est un terme ambigu, faussement neutre. Il y a eu bien sûr des inventions clés (portables, porte-conteneurs) mais plus encore des *mondialisateurs* (des gouvernements, des théoriciens, des médias, des think tanks, la Silicon Valley, les GAFAM, et donc le monde digital, des entreprises, des financiers) et des *mondialisés*, des gens, des peuples, considérés uniquement comme des consommateurs à satisfaire, et qui n'avaient rien demandé. L'idéologie qui l'a accompagnée, américaine mais pas seulement, était antiétatique, antiverticale, horizontale, transversale, ultra-individualiste (que l'on songe au projet d'activistes geeks californiens libertariens d'aller vivre dans des îles flottantes en haute mer pour échapper à toute souveraineté classique). C'est d'ailleurs cela qui est en train de l'emporter, en Occident.

Mais, fait nouveau dans les pays occidentaux depuis le début du XXIe siècle, les classes populaires, d'abord, une partie des classes moyennes, ensuite, ne considèrent plus que la mondialisation soit automatiquement bonne pour eux, contrairement à ce qu'on leur a affirmé, et s'indignent que ce soit la Chine qui en ait profité le plus. D'où des méfiances tous azimuts, et de vraies « insurrections électorales », moins pires cependant que l'abstention grandissante qui s'installe dans la durée. L'élection de

Trump en 2017, entre autres, a été une manifestation de cette défiance maintenant enracinée.

Les « mondialisateurs », parfois sincères et convaincus, parfois utopistes, parfois mus par la seule avidité, n'ont considéré les êtres humains que comme des consommateurs indifférenciés, et, par ailleurs, les migrations de masse comme ne posant aucun problème et étant même une bonne chose (main-d'œuvre, baisse des coûts salariaux). C'est typique de la « pensée OMC », même si, dans ce cadre, Pascal Lamy le rappelle, certains ont essayé d'encadrer, de « réguler », notamment lui, comme directeur général de 2005 à 2013. Mais Jean Tirole lui-même, le prix Nobel, a estimé le 7 octobre 2018, dans *Le Monde* – donc bien avant le coronavirus –, que cet « *Homo economicus* » avait « vécu ». La mondialisation à marche forcée telle qu'elle a été menée a été trop brutale, trop dérangeante, trop perturbatrice, trop insécurisante culturellement pour la plupart des peuples. Elle a provoqué en retour de puissants réflexes identitaires défensifs. Les traiter de « nationalistes », de populistes ou condamner le « repli sur soi » ne les fera pas disparaître. Sans parler de ses ravages écologiques. Mouvement brownien, permanent, et flux tendus. À un moment, cela casse. La pandémie a eu l'effet d'un crash-test.

Il n'y aura pas de « démondialisation » globale, même après la Covid-19. La « mondialisation » se poursuivra, sous une forme un peu ralentie, répartie autrement, compte tenu du nouveau rapport de force Chine/Occident (y compris pour la définition des normes et des règles) en son sein, par la compétition entre les puissances montantes et les puissances installées. Il y aura dans certains domaines une réindustrialisation. L'obligation vitale de tout écologiser donnera à la mondialisation un visage progressivement différent, plus régional, du fait d'une comptabilité qui intégrera les coûts écologiques jusqu'ici externalisés. Et de la volonté de réduire les dépendances et les vulnérabilités apparues en 2020. Après la grande peur du coronavirus, les peuples le demanderont. Tout le système productif va muter en quelques années. Ce ne sera plus tout à fait la « mondialisation » des quarante dernières années, couplée à une économie casino, et qui a mis le monde sens dessus dessous, mais autre chose.

Voir : Altermondialiste ; Covid-19 ; Dollar ; Ère numérique ; GAFAM ; Hyperpuissance ; Infrastructures ; Interdépendances.

Multilatéralisme

En réaction à Trump, l'invocation à tout bout de champ, comme un étendard, du terme multilatéralisme par les Européens, et notamment les Français, est typique de l'approximation et de l'à-peu-près du discours politico-médiatique contemporain. Cette idéalisation du multilatéralisme traduit le rejet que l'on a ressenti face au comportement et aux pratiques internationales choquantes de Donald Trump. Jetons de l'eau bénite sur ce vampire ! Et on se réfère aux textes sacrés de Kant, en 1795, à sa définition, en contredisant Hobbes, d'un pacte social de l'humanité qui doit permettre de dépasser l'état de nature ; on évoque les grandes décisions organisatrices de 1944-1945 (Bretton Woods en juillet 1944, San Francisco pour l'ONU en 1945), en oubliant que ce cadre multilatéral, qui a très bien fonctionné pendant près de soixante-dix ans, avait été établi de façon quasi unilatérale par le vainqueur, les États-Unis.

La condamnation de Trump a commencé par un contresens de la part des Européens quand, dès le début, il a déclaré qu'il voulait se libérer des engagements multilatéraux des États-Unis, tel un Gulliver brisant les liens dans lesquels les Lilliputiens alliés pensaient l'enserrer : il a alors été traité par les Européens d'« isolationniste ». Ce qui est encore autre chose, et traduit surtout la peur panique d'être abandonné. En réalité, Trump n'est pas isolationniste, il n'a jamais voulu isoler les États-Unis, même pas revenir à la Farewell Address de George Washington (qu'il ne connaît sans doute pas). Il voulait continuer à dominer, il refusait que la Chine devienne numéro 1, il voulait pouvoir décider ce qu'il voulait quand il voulait, de la façon fantasque et ubuesque que l'on a constatée au fil de son mandat et de ses tweets. C'est là où le multilatéralisme a été brandi par une Europe trahie comme la référence absolue en relations internationales, qui ne saurait en aucun cas être violé, une sorte de dogme. Ne rouvrons pas cette boîte de Pandore ! En réalité, et c'est là que ce terme, très honorable, est trompeur, presque aucun pays n'a jamais été complètement et uniquement multilatéraliste. À part peut-être la Suisse, compte tenu de ses principes affichés, et un certain nombre de petits pays parce qu'ils n'ont pas d'autre choix, et peut-être le Canada. Mais aucune puissance (il y en a une vingtaine, grandes ou petites, pas 200) ne l'a été complètement. Même pas la France. Sinon, il y a longtemps qu'il n'y aurait plus de dissuasion nucléaire française. Ni de politique étrangère un peu autonome. Et même les présidents américains les plus ouverts des dernières décennies, Barack Obama ou Bill Clinton, le reconnaissaient. Ce dernier disait : « Quand il y a un problème, nous essayons de le résoudre avec nos amis et nos alliés. Si ce n'est pas possible, on s'en occupe tout seuls. » Même eux deux n'ont pas pu faire ratifier par les États-Unis le statut de la Cour pénale internationale. Et je ne parle même pas des politiques clairement unilatéralistes aujourd'hui de la Russie, de la Chine, de l'Inde, d'Israël, de la Turquie, de l'Arabie, etc. Il n'en reste pas moins que c'est évidemment préférable d'essayer de régler les problèmes communs à une région ou à l'humanité par la coopération internationale, à condition que l'on ne s'en remette pas lâchement, pour ce faire, à une imaginaire communauté internationale. Multilatéralisme signifie négociation permanente. J'ai parlé à propos de l'ONU d'une assemblée de « 200 copropriétaires ». Mais dans certains cas, ça ne suffit pas. Il est clair par exemple que, en ce qui concerne l'écologisation, vitale pour l'avenir de l'humanité, l'unanimité dans le cadre du multilatéralisme sera impossible à atteindre avant longtemps, et paralysante. Or, il faut avancer. On combinera un multilatéralisme idéal général et systématique au multilatéralisme agissant de petits groupes moteurs ou d'avant-garde. Au sein de l'Union européenne, temple de l'idée multilatérale et des bonnes intentions internationales, les États membres réclament sans arrêt des initiatives ambitieuses de la France et de l'Allemagne, et se réjouissent quand le moteur franco-allemand se remet en marche. Ce qui n'est pas exactement multilatéral. Bref, il faut donner une définition pragmatique du multilatéralisme, le privilégier, l'essayer en premier, mais ne pas en être prisonnier. Enfin, même quand ça fonctionne, en général parce qu'une ou deux vraies puissances préfèrent agir ainsi pour entraîner un mouvement plus large, c'est un moyen, un procédé, pas une fin en soi. La question ne devrait donc pas être : « Sommes-nous multilatéralistes ou pas ? » (oui, on préfère, ce serait mieux), mais : « Quels objectifs voulons-nous atteindre par le multilatéralisme, si on arrive à remettre en marche la coopération internationale, à travers des coalitions de volontaires ? »

Multinationales

Euphémisme inventé dans les années 50 par les plus grandes entreprises américaines de l'époque (à commencer par IBM) pour se protéger de l'antiaméricanisme en prétendant que, agissant dans le monde entier, elles n'étaient pas d'une nationalité particulière, alors même qu'elles étaient (capital, dirigeants, intérêts)... américaines.

Depuis, avec la globalisation, des multinationales de toutes nationalités se sont développées (environ 85 000) et, même si comparaison n'est pas raison, beaucoup d'entre elles ont un chiffre d'affaires supérieur au PIB de la majorité des membres des Nations unies (par exemple, en 2018, Google + Amazon = le PIB de la France). Déjà il y a vingt ans, comme ministre, j'avais demandé : « Qui régule qui ? »

Les multinationales sont devenues une figure clé de la mondialisation dérégulée et, s'agissant des banques et des fonds de toutes sortes, financiarisée.

Les complotistes (les mêmes qui écrivent sans rire que les 200 du Bilderberg[1] sont un gouvernement mondial secret ou qui s'excitent contre la Trilatérale) pensent que les multinationales inspirent les décisions des démocraties « de marché ». Cela peut arriver, bien sûr, sur des enjeux commerciaux ou internationaux précis, et ce n'est pas forcément caché. Mais elles sont aussi en lutte permanente entre elles, par exemple les majors du pétrole et du numérique. Il y a la foire d'empoigne des États, qui, en même temps, sur certains sujets, coopèrent. Et

1. Le groupe Bilderberg, du nom de l'hôtel à Oosterbeek (Pays-Bas) où ils se réunissent annuellement, est composé d'environ 130 personnes, essentiellement des Américains et des Européens, en majorité de personnalités de la diplomatie, des affaires, de la politique et des médias.

la compétition permanente des entreprises globales. À géométrie variable. Il va s'y ajouter les batailles sur le rythme de l'écologisation. Mais qui décide finalement ? C'est compliqué. D'où le succès des analyses simplistes, manichéennes qui répondent à un besoin.

Voir : GAFAM ; Mondialisation/démondialisation.

Munich (Accords de)

Honte obsessionnelle. Le 30 septembre 1938, Édouard Daladier pour la France et Neville Chamberlain pour la Grande-Bretagne signent avec Adolf Hitler et Benito Mussolini à Munich un accord pour mettre fin à la « crise des Sudètes », provoquée par la revendication menaçante par Hitler de cette région de Tchécoslovaquie peuplée d'Allemands, pays créé à l'instigation de la France par le traité de Saint-Germain-en-Laye en septembre 1919. Hitler extorque ainsi le droit d'annexer sans coup férir les régions tchécoslovaques germanophones. La France et la Grande-Bretagne (Chamberlain, plus encore que Daladier) espèrent que Hitler s'en tiendra là et que la paix sera sauvée ! On sait que Hitler ne s'en tint pas aux Sudètes ! Ces accords seront invoqués comme prétexte par Staline pour conclure secrètement en août 1939 le pacte germano-soviétique conçu par Ribbentrop et signé avec Molotov : puisque les démocraties reculent devant Hitler, je dois gagner du temps. Rappelons que, six ans après la défaite nazie, 3 millions d'Allemands furent expulsés de Tchécoslovaquie et renvoyés en Allemagne, ainsi que 8 de Pologne et de Hongrie.

Depuis plus de quatre-vingts ans, « Munich » est devenu le symbole de la capitulation lâche, déshonorante et, en plus, inefficace des démocraties devant l'usage de la force et le fait accompli. De nouveaux « Munich » ont été dénoncés des dizaines de fois par des médias ou des intellectuels occidentaux interventionnistes sans que cette analogie ait jamais été vraiment convaincante.

On a dénoncé à juste titre l'aveuglement des démocraties. Mais pas seulement à partir de 38 ! Chamberlain croyait, après Munich, pouvoir encore apaiser Hitler. Daladier était revenu amer et lucide : on connaît sa réaction face à la foule qui l'acclamait au Bourget : « Les cons, s'ils savaient. » Et surtout : « Si j'avais eu 4 000 avions modernes, il n'y aurait pas eu de Munich ! » Et, de fait, les Français qui se déchirent toujours ou se flagellent quatre-vingts ans plus tard sur Vichy, la collaboration, etc., examinent très peu les causes de l'effondrement de 40 dont toute la suite découle : les années d'avant-guerre pendant lesquelles Hitler réarme à marche forcée, et la France qui ne se prépare pas, ou pas assez. Cela ressemble à un tabou. Pourquoi ?

Voir : Histoire de France ; Seconde Guerre mondiale.

Murs

L'époque du mouvement perpétuel condamne les murs. Normal. Le Mur, à notre époque, cela a été « le mur de Berlin ». Construit le 13 août 1961 pour empêcher la fuite vers l'ouest des Berlinois de l'Est, ouvert le 9 novembre 1989, il a supplanté dans l'imaginaire mondial contemporain, en tout cas occidental, la Grande Muraille de Chine (en fait, *les* grandes murailles), construites entre le IIIe avant J.-C. et le XVIIe siècle, notamment sous les Ming, pour protéger la Chine des peuples des steppes, et qui ont longtemps été efficaces ; le mur pharaonique cité par Jean Lacouture : « Aux alentours de l'an 2000 avant notre ère, un pharaon de la XIIe dynastie, prudent comme un fellah, fit bâtir au travers de la péninsule du Sinaï une muraille que l'on appela "le mur du Prince". Il s'agissait, nous révèlent les scribes du Moyen Empire, d'empêcher à tout jamais les pillards de l'Asie de venir faire boire leurs troupeaux dans l'eau du Nil[1] » ; les « longs murs » de 25 kilomètres construits entre 461 et 456, de la cité d'Athènes au Pirée ; les limes romains en Germanie, dissuasifs pendant plusieurs siècles contre les peuples venus d'Asie centrale ; les murs en Provence, au XVIIe siècle, pour protéger de la peste arrivée au port de Marseille ; d'autres murs qui séparent ou isolent : la ligne Maginot édifiée de 1928 à 1940 pour empêcher une nouvelle invasion allemande ; le mur pour protéger Israël des attentats, en empiétant sur les territoires palestiniens, à partir de 2002 ; le mur anti-immigration illégale entre les États-Unis et le Mexique édifié à partir de 2006 par le Secure Fence Act, et que Donald Trump,

1. Jean et Simonne Lacouture, *L'Égypte en mouvement*, Éditions du Seuil, coll. « Esprit Frontière ouverte », 1956.

dès 2017, a entrepris de prolonger et de terminer (aux frais du Mexique, prétendait-il !).

La *doxa* qui a dominé en Occident pendant ces dernières décennies, notamment en Europe, était « sans-frontiériste ». Elle condamnait donc les murs, en confondant murs et frontières, frontières et fermetures. Outre qu'ils seraient moralement choquants, tout le monde ayant le « droit » d'aller où il veut, ils seraient inefficaces. Exemple, la ligne Maginot. À ceci près qu'elle a été *contournée*, pas franchie, car elle n'allait pas jusqu'à la mer, la France se croyant protégée par la neutralité belge ! Les grandes murailles ont longtemps protégé la Chine. Les limes romains n'ont pas été complètement inefficaces. Le tracé du mur israélien est illégal, mais il a stoppé les incursions terroristes, etc.

Mais le sens qu'a pris « le mur de la Honte » (celui de Berlin) est significatif d'une époque d'émotivité, de simplisme, de confusion historique et de simplification des enjeux. D'abord, il n'avait pas été érigé, redisons-le, pour empêcher d'entrer, mais pour empêcher de sortir (de l'Allemagne de l'Est, la RDA). C'était un mur de prison. Ensuite, il est devenu à tort le symbole du début et de la fin de la guerre froide. C'est inexact. Quand il a été érigé, la guerre froide avait commencé depuis près de quinze ans. Et l'URSS ne disparaîtra qu'en décembre 1991, deux ans après sa « chute » en novembre 1989. En outre, en 1989, les Allemands de l'Est pouvaient déjà partir depuis l'été par la Hongrie et la Tchécoslovaquie.

En outre, le Mur n'a pas « chuté », il a été ouvert par des gardes-frontières déboussolés et laissés sans instruction par un pouvoir aux abois. Trois semaines plus tard, le chancelier Kohl parlait encore dans son plan en dix points d'un long processus pour parvenir à la réunification. Donc la « chute » du Mur n'est pas le début de la fin de l'Histoire. Elle n'a pas déclenché la disparition de l'URSS. C'est l'affaiblissement de l'URSS et le refus de Gorbatchev d'employer la force qui a rendu possible novembre 1989, sans même attendre le traité d'unification de 1990.

Mais, puissance de l'image et des émotions : les gens ont *vu* à la télé des Berlinois détruire le Mur à coups de pioche. En fait, c'était le lendemain, pour prendre des petits morceaux de mur, des souvenirs. Cela fait beaucoup d'illusions d'optique !

L'allergie européenne aux murs s'est étendue aux frontières, assimilées à des fermetures injustes et cruelles. Bien sûr, les murs fermés ne sont pas sympathiques, mais une frontière peut être ouverte ou fermée, on peut la franchir légalement. L'idéologie bobo « sans-frontiériste » qui a dominé l'imaginaire des Ouest-Européens des trente dernières années explique en partie la longue négligence envers les frontières extérieures de Schengen. Face à la pression migratoire, et à l'afflux de réfugiés, en majorité musulmans à une époque où l'islam se réislamise et où les Européens constatent que les musulmans n'arrivent pas à contenir l'islamisme, sans même parler du terrorisme, cette idéologie angélique est en déroute, d'où le retour aux frontières nationales, en attendant mieux. Dans le meilleur des cas, les États membres de Schengen réussiront à sanctuariser l'asile pour les réfugiés vraiment en danger et persécutés (le droit d'asile est souvent détourné), et à réduire un peu la pression migratoire par des politiques cogérées entre les pays de départ, de transit et d'arrivée. Ces questions se posent d'ailleurs aussi à l'Amérique du Nord, à l'Australie, à la Côte-d'Ivoire, à l'Afrique du Sud, à l'Argentine, etc.

Contrastant avec la déferlante de niaiseries sur les frontières – différentes des murs –, Michel Foucher et

Régis Debray (ce dernier dans *Éloge des frontières*, Gallimard, 2010) ont écrit des choses justes et salutaires. Il y a eu un juste usage des frontières.

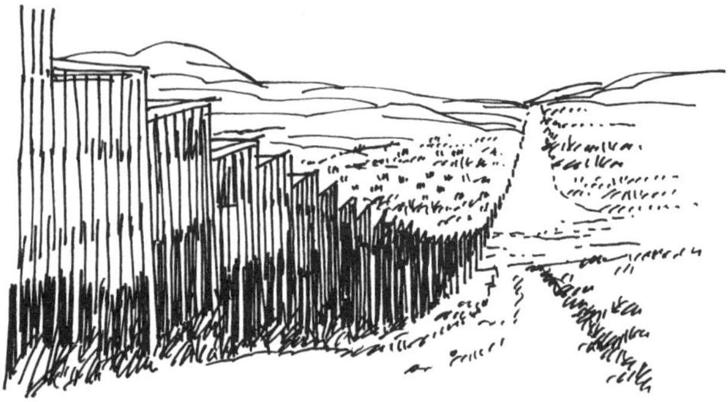

Voir : Berlin ; Europe ; Guerre froide ; Manichéisme ; Migrations.

Mythes

Comment s'en passer ? On peut toujours prétendre que les mythes sont des *constructions* imaginaires par des communautés à la recherche de leur cohésion. Religieuse, avec les récits fondateurs des révélations ou de la création du monde chez les Égyptiens, les Mésopotamiens, les juifs, les chrétiens, les musulmans et tous les autres. On peut considérer comme ayant été des mythes l'ancêtre commun des tribus, la croyance dans l'origine divine des dynasties européennes ou asiatiques : César prétendait descendre de Vénus, *via* Énée, et Cléopâtre d'Isis. Le rattachement des empires européens à l'Empire romain, l'idée même de « chrétienté », ou « d'Occident ». Et, plus proche de nous, nos « valeurs *universelles* », le droit *international*, la « *communauté* internationale », l'« Europe », le « Progrès », maintenant l'homme « *augmenté* », etc.

Il n'empêche que, si un mythe est cru à un moment donné par un nombre important de gens, cela devient une réalité, et une force politique que n'efface pas une déconstruction prétentieuse et érudite.

Par exemple, les Français sont nombreux à croire que leur pays a une vocation universelle ; les Anglais que leur pays a une relation spéciale avec les États-Unis ; certains Israéliens sont convaincus que la Bible, cette fascinante construction collective tardive, leur donne des droits territoriaux. Heureusement qu'aucun nationaliste grec ne s'est emparé dans ce but de l'*Iliade* ou de l'*Odyssée* ! Certains musulmans croient que le Coran a littéralement réponse à tout. Certains Chinois pensent que la place de leur pays est au premier plan, de nouveau. Les États-Unis estiment être un pays « exceptionnel » même si Obama a osé dire un jour – courage ou malice – que plusieurs autres peuples se considèrent aussi comme exceptionnels !

Jamais les êtres humains n'ont été autant formés, informés, connectés. Cela les rend-il plus rationnels et raisonnables ? Visiblement non. Peut-être plus jaloux et impatients ? L'espèce humaine n'est pas, ou pas longtemps, ou pas majoritairement, rationnelle, on le voit bien déjà chez les Français, pas cartésiens. Les mythes ont de beaux jours devant eux, à commencer par la croyance dans le complot, plus vivace que jamais : comme la transparence ne confirme pas, et pour cause, les croyances des complotistes, c'est la preuve à leurs yeux que les vraies choses sont cachées ! Il faut au moins agir en permanence pour que les mythes ne deviennent pas meurtriers et ne jettent pas des populations entières les unes contre les autres… Ou ne rendent pas impossible la vie sur Terre !

Voir : Religions ; Valeurs.

N

Napoléon

Fulgurant. Est-il possible d'admirer Bonaparte, sa fougue, son audace, son talent militaire inouï (avant lui, le Grand Condé précurseur à Rocroi) et de condamner Napoléon, ses 2 millions de morts, son *hubris* qui l'a empêché de s'arrêter en 1807 et a mis en péril l'ensemble de son œuvre intérieure et extérieure, son échec final qui a ouvert la voie à la suprématie anglaise ?

Vieux dilemme que rejettent ses admirateurs inconditionnels et auquel n'échappent que de sévères censeurs de gauche – qui condamnent en bloc le « bonapartisme » et entendent lutter contre ses émules et ses séductions trompeuses. On a pu le revoir autrement, en 2020, de façon oblique à travers son frère Lucien, vrai « prince républicain », selon la formule et l'ouvrage de Cédric Lewandowski.

Le bilan en 1815 s'annonçait désastreux pour la France qui n'échappera à ses conséquences que grâce à un autre génie complètement différent, Talleyrand. Mais la fascination demeure. En février 2019, à l'ENA, il y a encore eu 25 voix sur 100 pour choisir Napoléon comme nom de promotion.

Voir : Histoire de France ; Stratégie (stratège).

Néoconservateurs

Faux ami ! Attention au contresens ! Les néoconservateurs, les « néocons », nés aux États-Unis ne sont pas de nouveaux *conservateurs*, sociaux, économiques ou culturels, des « réacs » comme la gauche française en voit partout. Aucun rapport. À l'origine, il s'agissait plutôt de gauchistes droits-de-l'hommistes situés à la gauche du parti démocrate qui condamnaient le réalisme d'Henry Kissinger qui jugeait nécessaire, dans l'intérêt des États-Unis, de négocier avec l'Union soviétique des accords de désarmement. Les « néocons », alors appelés des « faucons » – *hawks* –, estimaient qu'il fallait combattre l'URSS au nom de nos « valeurs », la refouler, pas négocier avec elle. Au fil des décennies, ces « néocons » ont glissé à la droite du parti républicain classique, de l'establishment. Ils ont estimé, après 1991, que la victoire de l'Occident sur l'URSS était trompeuse (ce n'est pas faux), que l'Occident était menacé par des civilisations hostiles (le risque de clash, ou de choc, existe mais il y a une différence radicale entre vouloir l'éviter ou l'attiser et l'exploiter), qu'il devait donc former un bloc (surtout pas de politique étrangère française trop autonome !), qu'Israël, en première ligne, devait être soutenu systématiquement (donc soutien au Likoud, aux nationalistes et aux religieux), que la Russie devait être traitée en ennemie, que les sanctions unilatérales étaient légitimes et que l'intervention en Irak en 2003 était justifiée. Ils ont pris le contrôle de la politique étrangère américaine sous G. W. Bush après le 11 Septembre. La Chine a toujours été l'angle mort de leur politique, d'où leur gêne vis-à-vis de Trump, dont le réalisme brutal et élémentaire les dérangeait car il révélait leurs limites et surtout faisait l'impasse sur la Russie. Cette école a été très bien étudiée par Justin Vaïsse et Pierre Hassner. Transposée en France, elle a remis en cause la politique étrangère de la Ve République. Tout un courant de pensée, incarné en France par Thérèse Delpech, s'est inscrit dans cette analyse et s'est employé à déconstruire le gaullo-mitterrandisme diplomatique et à occidentaliser la politique étrangère française, avec un certain succès – regrettable –, mais pas complet ni forcément durable. Je pense qu'ils n'ont pas eu entièrement tort sur le diagnostic, mais la politique occidentale missionnaire qu'ils préconisent est la pire et la moins praticable des réponses. Cela ne peut qu'échouer et nous affaiblir.

Voir : BHL (Bernard-Henri Lévy) ; Delpech, Thérèse ; Valeurs ; Universalisme.

Nixon, Richard

Délit de sale gueule. Né en 1913, élu président en 1969, mort en 1994, Richard Milhous Nixon fut l'un des hommes politiques américains les plus vilipendés sur la scène intérieure : il dut démissionner et quitter le pouvoir le 9 août 1974, chassé après le scandale du cambriolage des locaux du parti démocrate dans l'immeuble du Watergate. Par cette basse manœuvre et surtout par ses mensonges, il avait dressé contre lui presque tous les médias des côtes est et ouest, *Washington Post* en tête qui s'en fit une gloire, avec Bob Woodward, la jeunesse, les étudiants, les démocrates et finalement l'establishment républicain aussi qui ne voulut pas couler avec lui. Il reste toujours rejeté aux États-Unis comme incarnation de l'immoralité. Contraste : sur le plan international, comme président américain pendant cinq ans, il fut l'un des meilleurs de l'après-guerre. La combinaison improbable entre lui et Henry Kissinger, conseiller à la sécurité nationale puis secrétaire d'État, fit merveille.

Ils négocièrent des accords réalistes de maîtrise des armements et de coexistence pacifique avec l'URSS (ce que l'Occident est devenu incapable de faire avec la Russie, pourtant moins dangereuse), ce qui ne les empêcha pas de soutenir en même temps les régimes les plus répressifs, comme au Chili, au nom de la lutte contre le communisme. C'est à cette époque que les « faucons », ancêtres des néoconservateurs interventionnistes, droits-de-l'hommistes commencent à taxer Kissinger de « cynisme » et d'amoralisme parce qu'il négociait avec Moscou ! Nixon et Kissinger ont pu être impérialistes, mais ils n'étaient pas des missionnaires, et ne parlaient pas « d'axe du mal ». Ils étaient réalistes.

Leur coup de maître fut l'établissement d'une relation stratégique États-Unis/Chine, préparée en secret par

Kissinger et consacrée par le voyage de Richard Nixon en février 1972, reçu par Mao et par Zhou Enlai, et le fameux communiqué de Shanghai – document ouvrant la voie au rétablissement de relations entre les deux pays, rompues depuis 1949 – qui a surdéterminé la politique américaine envers la Chine jusqu'à Trump, près d'un demi-siècle !

Nixon et de Gaulle furent présidents en même temps, pendant quelques mois, de janvier à avril 1969. Nixon vint à Paris dès son élection uniquement pour rencontrer de Gaulle. Il y fut dithyrambique sur « le géant », auquel il ne reprocha ni sa sortie de l'OTAN en 1966 (à laquelle de Gaulle n'aurait peut-être pas été contraint s'il avait eu en face de lui Nixon plutôt que Johnson) ni son discours de Phnom Penh du 1er septembre 1966 où il avait affirmé, entre autres, « le droit des peuples à disposer d'eux-mêmes » – principe wilsonien ! – et où il avait critiqué l'intervention américaine au Vietnam.

Voir : Chine ; Guerre froide ; Kissinger, Henry ; Présidents.

Nobel

Selon Bertha von Suttner, pacifiste autrichienne, prix Nobel de la paix 1905, rapportée par Stefan Zweig, c'est pour « réparer le mal qu'il avait causé avec sa dynamite » (inventée en 1866 à partir de la nitroglycérine) qu'Alfred Nobel laissa à sa mort en 1896 son immense fortune pour créer une fondation. Celle-ci devait attribuer divers prix dont celui de la paix pour récompenser « la personne ou la communauté qui aura[it] le plus contribué à la suppression ou à la réduction d'armées permanentes, à la propagation des progrès pour la paix ».

Alfred Nobel avait fait fortune comme ingénieur chimiste et propriétaire de la manufacture d'armements BOFORS. Depuis, sa dynamite a été supplantée par le « plastic » et le Semtex. Quand la Suède et la Norvège se sont séparées en 1905, c'est à la Norvège qu'est revenue la responsabilité de désigner le prix Nobel de la paix. Le retentissement est mondial. Mais ses choix depuis 1901 (moins dix-neuf années où il n'a pas été attribué – non-unanimité, guerres mondiales...) traduisent bien l'idée parfois déconcertante que se font les luthériens évangéliques scandinaves de la paix.

À l'époque contemporaine, ils ont primé, en 1993, Mandela et de Klerk (on oublie trop souvent le second), en 1994 Yasser Arafat, Shimon Peres et Yitzhak Rabin (choix courageux), ou Barack Obama dès 2009 parce qu'il avait envisagé un monde sans armes nucléaires (cela l'a bien embarrassé). Mais surtout des organisations humanitaires, l'Union européenne (on se demande pourquoi, l'Europe étant la fille, pas la mère, de la paix), l'ONU et Kofi Annan en 2001, Jimmy Carter en 2002, des dissidents courageux (le Chinois Xiaobo en 2010), des personnalités extraordinaires (le médecin congolais Denis Mukwege en

2018, qui milite pour la création d'un Tribunal pénal international afin de juger, sur la base du rapport Mapping, de ce qu'il s'est passé en République démocratique du Congo, et spécialement au Kivu depuis 1994, ce qui leur vaut d'être menacés), l'Indien Kailash Satyarthi, la Pakistanaise Malala Yousafzai, l'Iranienne Shirin Ebadi.

De toute façon, il y a confusion à propos de ce qui permet de fonder ou de rétablir la paix : l'équilibre des forces ou le désarmement ? La realpolitik ou l'amour universel ?

Ce n'est donc pas étonnant que ce prix soit, plus que les autres (littérature, physique, chimie, médecine), contesté ou critiqué.

Voir : Paix.

Nucléaire

Ah ! le nucléaire ! Beaucoup de voix ont affirmé au lendemain du bombardement nucléaire d'Hiroshima, le 6 août 1945, que, ayant acquis la capacité de s'autodétruire, l'humanité était entrée dans une nouvelle phase de son histoire. Soixante-quinze ans après, le nucléaire est toujours là, et c'est plutôt la dégradation écologique accélérée qui menace à l'avenir la vie sur Terre ! Il y a deux histoires nucléaires distinctes : l'énergie et l'arme.

À partir des années 1890, une prodigieuse histoire scientifique : la découverte de la radioactivité par Henri Poincaré, Henri Becquerel, Marie et Pierre Curie puis Niels Bohr et Enrico Fermi. Elle va conduire à la maîtrise de la *fission* nucléaire (mais toujours pas, en 2020, de la *fusion*) et à une énergie entièrement nouvelle qui nécessite de l'uranium. En 1973, après le premier choc pétrolier, pour moins dépendre du pétrole du Moyen-Orient, Georges Pompidou et Pierre Messmer (son Premier ministre) lanceront le grand plan d'électricité nucléaire (avec EDF, le CEA puis la COGEMA et Framatome). Cela permet à la France de produire son électricité à 70 % à partir du nucléaire et donc d'être un des pays d'Europe qui rejette le moins de CO_2, avec une énergie « décarbonée » à 95 %. Des majorités de gauche fragiles ont décidé, pour des raisons plus politiques que scientifiques, de donner des gages à des écologistes politiques et de réduire la part de nucléaire à 50 %. Absurde ! Three Mile Island a été un accident nucléaire, mais Tchernobyl un accident soviétique, et Fukushima un accident géologique, un tsunami. Bien sûr, l'avenir est aux énergies décarbonées (y compris le nucléaire), puis, quand on le pourra, entièrement renouvelables. En bonne logique, la priorité écologique devrait être de réduire d'abord le charbon, ensuite les schistes bitumeux, puis les autres pétroles, plus tard le gaz, et plus tard encore, le nucléaire, dès que les énergies renouvelables seront compétitives et que l'on pourra stocker durablement l'énergie solaire.

Et puis, il y a *l'arme* nucléaire, que les Américains ont maîtrisée – heureusement –, avant Hitler (projet Manhattan dès 1939, sous la direction du général Groves et de Robert Oppenheimer, à Los Alamos en 1943). Hiroshima, 1945. Le général de Gaulle crée le CEA dès 1945. Après, c'est la longue histoire de la croissance de l'armement nucléaire (les bombes, les vecteurs) américain, soviétique, britannique, français, puis chinois, israélien, indien, pakistanais, qualifié d'arme de *dissuasion* (et non d'emploi), après des controverses et des débats sans fin. Je pense qu'elle a garanti la paix entre les puissances nucléaires.

Revenons à l'énergie. Il est pour le moment impossible de sortir du nucléaire sans relancer le charbon et le CO_2 : le contre-exemple allemand le démontre. L'urgence est de réduire le charbon. Et stratégiquement – quoi que pensent les initiateurs du Traité d'interdiction des armes nucléaires, le TIAN – comment imaginer un monde assez sûr pour se passer de l'arme nucléaire ? S'assurer d'ici là que l'arme nucléaire reste une arme de dissuasion et non d'emploi ? La stratégie et la conception françaises restent les plus rationnelles.

Voir : Écologisation ; Énergie ; Seconde Guerre mondiale.

Nye, Joseph Samuel Jr., dit Joe

C'est à Joseph Samuel Nye Jr., dit Joe Nye, né en 1937, ancien doyen de la Kennedy School of Harvard, ancien secrétaire adjoint à la Défense sous Clinton (1994-1995), théoricien et penseur des relations internationales que l'on doit la notion de *soft power* (esquissée avant). Jugeant nécessaire et positive l'hégémonie américaine, Nye affirma, dans *Bound To Lead,* en 1990, contre Paul Kennedy (le Britannique qui avait publié en 1987 *Naissance et Déclin des grandes puissances – The Rise and Fall of the Great Powers*), que les États-Unis n'étaient pas en déclin et dominaient toujours le monde par leur *hard power*, mais qu'ils pouvaient l'exercer avec retenue et finesse : c'est le *soft power.* Attention, il ne s'agit pas pour lui d'abandonner le *hard power* au profit d'une aimable politique d'influence, ce n'est pas un penseur européen, mais de gérer plus habilement la puissance américaine dans un monde plus complexe, plus interdépendant, et où des puissances émergentes sont apparues. Ce n'est pas un substitut mais un relais. Certains ont imaginé que le *soft power* pouvait être un substitut à la puissance. Ce n'est pas son cas. Plus tard, il parlera de *smart power*, qui combine les deux.

Le *soft power* américain a enveloppé et imprégné le monde depuis 1945. La Chine, qui impressionne sans séduire, développe le sien. L'islamisme exerce une sorte de *soft power* terrorisant.

Que pèsera demain le *soft power* américain face au nouveau *soft power* chinois quand celui des démocraties perd de sa force ? Et l'Europe en a-t-elle un ?

Voir : Influences ; Penseurs.

O

Obama, Barack

Parce qu'il est né à Honolulu (Hawaï) en 1961, d'une mère américaine et d'un père kenyan, et a été élevé en partie en Indonésie, la nationalité de Barack Hussein Obama a été contestée par la bêtise raciste à front de taureau, notamment par Trump ! Obama a quand même été président pendant deux mandats, de 2009 à 2017, donc élu deux fois. Les Européens se sont émerveillés que l'Amérique ait élu « un Noir », en fait un métis. Cet engouement candide, ajouté à l'enthousiasme provoqué en Scandinavie par son discours de Prague sur un monde sans armes nucléaires, le 5 avril 2009 – plus papal que présidentiel –, lui a valu dès le 9 octobre 2009 un prix Nobel de la paix prématuré et encombrant. Symétriquement, son élection a plongé dans une rage durable le parti républicain où les républicains réalistes (le courant aujourd'hui disparu qui a été de Nixon et Kissinger à McCain, en passant par Ronald Reagan, George Bush père et le général Scowcroft) ont été marginalisés. Le Tea Party puis une base enragée, de plus en plus extrémiste, antiélites, antimondialisation, annonçait en fait Trump. Ce courant a été violemment anti-Obama, « accusé », je l'ai rappelé, de ne pas être américain (il dut produire son bulletin de naissance !), d'être un musulman caché, etc. Haine raciale sans masque.

Très intelligent (trop ?), intellectuel brillant, ancien responsable de la *Harvard Law Review*, follement séduisant, magnifique orateur (voir son discours sur l'Amérique « postraciale »), Obama géra avec élégance, distance et humour la guérilla washingtonienne contre lui et, du fait du reblocage du Congrès, une cohabitation forcée et de combat qui a achevé d'anéantir la fameuse capacité des institutions américaines à produire des compromis. Obama fut sans doute trop sophistiqué et cérébral pour présider un peuple fruste (à part les élites des côtes est, ouest et de Chicago) et manichéen, mû par des émotions primaires et un rejet de *the rest*. Un jour, comme je disais à Henry Kissinger : « Il a compris le monde », il me rétorqua : « Il n'a pas compris l'Amérique. »

Pourtant son optimisme était typiquement américain et son analyse internationale juste : contenir la Chine en pivotant vers l'Asie, sans devenir agressif, essayer de redémarrer les relations avec la Russie (le « reset ») et de faire la paix au Proche-Orient (discours du Caire). Mais il désempara ses partisans par trop de réflexion, d'attente et de retenue, et pas assez de persévérance, et, *in fine*, une sorte de détachement. Ce qu'il décrit de l'enfer washingtonien dans *Une terre promise* (Fayard, 2020) est un système qui se paralyse lui-même. À John Kerry partant au Proche-Orient, et sollicitant ses instructions, il se borna à dire : « *God bless you !* »

François Hollande lui en voulut amèrement de ne pas avoir frappé la Syrie d'Assad malgré le franchissement de la ligne rouge après l'emploi de l'arme chimique en 2013, l'abandonnant en rase campagne. Mais le Congrès, échaudé par G. W. Bush, ne l'aurait pas suivi, d'autant que la Grande-Bretagne, elle-même traumatisée par Blair, s'était retirée. De toute façon, il pensait que les Occidentaux n'auraient pas réussi à maintenir ensuite au pouvoir des démocrates en Syrie face aux islamistes (ce que conteste l'émir du Qatar).

Michelle Obama a publié ses mémoires en novembre 2018 (*Becoming*, paru en français chez Fayard sous le titre de *Devenir*), et Barack le premier tome des siennes, en novembre 2020, chez le même éditeur : *Une terre promise*. Il a lancé une mise en garde remarquée et très courageuse au printemps 2020 contre la *cancel culture* d'essence liberticide, qui fait des ravages sur les campus et dans les médias américains, et commence à déborder…

Comète, ou étoile filante, qui au total semble ne pas laisser d'autres traces que le souvenir qu'il soit passé dans un pays plus déchiré que jamais depuis Trump.

Biden reprendra en partie le fil de Clinton ou d'Obama. Mais il sera lui-même, d'autant que l'Amérique a changé, après la tornade de Trump – cause ou effet –, et qu'elle s'est divisée et durcie.

Voir : États-Unis ; Iran ; Présidents.

Occident

Qu'est-ce que l'Occident ? Tout dépend du point de vue… Là où le soleil se couche. Donc à l'opposé de l'Orient ! Mais encore ? Historiquement, l'Occident, c'est la chrétienté, devenue Occident, et qui a sécularisé au moment des Lumières, au XVIIIe siècle, les valeurs chrétiennes de compassion, d'amour et de miséricorde en « droits de l'homme ». *Catholicos* = universel. On garde le fil. Remarque qui énerve certains progressistes qui ne veulent pas admettre l'évidence des *racines chrétiennes* occidentales. Ah, le passé ! Au moment de la colonisation du monde entier (ou presque) par quelques pays européens en compétition entre eux, on ne parle pas tellement d'« Occident » mais de « nations civilisées ». C'est le langage de l'époque. En fait, le concept d'Occident est entré dans la géopolitique pendant la guerre froide sous l'effet fusionnant de la menace soviétique. Il s'est confondu avec l'atlantisme inscrit dans le traité de l'*Atlantique* Nord, prolongé en une flopée de cénacles, de clubs, d'organisations et de fondations comme Bilderberg, la Trilatérale, Aspen, Young Leaders, des ONG, des médias, etc. Qui ont donné naissance à deux ou trois générations d'« atlantistes », sans oublier l'influence colossale d'Hollywood sur un public plus large encore, facilité en France par les fameux accords Blum/Byrnes de 1946 dans la lignée d'un mouvement d'américanisation du monde engagé par les États-Unis dès le XVIIIe siècle.

Construction issue d'une conjoncture historique, sans doute, mais qui aura marqué en profondeur la seconde moitié du XXe siècle. Elle est contestée dans son principe même tout autant par exemple par Régis Debray. Mais que reste-t-il aujourd'hui de l'Occident dans le monde de Trump et consorts ? Et demain avec Biden ? L'idée que cela puisse avoir une fin panique les dirigeants des pays européens protégés, et issus de ce moule, ainsi que tous les milieux de la défense et de la stratégie. C'est comme l'air qu'ils respirent. Ils n'aspirent pas, pour l'instant, à autre chose. Et notamment pas à une Europe puissance « amie des États-Unis », alliée, mais pas alignée, selon le triptyque français, pourtant si nécessaire. Impensable et pas crédible pour les autres !

Même désarroi dans les pays d'Asie du Nord-Est protégés (et contrôlés) par les États-Unis depuis 1945. Il ne serait pas étonnant que les rapports États-Unis/Europe redeviennent à la longue ce qu'ils étaient avant 1917 : des origines communes, un cousinage proche ou distant selon les moments. Sauf improbable alliance pour endiguer la Chine mais qui ne serait, alors, pas uniquement occidentale (États-Unis, Europe, Australie, et aussi Inde, Corée, Japon, Vietnam).

On ne voit pas quelle menace puissante, uniquement focalisée sur les deux rives de l'Atlantique – c'est le point clé –, reforgerait géopolitiquement « l'Occident ». Là aussi, la décantation des mots va s'imposer !

Voir : États-Unis ; Europe ; Universalisme ; Valeurs.

Océans

En théorie et en droit, pour ne prendre que les textes les plus récents, la convention sur la haute mer en 1958 ; la convention de Montego Bay de 1982, le statut des océans est clair. Les eaux territoriales s'étendent jusqu'à 22 kilomètres des côtes (12 miles) mais peuvent aller dans certaines conditions jusqu'à 370, voire 648 kilomètres. C'est la zone exclusive économique (ZEE). Grâce aux DOM-TOM, la France a la plus étendue au monde : 11 millions de kilomètres carrés.

70 % de la surface de la Terre est recouverte d'eau. L'océan dit « Pacifique » est le plus vaste : 179 000 000 kilomètres carrés ; puis l'Atlantique, 106 400 000 ; l'Indien, 79 556 000 ; l'Austral, 20 327 000 ; la Méditerranée, pour comparer, 2,5 millions de kilomètres carrés. Au total, la haute mer représente 64 % des océans. La pression pour exploiter les océans, leur contenu, leur sous-sol, va s'intensifier. D'où ces dernières années l'Appel de Paris et des projets de traités plus écologiques. Exemples récents : les tensions en mer de Chine ne s'expliquent pas que pour des raisons stratégiques, mais aussi géologiques et énergétiques. Même chose en ce qui concerne les forages turcs à l'été 2020 dans les eaux grecques, chypriotes ou internationales. Les risques pour l'Arctique sont du même ordre. Il faut donc absolument compléter Montego Bay… Ce serait une mise en œuvre utile du « multilatéralisme ».

Voir : Eau ; Ressources (Compétition pour l'accès aux).

ONG (organisation non gouvernementale)

Des organisations mènent de longue date une activité humanitaire, comme l'ordre de Malte, ou, depuis le XIXe siècle, la Croix-Rouge internationale cofondée par Henri Dunant, mais le phénomène actuel des organisations non gouvernementales (ONG), et son succès, est tout à fait différent. On ne comprend pas le préjugé favorable, voire l'engouement presque aveugle dont ont bénéficié les ONG si on ne le replace pas dans son contexte : celui de la mise en cause des gouvernements, des États, des autorités publiques en général dans les sociétés occidentales, et notamment européennes, dans les trente dernières années. Cela correspond à l'époque où les gouvernements sont devenus suspects par nature, et tout ce qui n'est pas gouvernemental ou public (la société dite « civile ») sympathique par opposition. On retrouve ce réflexe aussi bien chez des économistes ultralibéraux, qui ne jurent que par le marché et jugent les instances publiques périmées ou embarrassantes, que dans certains courants issus du gauchisme (mis à part les trotskistes qui aiment l'État et le pouvoir, à condition de pouvoir s'y introduire pour l'influencer ou le contrôler) ou des milieux anarcho-libertaires. C'est ainsi que la majorité des médias ont placé les ONG au pinacle, sans faire le détail : il faut se méfier *a priori* des gouvernements, et faire confiance *a priori* aux ONG. Cette idée s'est répandue comme une traînée de poudre dans le monde étudiant. Une jeunesse généreuse s'y est engouffrée. Bien sûr, il y a des ONG admirables qui s'appuient sur un personnel passionné, compétent, altruiste et dévoué, et font un magnifique travail de terrain. D'ailleurs, quand j'étais ministre, j'invitais souvent lors de mes voyages les ONG qui travaillaient dans le pays à venir discuter avec moi. Et souvent, ils me donnaient des informations ou des analyses que je n'avais pas eues autrement. Cela avait été le cas par exemple à Islamabad. Dans certains pays, ils pallient même l'incapacité totale de l'État. Mais il y a aussi des ONG dont la comptabilité n'est pas très claire, ou qui utilisent une part trop importante des dons reçus pour leurs dépenses de fonctionnement. Ou alors, pire, des ONG qui ne sont que le faux nez de telle ou telle puissance, de tel ou tel service, ou qui sont engagées dans des luttes idéologiques ou extrémistes, comme les ONG islamistes. La concurrence entre certaines ONG pour l'accès au marché humanitaire peut avoir des effets délétères. Bref, il en va des ONG comme des gouvernements : il y a chez elles le pire et le meilleur.

Quand j'étais ministre, j'avais demandé un jour qu'elles s'appliquent à elles-mêmes les critères de transparence et de responsabilité qu'elles exigeaient des gouvernements. Que n'avais-je pas dit ! Les médias bien-pensants s'étaient indignés. Les ONG avaient demandé à être reçues pour protester. Ce que j'avais accepté. Et, vite, elles avaient alors reconnu devant moi qu'elles devraient établir entre elles une sorte de label de qualité. Mais que ce n'était pas à moi de le dire... « Pourquoi pas ? », avais-je dit. Enfin, tous les gouvernements ne voient pas d'un bon œil l'arrivée d'une ONG, même humanitaire, sur leur sol. Après le tsunami de 2004, l'Inde les avait interdites « pour ne pas ajouter au désordre créé par la catastrophe ».

En réalité, il faudrait établir une typologie des ONG, en fonction de leurs origines, de leur fondateur, de leur pays principal de rattachement, de leurs financements, de leur domaine d'activité, etc. Il faudrait distinguer les ONG spécialisées dans la défense des droits de l'homme, qui sont par nature plus portées à l'ingérence au sens classique que les autres, les ONG humanitaires, celles qui luttent pour la transparence et contre la corruption, ou les ONG écologiques, ce qui est encore un autre monde, etc. Ni leurs objectifs, ni leurs alliés, ni leurs adversaires ne sont les mêmes. Bref, des exigences que l'on trouverait tout à fait normales s'agissant de n'importe quel gouvernement, ou entreprises, soumises à une exigence croissante de RSE (responsabilité sociétale des entreprises) et d'éthique. Et c'est ainsi qu'on maximisera l'apport précieux des ONG.

Voir : Acteurs des relations internationales ; Westphalie (Traités de)

ONU (Organisation des Nations unies)

Les nations sont-elles « unies » ? À Yalta, en février 1945, Roosevelt, Staline et Churchill décidèrent de remplacer la SDN (Société des nations), qui avait échoué, par une ONU (Organisation des Nations unies) dotée d'un « Conseil de sécurité » de quinze membres, dont cinq permanents (États-Unis, URSS, Chine, Grande-Bretagne ainsi que la France, grâce à l'insistance de Churchill). Ces derniers seraient dotés d'un droit de veto sur les décisions pour ne pas dépendre des votes aléatoires de l'Assemblée générale (ils n'étaient que 49 pays lors de la création à San Francisco, c'est encore plus justifié avec près de 200 aujourd'hui). Sans cette garantie, les vraies puissances ne seraient pas entrées à l'ONU, le « U » de unies, étant là par un optimisme de principe qu'elles espéraient autoréalisateur. Innovation majeure : il était prévu au chapitre VII de la future Charte des Nations unies que le Conseil de sécurité *puisse décider ou accepter le recours légal et légitime à la force dans le domaine touchant à la sécurité internationale.*

Le magnifique préambule de Charte qui commence par « Nous les peuples » – dont je conseille la relecture – est d'inspiration américaine et a été en fait écrit par les directeurs juridiques des ministères des Affaires étrangères des trois principaux pays occidentaux.

Las, l'Organisation des Nations unies fut vite paralysée par le veto soviétique pendant la guerre froide, et le veto américain ensuite, pour protéger Israël. Soyons honnête avec elle : elle est victime de trop d'attentes utopiques impossibles à satisfaire. Les nations sont en désaccord sur mille choses. L'organisation en tant que telle n'a pas beaucoup de pouvoir, pas même son secrétaire général – sauf un pouvoir moral d'alerte ou de remontrance. Il y en a eu de remarquables comme Boutros Boutros-Ghali. Kofi Annan agissait finement. António Guterres fait vraiment pour le mieux dans un monde qu'il décrit comme « chaotique ». Les nombreuses institutions spécialisées de l'ONU qui s'efforcent d'améliorer le sort de l'humanité, notamment l'UNESCO, le FAO, l'OMS, le PNUD[1], etc., n'ont pas démérité. En tout cas, personne ne peut contraindre les cinq membres permanents, détenteurs du veto, pas plus d'ailleurs que des pays récalcitrants et intouchables comme Israël. Mais si le veto disparaissait, les vraies puissances ne resteraient pas longtemps. Et si l'ONU, lieu de rencontre au cœur d'un système multilatéral imparfait et agressé de toutes parts, n'existait pas, tout serait pire. Donc ne pas l'idéaliser, ne pas en attendre des miracles (« Que fait l'ONU ? »). Mais l'utiliser au mieux en fixant des objectifs ambitieux mais atteignables, et, bien sûr, la réformer, en commençant par le Conseil de sécurité. Cela fait près de

1. Respectivement : Organisation des Nations unies pour l'éducation, la science et la culture ; Food and Agriculture Organization ; Organisation mondiale de la santé ; Programme des Nations unies pour le développement.

trente ans que la France est favorable à son élargissement à l'Allemagne, au Japon, à l'Inde, à un pays africain, un pays latino-américain, et j'ajoute un pays arabe. Mais il faut pour cela l'accord des cinq membres permanents et détenteurs du veto, et les États-Unis n'y sont pas acquis, la Chine ne veut ni du Japon ni de l'Inde, les Africains et les Latino-Américains ne sont pas d'accord entre eux, etc. On tourne en rond.

Voir : Seconde Guerre mondiale ; Yalta.

Opinion publique

Sorte de dieu caché, omniprésent dans les démocraties, puissance indéfinissable, changeante et insaisissable. Comment ne pas être dévoré par ce Moloch ?

Déjà il y a deux mille cinq cents ans, Platon se méfiait de la versatilité de l'opinion du peuple, en latin la *doxa vulgus*, trop sensible aux arguments des intellectuels sophistes, ou, à l'inverse, des démagogues. Bon, il avait déjà tout vu.

En fait, s'il faut distinguer les âges, même dans l'âge prédémocratique il y a déjà une opinion, un état d'esprit, des courants de pensée, des clubs, des cercles, un esprit des peuples, des forces profondes.

On entre par étapes dans le vif à l'âge des élections : suffrage d'abord limité, masculin, censitaire, etc., avant d'être élargi, et à la fin d'être universel.

Depuis le XVIIIe siècle européen, les penseurs n'ont cessé de débattre et de croiser le fer entre eux. Grâce à l'invention de l'imprimerie, des journaux, et plus encore de la radio, de la télévision. Début d'une lutte sans fin pour façonner, former, contrôler, récupérer, canaliser, instrumentaliser, neutraliser l'opinion. Invention des sondages au sens scientifique du terme dans les années 20 (Gallup, 1936) : il a fallu un certain temps pour : 1) les rendre fiables ; 2) se rendre compte que les sondages les plus justes photographient l'opinion à l'instant « T », comme une foule qui marche dans une gare.

À l'étape suivante : le monde informatique et numérique, l'instantanéité des informations et des réactions sur les réseaux sociaux ou l'anonymat libère le pire de l'espèce humaine. Notre monde. Le risque pour la démocratie est évident : informées en permanence, marquées par des décennies de valorisation des émotions et du « ressenti » (le froid « ressenti », l'humiliation « ressentie », etc.), les populations réagissent à chaud et sont tentées de se passer de représentants. Péril mortel pour la démocratie *représentative*. Est-ce qu'une pratique continue mais encadrée, de la démocratie *participative* – grand débat permanent – pourra enrayer l'évolution fatale vers la démocratie directe instantanée, c'est-à-dire la dictature de tous sur chacun ? C'est techniquement possible par smartphones interposés.

Avec ces systèmes, et pas seulement en démocratie, est-ce qu'il peut encore y avoir des *leaders*, ou seulement des *followers* ?

Les conséquences en géopolitique sont considérables : d'abord, comme l'avait pressenti génialement Tocqueville, les démocraties sont de plus en plus amenées à mener leur politique extérieure sur la base de considérations intérieures, ce qui les rend court-termistes, émotives, a-stratégiques et violemment hostiles aux compromis.

Les puissances peuvent essayer d'utiliser dans leur sens, dans les autres pays, pas seulement des lobbies ou des diasporas, mais aussi les opinions, et ainsi de les prendre à revers. Manipulations croisées, foires d'empoigne géopolitique.

Enfin, sujet inépuisable de perplexité : quelle aurait été « l'opinion » dans les grands moments historiques du passé ? Les grands décideurs historiques courageux auraient-ils été suivis ?

Que l'on pense à Roosevelt, obligé de promettre pour être réélu, en 1940 (!), de ne pas entrer en guerre. À l'approbation massive des accords de Munich en Grande-Bretagne et en France (et en Allemagne !). Régis Debray fait remarquer qu'après la guerre les trois quarts des Français attribuaient la victoire sur le nazisme à l'URSS ; cinquante ans après, aux États-Unis – mais Hollywood est passé par là. En fait, ce sont les deux. Demain ? Démocratie d'opinion, bateaux ivres ? Qu'en penser, vu de Pékin ?

Voir : Acteurs des relations internationales ; Ère numérique ; Influences.

Ordre mondial

Qui rêve d'un « ordre mondial » ? Des puissances qui pensent pouvoir le modeler à leur façon. Des conquérants, à la poursuite de leur chimère. Des peuples maltraités qui rêvent à un ordre mondial comme un recours contre l'injustice qui leur est faite. Des idéalistes, en général occidentaux, souvent des juristes qui y croient. Des ONG qui pensent que leur mission est d'apporter au monde cet ordre, ou de le rétablir. Mais, alors, c'est un ordre occidental. Celui de 1945 et de la Charte de l'ONU. Celui de l'américanisation libérale. Ou, hypothèse nouvelle, le concept chinois de « Tanxia », « tous sous un même ciel », plus aimable et consensuel qu'OBOR (One Belt, One Road), connues en Occident comme étant les fameuses routes de la soie… Mais le président Xi ne prend pas autant de précautions.

Pendant ce temps-là, le monde continue, dans le désordre de la lutte des puissances, une mêlée, une foire d'empoigne et un système économique fou, secoué d'angoisses périodiques. D'ailleurs, le secrétaire général de l'ONU, l'excellent António Guterres, a parlé de « chaos ». Au sens scientifique : un monde instable, imprévisible. Seule la peur écologique et l'interdépendance générale finiront – peut-être – par recréer les bases d'une organisation générale.

Voir : Influences ; Interdépendances ; Occident ; ONU.

Orient

C'est plus facile de se situer par rapport au nord ou au sud – la latitude –, l'équateur, les tropiques, que par rapport à l'ouest et l'est – la longitude. On est toujours à l'est ou à l'ouest d'un autre pays. Mais c'est vital de s'orienter, de ne pas être « désorienté ». La notion d'Orient renvoie bien sûr à la centralité européenne à l'époque moderne (méridien de Greenwich depuis 1850 !). D'où les expressions Orient, *Proche*-Orient, *Moyen*-Orient, *Extrême*-Orient ; d'où les reproches sourcilleux des tenants de ce qu'on appelait naguère le Sud contre l'orientalisme (Delacroix, etc.). Il n'empêche que la définition de l'Orient et de l'Occident a correspondu à un long moment de l'histoire humaine, qu'elle a charrié beaucoup de méconnaissances et a entraîné beaucoup de rejets ou d'affrontements, mais aussi des trésors d'échanges, de correspondances, de découvertes mutuelles et d'enrichissement, pas au sein d'une mondialisation magmatique et dépersonnalisante mais entre des pôles de culture également fiers et forts. Dès 1721, Montesquieu se moque, à travers les personnages d'Usbek et Rica, de ceux qui, à la cour de France, se demandent « comment on peut être persan ». Dans *La Tentation de l'Occident*, en 1926, Malraux fait dialoguer un Européen, A. D., séjournant en Extrême-Orient, et Ying, un Chinois voyageant en Europe. Il y a eu des milliers d'échanges féconds de ce type, intellectuels, culturels, humains entre « l'Orient » et « l'Occident ». Chacun en connaît.

C'est un héritage qu'il ne faut pas perdre, il ne faut ni le rejeter, ni le niveler, ni l'édulcorer, encore moins le détruire, comme le redoute Amin Maalouf dans son *Naufrage des civilisations* en 2019. Il faut l'intégrer à une vision d'avenir – plus large – de l'humanité, au-delà du demi-siècle que nous avons connu qui a enrichi l'humanité comme jamais, mais en ramenant les êtres humains à deux fonctions trop frustes de producteur/consommateur. En plus, même de façon réaliste, il faudrait aujourd'hui parler d'Orients et d'Occidents…

Voir : Influences ; Occident.

OTAN (Organisation du traité de l'Atlantique Nord)

La plupart des gens confondent l'Alliance atlantique et l'OTAN. L'Alliance a été créée en premier par un traité – de l'Alliance atlantique –, demandé par les Européens et accepté par les États-Unis, le président Truman ayant fait pression dans ce sens sur le Sénat. Il fut signé le 4 avril 1949 à Washington, et il comprend le fameux article 5 d'assistance mutuelle. Mais il ne prévoyait pas un déploiement permanent de forces américaines en Europe. Cependant, les Européens auraient été tout à fait incapables de se défendre par eux-mêmes contre une éventuelle agression soviétique, c'est-à-dire, à l'époque, stalinienne. Or, Staline, dans ces années d'immédiat après-guerre, violait allègrement la promesse faite à Yalta d'organiser des élections libres dans les pays libérés des nazis par l'armée Rouge et imposait au contraire, par différentes manœuvres et intimidations, des gouvernements contrôlés par les partis communistes dans toute l'Europe centrale et orientale pour se constituer un glacis. Et puis il y a eu la guerre de Corée. D'où une demande additionnelle, pressante, des Européens aux Américains, qu'ils reviennent en Europe, comme si on était de nouveau en guerre, avec un dispositif militaire capable de dissuader l'Union soviétique. C'est l'époque où le général de Gaulle lui-même disait, dans les meetings du RPF, que l'armée Rouge n'était qu'à « cinq cents kilomètres, soit à peine la longueur de deux étapes du Tour de France cycliste » ! Le président Truman accepta, les Américains revinrent, mais en annonçant que, ayant été obligés d'intervenir deux fois en Europe au XXe siècle du fait de deux guerres mondiales déclenchées par les Européens, ils contrôleraient cette fois tout. Au grand soulagement des Européens. Ils mirent sur pied l'OTAN, c'est-à-dire l'*Organisation* du traité de l'Atlantique Nord. Les États-Unis fournirent la quasi-totalité du dispositif militaire et nommèrent à sa tête un général américain, ce que les Européens trouvèrent à la fois légitime et rassurant. Le quartier général fut installé à Rocquencourt près de Versailles, et le premier commandant suprême des forces de l'OTAN fut le général Eisenhower, qui habitait une charmante résidence à Marnes-la-Coquette. Plus tard, dans les années 80, Pierre Schweid y organisa de discrètes concertations droite/gauche pendant les cohabitations. En 1952, Eisenhower allait être élu président des États-Unis, puis réélu en 1956, et son mandat durera jusqu'en 1960.

Les controverses n'ont jamais cessé ensuite au sein de l'Alliance. Kissinger appelait ça de simples « malentendus » transatlantiques, mais ils étaient permanents. Même quand le général de Gaulle, lassé à juste titre par la non-réponse des présidents américains, Kennedy puis Johnson, à son mémorandum de 1958 dans lequel il réclamait une réforme des modes de décision dans l'Alliance elle-même, et donc un poids plus grand pour la France et la Grande-Bretagne, finit par quitter ces organes intégrés en 1966, il ne quitta pas l'Alliance. Il n'envisagea jamais de dénoncer le traité. Par la suite, les débats en France porteront sur le retour ou non de la France dans les organes militaires intégrés. Jacques Chirac l'avait envisagé. Nicolas Sarkozy prit finalement cette décision en 2008, François Hollande résista ensuite aux demandes de son aile gauche et décida de ne pas en ressortir. La France a essayé depuis d'y garder une certaine autonomie conceptuelle et pratique. Les débats ont rebondi en 2019 quand le président Macron s'est interrogé publiquement sur l'avenir de l'OTAN et même de l'Alliance, sur l'attitude à adopter par rapport à la Russie, à la Chine, au terrorisme, sur la place d'un pôle européen dans l'Alliance (autre sujet de discorde), ce que le sommet franco-britannique de Saint-Malo a rendu possible, il y a plus de vingt ans, en 1998, sur la cohérence des politiques des Alliés entre elles (c'est l'aboulie et la paralysie de l'OTAN sur la politique turco-ottomane en Méditerranée avec Erdoğan qui lui a fait parler de « mort cérébrale »)...

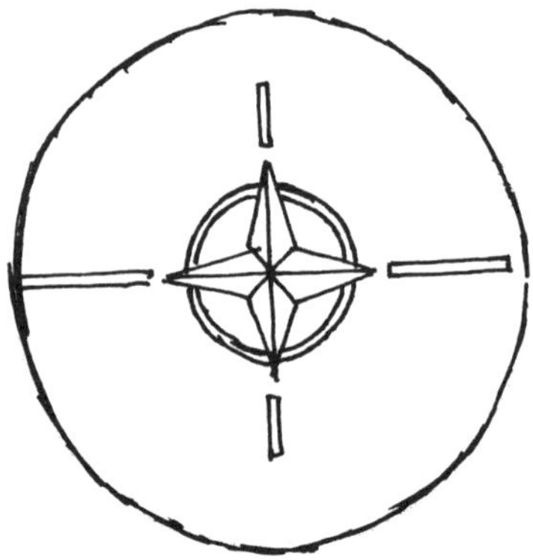

Les débats sur l'OTAN, entre les États-Unis et les autres membres de l'Alliance en dehors de la France, tournent toujours autour des mêmes sujets. Les États-Unis qui assument environ 70 % des dépenses demandent que les Européens prennent une part plus grande du fardeau (« *burden sharing* »), sans pour autant leur consentir une part plus grande de la décision, ce que d'ailleurs la plupart des Alliés redouteraient d'avoir à assumer ; les gouvernements européens ont du mal parce que leurs électeurs veulent plus de social, de bien-être, mais pas plus de défense, et ne perçoivent pas le lien entre les deux. Les États-Unis font pression – avec succès – pour que les Alliés achètent le plus possible du matériel militaire américain plutôt que du matériel européen – quand il y en a. D'où la sortie bien ajustée de Florence Parly : « L'alliance, c'est l'article 5 [solidarité entre alliés], pas l'article F-35 [le dernier avion de combat américain] ». Et, enfin, il y a toujours eu des batailles subsidiaires sur la répartition des postes. La réalité est que les Européens se sentent toujours incapables de défendre l'Europe par eux-mêmes et qu'ils ne sont même pas très allants, contrairement aux demandes répétées de la France, pour constituer un pôle européen au sein de l'Alliance, ce qui serait pourtant la seule solution raisonnable dans la durée, cohérente avec l'affirmation d'une capacité européenne de défense, indispensable et possible sur tous les autres terrains que celui d'une éventuelle grande bataille en Europe. Est-ce que les esprits ont commencé à bouger ? Le groupe de travail créé en réaction aux déclarations du président français a en tout cas recommandé en décembre 2020 une « adaptation » du concept stratégique de l'OTAN, qu'il va falloir concrétiser.

Voir : Alliances ; États-Unis ; Europe ; Souveraineté.

Oural

Séparation arbitraire entre la Russie d'Europe et la Russie d'Asie : exemple remarquable du pouvoir de nommer.

Géographiquement, l'Oural est une chaîne de montagnes peu élevée (elle n'atteint pas 2 000 mètres) qui s'étend sur 2 000 kilomètres du nord au sud de la Russie, maintenant au Kazakhstan.

Personne ne s'était posé la question, vaine, de la limite entre l'Asie et l'Europe jusqu'à ce que Ivan le Terrible, en 1552, prenne contre les Tatars le contrôle du khanat de Kazan qui devient alors la pointe avancée à l'est de la Russie orthodoxe, prélude à l'expansion/colonisation de la Russie au sud – le Caucase – et en Sibérie, plus à l'est. Un peu moins de deux siècles plus tard, Pierre le

Grand, tsar dès 1682, après avoir voyagé « incognito » en Europe de l'Ouest et fondé Saint-Pétersbourg en 1703, veut affirmer la dimension européenne de la Russie. En 1721, soit peu de temps avant sa mort en 1725, l'année où il reçoit le titre « d'empereur de toutes les Russies », il demande à son géographe Tatichtchev de fixer sur l'Oural la limite entre l'Europe et l'Asie. Gros avantage à ses yeux : affirmer que toutes les villes importantes de la Russie (Moscou, Saint-Pétersbourg bien sûr, mais aussi Kazan, Kiev, Nijni Novgorod, etc.) sont européennes.

Le pouvoir de nommer est lié à la puissance et à la situation de ceux qui prétendent, par exemple, « découvrir » l'Amérique (!). Ce pouvoir traduit aussi la *localisation* de celui qui nomme : le *Proche*-Orient est plus proche pour nous, que l'*Extrême*-Orient ! Cela se retourne : Mexico n'est pas redevenue Tenochtitlan (il n'y a plus d'Aztèques pour l'exiger), mais Bombay a été « rebaptisée » Mumbai, Pékin Beijing, Mogador Essaouira, etc. Et des centaines d'autres !

Qui aura le pouvoir de nommer demain ?

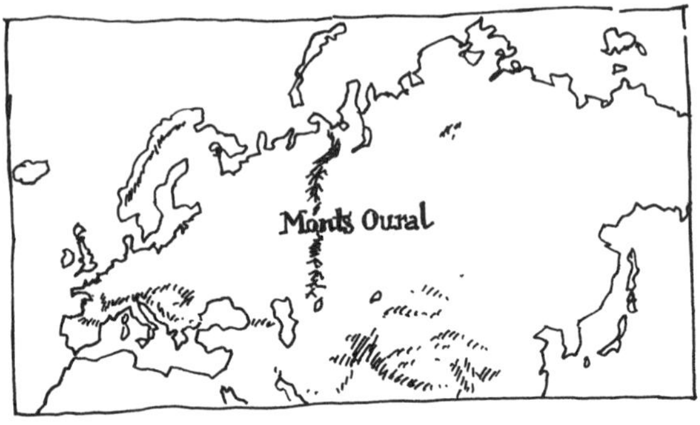

Voir : Europe ; Influences ; Russie.

P

Paix

Absence de guerre. Traités de paix... Mais comment établit-on, rétablit-on la paix ? Deux grandes écoles. L'école idéaliste. Cela passerait par une sorte de religion de la paix. Par l'enseignement de l'amour de la paix. Le pacifisme (tendre la joue droite). Forum pour la paix. Pétitions. Interdictions : pacte Briand-Kellogg d'inspiration wilsonienne, pour mettre la guerre hors la loi, en 1928.

Et l'école réaliste, à laquelle j'adhère, par expérience. La paix se construit, se maintient par l'équilibre des forces ou par la dissuasion. Classique, Lyautey : « Montrer sa force pour ne pas avoir à s'en servir. » Puis nucléaire : dissuasion mutuelle. Mitterrand, lors de la bataille des euromissiles, en octobre 1983 : « Les missiles sont à l'est, les pacifistes à l'ouest. »

La paix se rétablit par la force (les Alliés en 1945), ou par la négociation appuyée par la menace, donc par la force, et un accord politique. Il faut que les protagonistes se résignent à la paix, la veuillent, ou qu'il y ait un vainqueur, ou qu'une autre puissance les y force.

La sécurité collective relève de la première approche, incantatoire, tant qu'elle n'est pas appuyée par un moyen d'imposer le respect des engagements pris, ou d'une vraie interdépendance qui rend raisonnable, ou d'une force en commun dans une alliance militaire. L'ONU n'a pas d'armée. Et, d'ailleurs, qui la commanderait ? Qui lui donnerait des ordres ? *Idem* pour l'Europe jusqu'à nouvel ordre (cela peut changer). On ne peut pas être contre la « culture de la paix », mais cela ne suffit pas. Le pacifisme – explicable – des Français après la saignée sans précédent de 1914-1918 a affaibli la France face à Hitler.

Voir : Dissuasion ; Wilson, Woodrow.

Palestine

Fiasco. Ne pas confondre l'usage historique du mot pour désigner la région située entre la Méditerranée et le désert à l'est du Jourdain et le sens géopolitique contemporain. Aujourd'hui, il s'agit de la situation du territoire attribué à la « Palestine » le 20 novembre 1947 dans le plan de partage des Nations unies (cinquante États membres, dont sept pays arabes, qui avaient voté contre) et du sort de ses habitants : 4,6 millions en 2014, plus 1,5 million d'Arabes israéliens. À cela s'ajoutent les « réfugiés » du Liban et en Jordanie, et la diaspora palestinienne dans le monde, soit 12 millions environ (2014). Pour les Juifs, les chiffres sont de 14 millions environ, dont 57 % hors Israël. Il s'est écoulé depuis, pendant des décennies, plusieurs guerres israélo-arabes, des années de terrorisme palestinien mené par des mouvements rivaux. Puis, la Palestine, ou plus exactement la création sous diverses conditions d'un État palestinien, envisagée par François Mitterrand dès mars 1982 devant la Knesset, est devenue pendant plus de trente ans un objectif de plus en plus partagé en théorie, et un enjeu central, des relations internationales, dans toutes les enceintes politiques et diplomatiques, ainsi que, sur place, en Israël et en Palestine. Cette lutte de tous les instants opposa les Palestiniens entre eux sur la stratégie à suivre (OLP puis Autorité palestinienne contre Hamas ou des organisations n'ayant pas renoncé au terrorisme) ; les Israéliens divisés entre ceux qui acceptaient cette perspective sous certaines conditions et la droite nationaliste qui ne l'a jamais acceptée, et a toujours poussé, avec succès, à une colonisation irréversible rendant matériellement impossible tout État palestinien en Cisjordanie. Cela a opposé aussi les États Arabes entre eux, ou la « rue arabe » contre les gouvernements ; et les Européens, entre ceux qui se sont engagés pour la solution à deux États et ceux qui n'ont jamais voulu irriter ni Israël ni les États-Unis. De toute façon, les dirigeants américains n'ont jamais imaginé pouvoir faire pression dans ce sens, fût-ce légèrement, sur Israël, même Clinton et Obama (il s'en explique dans ses mémoires). Seule exception depuis Eisenhower, George H. Bush et James Baker.

En 2021, il est visible que Benjamin Netanyahou, au pouvoir avec le Likoud et divers alliés extrémistes depuis juin 1996, a réussi à quasiment éteindre tout soutien extérieur à un État palestinien. Les Européens se sont découragés ou lassés. Les Arabes se sont divisés ou sont beaucoup plus obnubilés par la lutte contre l'Iran, contre Al Qaïda ou Daesh, comme on l'a vu spectaculairement en 2020 quand les Émirats et Bahrein ont accepté d'établir des relations avec Israël. Les États-Unis ont renoncé à la moindre distanciation critique et se sont même alignés avec Trump, sous la pression des pro-Israéliens et des évangélistes, sur les extrémistes israéliens. D'où leur plan qui ne satisfait pas totalement ces derniers car il conserve, quand même, le principe d'un micro-État palestinien !

Il n'est pas exclu qu'une nouvelle génération de Palestiniens, malgré l'Autorité palestinienne qui veut garder son statut, dise un jour : « Vous avez réussi à empêcher la création de tout État palestinien, même petit et démilitarisé. Vous avez recréé une sorte d'Afrique du Sud (même Frederik de Klerk, ami d'Israël, l'a dit). Nous ne voulons pas des *bantoustans* (les territoires assignés aux populations noires pendant l'apartheid) que vous nous laissez. Eh bien, maintenant, nous revendiquons des droits égaux dans un même État. » Mais pour le moment la peur de l'Iran et des chiites a déchiré Israël et les sunnites, et escamoté la question palestinienne.

Voir : États-Unis ; Israël ; Trump, Donald.

Papes

Bimillénaire. Qui peut en dire autant ? Sous le nom de « François », comme François d'Assise, le cardinal argentin Jorge Mario Bergoglio est depuis le 13 mars 2013 le 286e « évêque de Rome » après Pierre. C'est ainsi que l'on nomme le pape.

Le pape François a un mode de vie simple. Il réside à la pension Sainte-Marthe. Ses idéaux sont proches de la gauche latino-américaine (le désarmement nucléaire) et de la « théologie de la libération » des années 70. Très conscient des effroyables risques écologiques (l'encyclique « *Laudato si'* »), il ne comprend en revanche pas les préoccupations des peuples européens quant aux flux migratoires (il vient d'un pays qui s'est fait par l'immigration), au terrorisme et à l'islamisme. Mais il s'est doté d'un think tank mondial informel sur l'économie responsable.

Le pape François a entrepris courageusement de réformer la Curie, c'est-à-dire le cœur de l'administration de l'Église (équivalent de l'Intérieur et de Bercy) et se heurte, comme tous les réformateurs, à des résistances, ouvertes, ou larvées.

Mais quelle influence a, à notre époque, un pape – que ce soit Jean-Paul II ou François – sur 1 milliard et 329 millions de catholiques ? Et, au-delà, sur les quelque 6 autres milliards, 885 millions de protestants (dont 80 millions d'évangélistes américains, extrémistes sur le Proche-Orient, qui ne cessent de progresser en Afrique au détriment des catholiques), et au-delà pour les hindouistes, confucianistes, juifs, animistes, athées ? Sur le monde chinois ? Le prestige du pape reste immense. Mais comment mesurer sa puissance dans notre monde ultra-matérialiste et individualiste ?

Voir : Influences ; Nucléaire ; Religions.

Passé

Si lourd passé de l'humanité qui ne passe pas...

D'un côté, on veut s'y rattacher pour ne pas perdre pied. Les religions révélées, il y a des milliers d'années, la dernière il y a mille trois cents ans, restent pour certains des guides politiques voire des plans de bataille au quotidien. La Chine, la Russie, la Serbie, Israël et leur passé ! La France avec son histoire. Le culte masochiste de certaines défaites à venger (le champ des Merles [1389], le mur des Fédérés [1871]), traumatisme vécu ou transmis, ou fantasmé. C'est vrai que, sans la connaissance du passé, et évidemment de la chronologie, on ne comprend rien à ce qu'il se passe dans le monde.

En même temps, on rêve de s'en débarrasser, de se désenvoûter du passé. Du passé faisons table rase ! On fait démarrer l'histoire à Moïse, Jésus ou Mahomet quand il y a deux millions d'années que l'*Homo erectus* a essaimé le monde, et des centaines de milliers d'années qu'il enterre ses morts, et qu'il y a des *Sapiens* depuis deux cent mille à trois cent mille ans ! On veut créer un homme nouveau, et la tentation surgit alors d'éradiquer ceux qui ne sont pas réformables. La croyance dans le progrès postule que ce qui arrive maintenant est forcément mieux, et sera encore mieux demain. C'est la base de la mode. De la mondialisation.

Dans les relations internationales, la géopolitique, les forces de conservation, déstabilisation, plus rarement de retour en arrière, de ré-action, sont constamment confrontées aux forces de renouvellement, de changement, de révolution. C'est éclatant dans les débats « mémoriels ». Et l'Histoire avance cahin-caha. On est condamnés à tenir les deux bouts de ces oscillations. « Le passé n'est pas mort, a écrit Faulkner dans *Requiem pour une nonne* en 1951, il n'est même pas passé ».

PC Jupiter

Lieu de bien des fantasmes comme tous les lieux de pouvoir, surtout quand ils sont militaires et secrets. À l'origine, c'est juste un abri antiaérien, creusé sous l'aile est du palais de l'Élysée… en 1940 pour le président Albert Lebrun (celui dont de Gaulle dira cette phrase fameuse :

« En tant que chef de l'État, il lui a manqué deux choses : qu'il fût un chef, et qu'il y eût un État. »)

C'est le président Giscard d'Estaing qui y installa le « PC Jupiter » en 1978. Jupiter trônait sur l'Olympe, là, c'est en sous-sol. Il fut rénové en 2015. La plupart des conseils de défense s'y tiennent, notamment, en 2020, ceux consacrés à la pandémie de Covid-19. En cas de guerre nucléaire, le Président et quelques chefs militaires pourraient se réfugier dans ce bunker et y survivre quelques jours. Et après ?

Voir : Élysée (Palais de l') ; Lieux de pouvoir.

Pearl Harbor

Événement déclencheur de l'interventionnisme américain contemporain. En coulant par surprise le 7 décembre 1941, dans le port de Pearl Harbor, à l'ouest d'Honolulu, à Hawaï, deux cuirassés et cinq autres navires américains, en détruisant 188 avions, en tuant plus de 2 000 soldats américains, le Japon, qui s'est prétendu acculé à cette attaque par l'embargo américain, fournit au président Roosevelt l'argument décisif qui lui faisait défaut pour faire admettre à son électorat la déclaration de guerre à l'Empire japonais et à l'Allemagne nazie. Lui qui avait dû promettre en 1940, pour être réélu, de ne pas engager les « boys » dans la guerre en Europe ! Tout en préparant cet engagement.

Auparavant, la seule agression étrangère sur le sol américain avait été l'incendie de Washington par l'armée anglaise en 1812. Et après Pearl Harbor, il n'y eut que le 11 septembre 2001 à New York. Le rôle « impérial » et global des États-Unis est pratiquement né là, en 1941. Même s'il était depuis l'origine présent dans l'idée que l'Amérique se faisait d'elle même.

Voir : États-Unis ; Seconde Guerre mondiale.

Pékin (Beijing)

Comme d'autres capitales, Pékin (« Beijing » : capitale du Nord) a connu un destin contrasté tout au long de l'histoire de la Chine. C'est sa position stratégique au nord-est, face aux peuples nomades septentrionaux, envahisseurs fréquents – un petit-fils de Gengis Khan s'y était déjà installé –, qui l'a finalement imposée comme capitale en 1403 sous Yongle, le troisième empereur Ming (dernière dynastie purement chinoise/han). Nankin était la capitale du Sud. Et c'est la dynastie Qing, dernière dynastie chinoise en fait (mandchoue), qui confirme Pékin en 1644.

Aujourd'hui, la question qui se pose est : Pékin, ses 22 millions d'habitants et ses six périphériques, sera-t-elle la capitale politique du monde de demain ? Ce n'est pas fait car, même si l'émergence fulgurante de la Chine depuis Deng et maintenant Xi stupéfie et impressionne, elle ne séduit pas, elle fait même peur et elle a ses propres failles.

De toute façon, il y n'aura pas *un* empire mondial, ni *une* seule capitale.

Penseurs

Qui pense sur la géopolitique ou les relations internationales ? Des géopoliticiens. Des professeurs de relations internationales (Renouvin, Duroselle). Les penseurs politiques (Machiavel). De grands intellectuels (Tocqueville, Aron). De grands juristes. Des économistes (Keynes, Marx). Les grands penseurs (Platon, Aristote). Mais, bien sûr, tous les dirigeants qui ont fait graver des épitaphes, ou des arcs de triomphe, ou écrit des mémoires (*La Guerre des Gaules*) ou dicté (à un Joinville, à un Las Cases). Il y a bien sûr énormément à tirer de ce qui a été pensé, dit ou écrit par Clausewitz, Machiavel, Richelieu, Mazarin, Louis XIV, Talleyrand, Metternich et tant d'autres. Mais aussi par La Fontaine (« Le chat, la belette et le petit lapin »). Et tant d'autres. Les textes de De Gaulle sont passionnants, y compris ses échanges avec Ben Gourion après la fameuse conférence de presse controversée. Ou les commentaires de Raymond Aron sur de Gaulle, ou encore Mitterrand, en 1985, dans ses *Réflexions sur la politique extérieure de la France*. Il y a à l'époque moderne les penseurs américains, Kissinger, Brzeziński, Nye, Fukuyama, Huntington, Graham Allison, Paul Kennedy. Une grande partie des quelque soixante-quinze ouvrages de Jacques Attali éclaire sur la base de son expérience de « sherpa » de François Mitterrand pour le G7 les ressorts de la politique du monde réel. Et, bien sûr, parce que là aussi, les Occidentaux n'ont plus le monopole, les Singapouriens (Kishore Mahbubani), des Chinois, des Indiens, des Japonais, des Africains, etc., sans oublier les Russes. À leur façon, les islamistes font de la géopolitique. En fait, tout le monde pense. Dans chaque café du commerce, ou chaque palabre n'importe où dans le monde, chacun a son idée sur qui gouverne le monde, et qui sont ses amis ou ses ennemis. Ce ne sont pas les plus idiots. Sauf sur le Net où l'anonymat libère les délires complotistes et les haines les plus enfouis, et un nouvel obscurantisme.

Il faut n'être prisonnier d'aucune chapelle, d'aucune église idéologique, ne pas se contenter des penseurs patentés. Mais, à la fin, mesurer le degré de réalisme (ou de realpolitik) ou d'irréalisme (irrealpolitik), et prendre en compte de la révolution de l'écologisation qui va rebattre les cartes... Toutes les données qui nous sont familières vont être poussées dans une puissante concasseuse.

Voir : Géopolitique.

Pentagone

Le Pentagone est le centre de commandement de la première armée du monde. Son budget en 2020 : près de 740 milliards de dollars (soit le PIB de la Suisse, ou de l'Arabie). Par comparaison, le budget français est de 343 milliards, le budget français de défense de 37,5 milliards d'euros. Les dépenses américaines de défense représentent entre 40 et 50 % des dépenses de défense du monde entier.

Construit en 1943 à Arlington, en Virginie (où se situe aussi le fameux cimetière national), le Pentagone (qui tire son nom de la forme de son architecture) est le siège du ministère de la Défense où travaillent plus de 30 000 militaires et civils de l'armée américaine. Il a été percuté le 11 septembre 2001 par le vol 77 d'American Airlines, un des trois avions détournés par les terroristes d'Al Qaïda.

Inspire presque autant de fantasmes que la Maison Blanche.

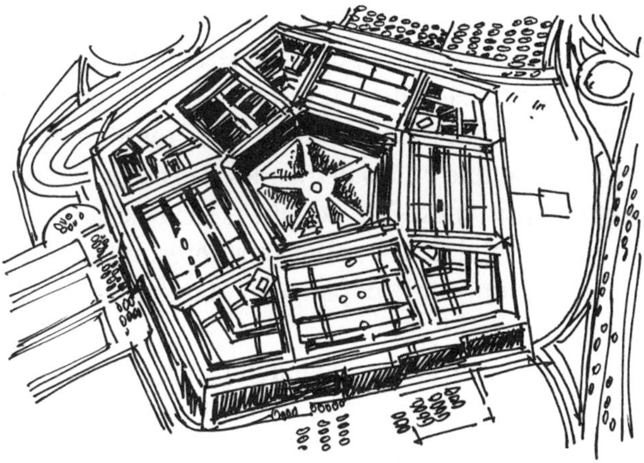

Voir : Lieux de pouvoir.

Populisme

Viral. Populisme ! Terme péjoratif, employé par les élites pour dénoncer ceux qui les dénoncent au nom du peuple. Cette interpellation est apparue en 1929 (pas étonnant !). Elle est très employée dans les démocraties, occidentales et autres, ces dernières années depuis : 1) que la démocratie représentative est contestée au nom d'une démocratie directe instantanée, permanente et vindicative ; 2) que les classes populaires d'abord, moyennes ensuite, ont commencé à douter des bienfaits (pour elles) de la mondialisation à tous crins des trente dernières années ; 3) et depuis qu'elles ont été également de plus en plus nombreuses à penser que la construction européenne ne répondait pas à leurs attentes et les privaient de leur souveraineté. D'où les « insurrections électorales » des années 2010 et suivantes, et la montée de l'abstention.

La dénonciation du populisme est d'autant plus vaine que ce dernier n'a pas de définition claire. Toute personne démocratiquement élue qui dit vouloir tenir compte des volontés du peuple et des demandes de ses électeurs (« Je vous ai compris ») est-elle populiste ? Où est la limite, et qui la fixe ? En plus, les populistes détestent *a priori* les élites, qui dénoncent le populisme. Cercle vicieux ! Il faut traiter les causes.

Les peuples européens demandent en fait des choses assez simples : pas tellement plus « d'intégration européenne », sauf si cela permet de vivre mieux pour eux et leurs enfants, tout en préservant leur identité ; que leur pays garde une certaine souveraineté, ou que l'Europe en crée une ; que la sécurité soit assurée, etc.

Si les partis de gouvernement ne parviennent pas à répondre à des demandes aussi élémentaires ; pire, si ceux qui les expriment se font insulter par les fameuses « élites » qui comparent par paresse pavlovienne ce phénomène avec les années 30, alors ils deviennent enragés et votent pour les partis extrémistes et des programmes absurdes. Voir le long épisode précurseur des Gilets jaunes en France à l'hiver 2018-2019.

C'est peut-être LE problème de l'Europe et des autres démocraties aujourd'hui. Et partout où il y a des peuples !

Voir : Mondialisation/démondialisation.

Potsdam (Conférence de)

Troisième, et dernière, conférence des trois « grands » alliés pendant la Seconde Guerre mondiale. Elle réunit à partir du 17 juillet 1945 – moins de trois mois après le suicide de Hitler – au château de Cecilienhof, près de Potsdam (la capitale de la Prusse, limitrophe de Berlin, là où se trouve la résidence d'été, « Sans Souci », de Frédéric II de Prusse, dit le Grand), Staline, Truman (président depuis trois mois) et Churchill. Le Troisième Reich, qui a capitulé les 7 et 8 mai 1945, est démantelé (séparation de l'Allemagne et de l'Autriche, division de chacun des deux pays en quatre zones d'occupation, attribution de la Prusse orientale à la Pologne et de Königsberg à la Russie – Kaliningrad [il y aura 11 millions d'Allemands expulsés et 2 millions de morts]).

La décision est prise à Potsdam de juger des responsables nazis : ce sera à Nuremberg. Le 26 juillet, la conférence lance un ultimatum au Japon : capitulation, abandon des conquêtes d'après 1937, abdication de l'empereur, instauration des libertés. Le Japon le rejette. Le 28 juillet, Churchill, congédié par les électeurs (lassitude ? ingratitude ? demande sociale ?) est remplacé par Clement Attlee.

Le 6 août, Truman, convaincu par ses militaires que la guerre contre le Japon va être interminable et entraîner des centaines de milliers de morts supplémentaires de part et d'autre, ordonne pour la finir de larguer une première bombe atomique, sur Hiroshima, puis une seconde, le 9, sur Nagasaki. C'est alors seulement que Staline tient l'engagement pris à Yalta six mois plus tôt auprès de Roosevelt, très demandeur, et déclare enfin la guerre au Japon.

Le 15 août, six jours après la deuxième bombe, après qu'un coup d'État militaire avait été tenté pour l'en dissuader, l'empereur Hirohito annonce la reddition du

Japon, dans la première allocution radiodiffusée jamais prononcée par un empereur (prononcée en japonais impérial, incompréhensible par le peuple). La capitulation signée le 2 septembre à bord de l'*USS-Missouri* est reçue par le général MacArthur, arrivé le 30 août. Ce dernier gouvernera le Japon en véritable proconsul jusqu'en 1951. Ce n'est que par le traité de San Francisco du 8 septembre 1957 que le Japon recouvrera sa souveraineté, mais il devra encore accepter des bases américaines et il reste lié jusqu'à aujourd'hui aux États-Unis par un traité d'alliance.

Voir : Japon ; Seconde Guerre mondiale ; Yalta.

Poutine, Vladimir

L'Occident moderne déteste Poutine, ou adore le détester ; a peur de lui, ou feint d'avoir peur. On dirait qu'il est plus redouté que Staline, avec lequel Roosevelt et Churchill s'étaient alliés, ou que l'URSS, avec laquelle Kissinger traitait ! Cela a commencé avant la Géorgie, l'Ukraine et la Syrie. En fait, compte tenu de ce que les Russes ont enduré après la fin de l'URSS (– 40 % de pouvoir d'achat dans les années 90, quand les Occidentaux pavoisaient), on a eu bien de la chance de ne pas avoir eu à la tête de la Russie un dirigeant plus dur et plus revanchard que Vladimir Poutine. Qui d'ailleurs était assez ouvert, solidaire après le 11 Septembre et demandeur envers l'Occident, en tout cas au début, pendant ses deux premiers mandats.

C'est vrai que Poutine a déclaré : « Celui qui [un Russe] ne regrette pas l'URSS n'a pas de cœur » (et là je me souviens de François Mitterrand nous rappelant que l'Ukraine faisait partie de la Russie depuis plus longtemps que la

Bretagne n'a été intégrée à la France !). Mais il a aussitôt ajouté : « Celui qui veut la reconstituer n'a pas de tête. »

Délit de sale gueule ? À mi-chemin entre Daniel Craig et un officier nazi de film hollywoodien. En réalité, c'est à se demander si les Occidentaux n'en veulent pas aux Russes d'être restés russes au lieu de s'être laissé normaliser et transformer après 1992 en gentils sociaux-démocrates nordiques, les États-Unis l'avaient cru après 1992 quand ils avaient truffé sous Eltsine les ministères russes de conseillers américains adeptes de la thérapie de choc... Ces dernières années, c'était plus facile et un peu moins risqué de s'en prendre à la Russie, à la fois énervante, provocatrice, agressive mais plus faible que, par exemple, la Chine. Jusqu'à Trump.

Et ces Russes qui s'ingèrent chez les autres ! À croire que l'Occident ne l'a jamais fait. En fait, il serait tout à fait possible, tout en étant vigilants et dissuasifs (voire offensifs, en étant cyberréactifs), d'avoir des rapports plus pragmatiques avec Moscou (ce que Trump voulait faire, sa seule bonne idée !), tout en relançant des négociations d'accords de désarmement, et ne pas les pousser stupidement dans l'orbite de la Chine ! Pourquoi ce qui a été possible avec l'URSS ne le serait pas avec la Russie ? Mais peut-être est-ce trop tard, et le système sécuritaire poutinien trop verrouillé dans sa conviction qu'il n'y a rien à attendre de l'Occident, et donc plus de précautions à prendre : user du poison militaire Novitchok pour éliminer Navalny et le laisser être évacué en Allemagne… ? Et l'Occident lui-même arc-bouté ?

En attendant, Poutine a fait adopter le 1er juillet 2020 une réforme de la Constitution qui lui permet de se maintenir au pouvoir au-delà de la fin de son quatrième mandat, en 2024, jusqu'en 2036…

Voir : Menaces (perceptions) ; Russie.

Première Guerre mondiale

Jusque-là impensable. Conflit qui a opposé quatre ans, trois mois et deux semaines, du 28 juillet 1914 au 11 novembre 1918, « la Triple Entente » (les « Alliés » : France, Grande-Bretagne, Russie jusqu'à la révolution bolchevique) et les empires centraux (le Deuxième Reich allemand, l'Empire austro-hongrois), et a fait au total 38 millions de victimes, 22 millions de morts, blessés ou disparus chez les militaires, 16 millions chez les civils – s'y ajoutent au moins 50 millions de morts par la grippe née aux États-Unis et dite à tort « espagnole » qui a suivi en 1918-1919. L'expression consacrée de guerre « mondiale » est un peu exagérée même s'il est vrai que les puissances coloniales d'alors ont entraîné dans leur guerre leurs colonies, qui n'en voulaient pas. Elle s'est conclue – après l'entrée en guerre des États-Unis en mars 1917 – par la victoire des Alliés qui imposèrent les traités de Versailles (1919), de Saint-Germain-en-Laye (1919), de Neuilly (1919), de Trianon (1920), de Sèvres (1920). Elle a entraîné la chute de quatre empires du fait de la guerre elle-même ou des décisions consécutives : allemand, russe, austro-hongrois et ottoman. Elle a donné le coup d'envoi au premier féminisme puisqu'on avait dû faire massivement appel aux femmes dans les usines pour remplacer les hommes mobilisés.

L'Allemagne n'a jamais admis avoir été traitée à Versailles comme *seule* responsable de cette tuerie (article 23 du traité de Versailles). Lloyd George voulait même faire fusiller Guillaume II, petit-fils de la reine Victoria, et le faire juger (article 227 du traité de Versailles) ! Il n'en était pas question pour le président américain Wilson. Ce qui a alimenté un profond ressentiment en Allemagne que Hitler a su capter. D'autant que la guerre n'avait pas eu lieu sur le territoire allemand, mais français. Le vif débat entre responsables alliés, et français, sur la nécessité d'aller ou non jusqu'à Berlin avait été tranché par la négative. Pétain ne voulait pas de morts inutiles en plus. Conséquence : les Allemands n'admirent pas qu'ils avaient « perdu ».

Les controverses n'ont jamais cessé depuis un siècle sur ce séisme géopolitique, ce suicide européen, même si elles changent périodiquement de contenu et de sens.

Sur les causes de la guerre : la realpolitik de Bismarck ou son abandon par Guillaume II ? Les alliances automatiques d'avant 14 ? La diplomatie secrète ? (Marotte de Wilson. Même si on ne voit pas le rapport.)

Sur l'aveuglement des dirigeants, les fameux « Somnambules » (de Christopher Clark). Mais, par définition, ils ne pouvaient pas imaginer qu'ils marchaient à une guerre « mondiale ». Sur les décisions aberrantes de l'état-major français pendant la guerre : l'acharnement à lancer des offensives sanglantes vouées à l'échec. Sur le traité de Versailles et ses conséquences. Sur l'enchaînement Première Guerre/entre-deux-guerres/Seconde Guerre. Sur le pacifisme post-14/18 en France et ses conséquences jusqu'en 40 et à Vichy. Sur le revanchisme post-Versailles en Allemagne.

Et, plus récemment, sur les analogies entre la situation d'avant 14 et celle du monde global d'après 1992... Mais les comparaisons avancées par certains Français à l'occasion du 11 novembre 2018 à Paris entre 1918 et 2018 étaient tirées par les cheveux.

Ce que nous vivons, le chaos actuel, n'a aucun rapport.

Voir : Bismarck, Otto von ; Versailles (Traité de).

Présidents

Les régimes présidentiels (essentiellement américain et français) ont longtemps généré un respect, voire une vénération, pour « le Président » ou « Mister President » (« Potus » : President of the United States, pour les services américains). Surtout chez les personnes qui travaillent pour les présidents, transies par le regard que leur patron porte sur eux ou pas, mais pas seulement, ou amères, ce qui est fréquent. Il y a des noms de présidents qui sortent du lot. Aux États-Unis, les « grands » du mont Rushmore sculptés en 1925 et où se passe la fin inoubliable du film d'Hitchcock *La Mort aux trousses* : Thomas Jefferson, George Washington, Theodore Roosevelt, Abraham Lincoln – mais pas Woodrow Wilson (qui incarne le courant idéaliste). Ensuite, il y a le second

Roosevelt (Franklin Delano), et après... difficile à dire. Kennedy, du fait de sa séduction et de son assassinat ? Reagan ? Clinton ? Obama ? Trump (eh oui !) ? À partir de Kennedy, avec la politique spectacle et la peopolisation, les dépenses absurdes de campagne, le règne de l'image, difficile de trancher. Pour moi, Harry Truman, un des moins glamour et un des plus oubliés, est un des plus remarquables du fait des décisions historiques qu'il a dû prendre juste après la guerre : pour contenir la Russie, l'endiguement. Puis Nixon.

En France, les Français classaient les présidents en octobre 2018 : 1) de Gaulle (de loin) ; 2) Mitterrand ; puis, loin derrière 3) Chirac (qui a bondi au premier plan après sa mort) ; puis 4) et 5) VGE et Pompidou ; et loin derrière 6) Sarkozy et enfin 7) Hollande. Pour Emmanuel Macron, c'est trop tôt.

Il est vrai que le quinquennat, la vague de revendication de démocratie directe et les réseaux sociaux ont détraqué quelque chose.

Q

Qadesh (Bataille de)

Vers 1274 avant notre ère, une bataille opposa dans le sud-ouest de la Syrie actuelle, près de Homs, les deux grandes puissances d'alors : l'Empire égyptien de Ramsès II, le grand pharaon de la XIXe dynastie, avec environ 20 000 combattants et 2 000 chars, au nouvel Empire hittite de Muwatalli II avec environ 50 000 hommes et 3 700 chars. Ramsès II, qui régnait depuis cinq ans, la fit décrire et graver comme une victoire personnelle sur les murs de cinq temples et dans trois textes. En réalité, l'Égypte ne consolida pas ses conquêtes sur cette région, et d'ailleurs un « traité éternel de paix et de fraternité » fut conclu quinze ans plus tard, vers 1259, entre Ramsès II et Hattusili III. Première grande bataille historiquement documentée et première bataille de propagande, voire de « communication ».

Il y a près de trois mille trois cents ans. Vertige...

Voir : Batailles.

Quai d'Orsay

On dit le « Quai d'Orsay » pour désigner le ministère des Affaires étrangères (l'hôtel du ministre et les services) installé depuis 1855 au 37, quai d'Orsay, mais, dans l'idiome interne, le « département », pour désigner le ministère. La plupart des autres services sont maintenant localisés 27, rue de la Convention. Le terme d'« hôtel » n'est pas exagéré : les délégations étrangères s'y succèdent sans discontinuer et on y sert autant de repas que dans un grand palace parisien. J'y ai passé cinq belles années de ma vie. Mais dans cette vie très particulière de ministre des Affaires étrangères (100 voyages par an en moyenne, urgences à traiter, pressions contraires à contenir, mots à peser), on finit par ne même plus voir le lourd décor Napoléon III où l'on travaille ni même ses salons historiques (conférences de 1856, de 1919 et de 1950 !). Je garde un souvenir particulier des deux merveilleuses salles de bains Art déco inspirées de l'architecture d'intérieur de luxe des transatlantiques conçus par Labouret et Adnet pour la visite du roi George VI et de son épouse Elizabeth en 1938, où logèrent aussi John et Jackie Kennedy. Mon épouse et moi les avions fait dégager et restaurer. Stéphane Bern avait adoré. Mais, pour travailler, un lieu plus sobre et beaucoup plus fonctionnel, adapté aux exigences nouvelles et au mode de travail contemporain, ne serait pas plus mal.

Voir : Ministre.

Quincy (Pacte du)

Le 14 février 1945, au retour de Yalta – alors qu'il ne lui reste que deux mois à vivre –, le président Franklin D. Roosevelt fait halte en Égypte où il rencontre, sur le croiseur *USS-Quincy*, dans le canal de Suez, le roi Ibn Saoud, fondateur du second royaume d'Arabie Saoudite. Il existe une photo iconique, en couleurs, de cet instant. On y voit le roi, coiffé de son keffieh, qui écoute le colonel William Eddy, un genou au sol, qui sert d'interprète. Le président Roosevelt est assis à droite, élégant, aristocratique, émacié, en costume, un manteau léger sur l'épaule gauche malgré les rayons du soleil, visibles. À gauche, debout, l'amiral Leahy, ancien ambassadeur à Vichy, chef d'état-major des armées.

Déjà, en 1943, Roosevelt s'était arrêté au Caire. Américains et Arabes avaient partie liée contre l'Empire britannique, à la grande fureur de Churchill.

Ibn Saoud refuse d'approuver la création d'un foyer national juif en Palestine – ce qui surprend beaucoup Roosevelt, président depuis treize ans et encore naïf. Il suggère même au président américain de donner aux Juifs une partie de l'Allemagne, « vu ce que les Allemands leur ont fait ». Mais le souverain saoudien garantit l'essentiel de l'approvisionnement énergétique américain *via* l'Aramco, l'Arabian American Oil Company fondée en 1933, qui est alors encore américaine. En contrepartie, les États-Unis s'engagent à protéger la famille Saoud et le royaume saoudien, et reconnaissent que la stabilité de la péninsule Arabique et le leadership régional de l'Arabie (ce qui n'inclut pas l'Iran) font partie des « intérêts vitaux » des États-Unis.

C'est ce qu'on a appelé le « pacte du *Quincy* ». Il est signé pour soixante ans. Il a été renouvelé en 2005 pour une même période par G. W. Bush, donc jusqu'en 2065.

Ce pacte n'a jamais été remis en cause même quand les Saoudiens, en représailles contre les États-Unis qui avaient soutenu Israël dans la guerre du Kippour, ont pris 60 % du capital de l'Aramco puis l'ont nationalisée (Saudi Aramco). Ni quand les États-Unis avaient fait du shah d'Iran, Mohammad Reza Shah, après l'avoir remis sur le trône par un putsch contre Mossadegh, le « gendarme du Golfe », de 1953 jusqu'en 1979. Ni après le 11 Septembre (la plupart des djihadistes étaient saoudiens). Ni même quand le président Obama, sévère envers le régime et le prosélytisme wahhabites, s'en était distancié, d'autant que les États-Unis, grâce au pétrole et au gaz de schiste, dépendent moins du pétrole saoudien. D'une certaine façon, le président Trump est revenu au pacte d'origine, mais à un moment où l'Arabie du roi Salmane et du prince héritier MBS (Mohammed ben Salmane) est devenue belliqueuse pour contrer l'influence irano-chiite, question qui ne se posait pas en 1945.

Le pacte est peut-être moins vital pour les deux pays qu'en 1945. Mais il a survécu pour le moment à la mise en cause de MBS dans l'assassinat à Istanbul du journaliste Jamal Khashoggi qui a réveillé aux États-Unis un lobby antisaoudien qui s'était constitué, en particulier au Sénat, en réaction au 11 Septembre. Mais la nécessité, à leurs yeux, d'être unis contre l'Iran des ayatollahs est plus forte que tout. On l'a constaté à la fin de l'ère Trump. L'administration Biden sera plus distante mais ne rompra pas.

Voir : Arabie Saoudite ; MBS (Mohammed ben Salmane) ; Roosevelt, Franklin Delano ; Yalta.

R

Reagan, Ronald

Bon acteur de seconds rôles (dans *La Piste de Santa Fe*, en 1940), longtemps président de la Screen Actors Guild, gouverneur républicain de Californie puis président des États-Unis, de 1981 à 1989, Ronald Reagan a été mésestimé par snobisme et mal jugé par la côte est des États-Unis et en Europe où l'on voyait en lui un plouc et un extrémiste. Amusant, avec le recul. En fait, il gouvernera au centre (dans le sens américain). Il réussit un extraordinaire coup de bluff avec la Strategic Defense Initiative (la « guerre des Étoiles ») lancée en 1983. Rien n'était opérationnel (et ce n'est toujours pas hermétique !), mais il croyait vraiment que les États-Unis auraient bientôt les moyens de neutraliser *tous* les missiles soviétiques (des amis scientifiques le lui avaient promis au petit déjeuner : le Kitchen Cabinet). L'URSS le crut, y compris Gorbatchev, et s'épuisa à réagir budgétairement et militairement à cette menace de déclassement, ce qui accéléra sa désagrégation, déjà bien avancée. Reagan est aussi l'homme (ce n'est pas du tout contradictoire) qui conclut en 1987 avec Gorbatchev le traité éliminant les forces nucléaires en Europe (FNI) et avait même envisagé avec lui, à Reykjavik, le 12 octobre 1986, l'abandon (irréaliste) de toutes les armes nucléaires dans le monde, ce qui a paniqué Mrs. Thatcher et tous les establishments militaro-industriels.

En revanche, quand Reagan, depuis Berlin-Ouest, le 12 juin 1987, lança son fameux : « Monsieur Gorbatchev, abattez le mur ! », Gorbatchev aurait pu lui répondre : « C'est bien mon intention ! Mais c'est aux Allemands de l'Est de le faire. » On sait maintenant qu'il avait décidé de ne jamais employer la force pour maintenir les régimes communistes au pouvoir en Europe de l'Est, mais que les dirigeants concernés ne l'avaient pas cru !

Reagan se montra chaleureux avec Mitterrand. D'abord épaté par l'obtention par la DST, *via* un détecteur russe, du système soviétique d'espionnage industriel et technologique dans le monde (affaire Farewell), puis rassuré sur la France par G. H. Bush alors vice-président, lui-même impressionné et convaincu par François Mitterrand que

Reagan l'avait envoyé interroger. François Mitterrand a eu quelques désaccords sérieux avec lui (gazoduc, Proche-Orient, URSS), ils furent gérés avec retenue.

Après sa réélection, Reagan eut un long entretien avec Mitterrand, à l'occasion du long voyage d'État de celui-ci aux États-Unis, en 1984. C'est à ce moment qu'il lui expliqua qu'il voulait la chute du communisme, mais surtout pas la guerre (on lui reprochait d'être va-t-en-guerre) et qu'il était prêt à avoir de bonnes relations avec la Russie. La suite l'a montré.

L'homme Reagan était simple, chaleureux, bonhomme et conservateur. Il aimait blaguer. Zéro arrogance. Pendant les entretiens, il lui arrivait de décrocher et de laisser George Shultz, son secrétaire d'État, mener la discussion avec Mitterrand. Il n'empêche que, après, il trouvait les mots exacts qui résumaient pour les télévisions américaines, en termes compréhensibles par n'importe quel électeur américain, ce qu'il avait fait et dit pour eux. Avec des leaders comme lui, le populisme n'avait pas d'espace.

Voir : Gorbatchev, Mikhaïl ; Guerre froide ; URSS.

Réalisme (realpolitik, irrealpolitik)

Contre l'à-peu-près contemporain, essayons de retrouver le sens des mots. La réalité est par définition *réelle*. Mais le *réalisme* est une philosophie, un principe ou une éthique (de responsabilité). Dans les relations internationales, elle s'impose en Occident avec Machiavel, Richelieu (que Kissinger tient pour un des plus grands hommes d'État) et Mazarin (traités de Westphalie). Puis Talleyrand ou Metternich. Le réalisme est une honnêteté intellectuelle : voir les choses comme elles sont. Il s'oppose donc à l'idéalisme (platonicien, ou wilsonien), au chimérisme, à la démagogie, au risque, par contresens – et ignorance –, de passer pour cynique à l'idéologie. Le réalisme de l'analyse n'empêche pas l'idéalisme des ambitions. En politique étrangère, le réalisme s'incarne en realpolitik. Attention, dans le dictionnaire moderne des idées reçues, c'est très mal vu : on est sommé de la condamner tous les jours comme nauséabonde et immorale. Certains jugent celle-ci non seulement moralement condamnable mais aussi dépassée car fondée uniquement, à l'origine par nécessité, sur les relations entre souverains ou entre États, et non sur la société « civile », sorte de Guanyin, déesse chinoise à mille bras, parée au XXIe siècle de toutes les vertus. Mais, par définition, le réalisme se doit d'englober tous les phénomènes nouveaux qui apparaissent dans le monde, à commencer par le poids des opinions instantanées et l'influence d'acteurs innombrables non étatiques. On peut se demander si, à l'inverse, « l'irrealpolitik » dans laquelle a baigné l'Europe depuis 1945, et plus encore après la fin de l'URSS, soit plus de vingt-cinq ans (jusqu'au retour de la Russie, à l'affirmation de la Chine, et à l'arrivée de Trump), n'a pas été plus trompeuse et plus dangereuse. J'ai proposé ce terme mais avec moins de succès que pour « hyperpuissance » !

Voir : Cynisme ; Westphalie (Traités de).

Religions

Évoquer les fondateurs des grandes religions, dont certains sont considérés par leurs fidèles les plus croyants comme des dieux, dans un dictionnaire de géopolitique, serait-il subjectif ? Inévitable ! Prenez Jésus : en 2015, deux mille ans après, près de 2 millions d'êtres humains se réclament encore de lui, soit 1 milliard et 329 millions de catholiques, 885 millions de protestants (dont plus de 600 millions d'évangélistes) et 260 000 orthodoxes. Mahomet : treize siècles après, 1,8 milliard d'êtres humains se reconnaissent comme musulmans (environ 80 % de sunnites, 20 % de chiites). Pour Siddhartha Gautama (le Bouddha), deux mille cinq cents ans après, ce serait entre 1,7 milliard et 2,3 milliards. Pour Moïse, au moins 13 millions de Juifs. Et n'oublions pas Confucius, Lao Tseu, le panthéon hindouiste… et Karl Marx. Pour Raymond Aron, les idéologies du XIXe et du XXIe siècle (marxisme, nazisme, maoïsme) ont à l'évidence été des religions séculières.

Est-ce que ces « révélations divines », enseignements et dogmes, ont, au-delà de la vie privée et familiale, une influence sur les comportements sociaux et politiques ? Bien sûr ! Sans oublier le rôle des hiérarchies, du pape, des Églises, des prêtres, pasteurs, rabbins, dignitaires variés. Pour Samuel Huntington, qui a si fort fâché les tenants de la *doxa* universaliste et progressiste, les religions ont formé la matrice des « civilisations » et donc de leurs possibles « clash ».

Il y a un problème particulier avec les religions monothéistes. Pour elles, il y a eu « révélation », et donc *une* vérité, et en dehors d'elle, par conséquent, erreur et hérésie. Peuvent-elles tolérer, admettre, quand elles sont fortes, qu'il peut y avoir d'autres croyances et, pire encore, un ordre du monde non divin (Copernic, Pascal) ?

Combien de siècles et de combats acharnés a-t-il fallu pour que l'Église catholique se résigne, sous la contrainte des faits, à la liberté de penser, même si elle s'y est ensuite adaptée ? Et encore, elle pouvait se rattacher à un principe présent dans l'Évangile (et dans *aucun* autre texte fondateur de religion) : « Rendez à César ce qui est à César et à Dieu ce qui est à Dieu. » D'où la possible laïcité.

Autre question : peut-il exister un christianisme non occidental, alors qu'il a été le vecteur de l'occidentalisation du monde, *via* les valeurs « universelles » ? À travers un messianisme autant politique et philosophique que religieux ? Mentalement et philosophiquement, cela paraît impensable. Statistiquement, c'est ce vers quoi on se dirige : les évangélistes en Amérique du Nord et du Sud, en Asie, le quart des chrétiens dans le monde, et en Afrique.

Comment imaginer que ce maelström d'idées et de croyances forgé par l'espèce humaine, dès qu'elle a pu penser et donc s'angoisser, et enterrer ses morts, qui se sont cristallisés avec le sentiment d'appartenance collective (avec les autres descendants d'un ancêtre commun, au sein d'une famille, d'une tribu, d'un clan, plus tard d'une ethnie, d'une nation, d'un empire, voire d'une idéologie), comment imaginer donc que ce maelström n'ait pas laissé des traces profondes, sous un modernisme pelliculaire ? Et comment imaginer que les fidèles des religions révélées, ceux qui y croient vraiment, ceux qui ont la charge de les perpétuer, n'essaient pas chaque jour, chaque fois qu'ils le peuvent, d'endiguer la marée, agnostique, matérialiste, individualiste, et ses conséquences humaines, sociales, culturelles, politiques, détestables à leurs yeux ? D'autant que la modernité, l'individualisme de masse et le consumérisme, vides de sens profond, sauf un bien-être matériel, jamais satisfait, créent de nouvelles frustrations exploitables : voir l'islamisme politique et le renouveau du protestantisme évangélique. Bref, laïcité ou pas, ce facteur religieux peut encore peser, par ses dérives, et doit être encore pris en compte. Et pour longtemps. Les Français, très peu cartésiens mais un des peuples les moins religieux au monde, auraient intérêt à le comprendre.

Voir : Acteurs des relations internationales ; Influences ; Mythes.

Repentance

Attitude religieuse et morale, en principe personnelle, qui s'est répandue dans le champ de la politique occidentale comme un principe collectif, une trentaine d'années après la décolonisation du fait de volonté de la revanche de certains groupes et du masochisme de certains autres. Pourquoi et comment ?

On se « repent » d'une mauvaise action que l'on a commise. Dans la civilisation chrétienne, dès lors que l'on accepte le concept (choquant !) du péché originel, la confession, la contrition (*confiteor*), l'expiation permettent de recevoir l'absolution et d'être lavé pendant un temps de ses péchés. Déjà, cela se discute : pour Spinoza, le repentir est une seconde faute. En politique, François Mitterrand disait : « On ne corrige pas une erreur par une autre. » Mais le droit civil et le droit pénal punitifs ont pris le parti inverse.

Tout change quand le désir ou l'exigence de repentance prétend s'appliquer à ce qu'un peuple tout entier a fait dans le passé. Suis-je coupable de ce qu'ont fait mes ancêtres ? Dois-je m'en repentir ? Peut-on l'exiger de moi ? À quoi cela sert-il ? Y a-t-il une responsabilité collective ? Non. Sauf s'il y avait eu un vote global, conscient. Mais qui peut prétendre que les Allemands ont voté pour les nazis en 1933 *pour* faire Auschwitz ? Ou alors les peuples seraient responsables de tous les crimes de leurs dirigeants, y compris contre eux ?

Pire encore : on serait responsables des crimes de nos parents ou de nos ascendants ? Cette malédiction biblique (jusqu'à la septième génération ?), vivace pendant toute l'histoire connue de l'humanité, mais monstruosité juridique, se porte partout bien dans le champ politique médiatique ou géopolitique contemporain, en tout cas en Occident, qui a conduit les affaires du monde pendant trois ou quatre siècles.

La loi du plus fort a régi toute l'histoire de l'humanité, y compris les colonisations, mais seuls des Européens se sentent *responsables* de la colonisation par leurs ancêtres ! Les anciens « colonisés » devraient se demander pourquoi, et comment ils ont pu l'être, cela serait utile pour l'avenir. Des groupes activistes essentiellement africains, « issus de l'immigration » en Europe depuis d'anciennes colonies, demandent, deux ou trois générations après les indépendances et les décolonisations, et en général plus d'un siècle après la colonisation, reconnaissance, réparations, voire une vengeance. Cela devient un levier dans les relations internationales. Un moyen de chantage *via* des opinions européennes culpabilisées.

Certains courants de pensée au Canada et en Europe jouent activement à ce jeu par conviction, honte (de quoi ?), lâcheté ou opportunisme politique, alors que l'histoire humaine est faite de colonisations politiques, économiques et religieuses. Mais pour certains politiques contemporains, comme Justin Trudeau, les excuses deviennent une activité en soi, et le repentir un programme.

Tout cela avance à quoi ? Nul doute que Chesterton y aurait vu la preuve que, selon sa célèbre formule : « Le monde [l'Occident] est plein de vertus chrétiennes devenues folles. »

Il faudrait revenir à l'Histoire *versus* mémoire. Honnêteté et franchise historique *versus* culpabilisation et réparation. Cette correction n'empêche pas, bien au contraire, de raconter l'histoire des colonisations telles qu'elles se sont produites. C'est nécessaire pour en sortir. Par exemple dans *Le Livre noir du colonialisme, XVIe-XXIe siècle : de l'extermination à la repentance*, publié en 2003 sous la direction de Marc Ferro.

Voir : Colonisations ; Décolonisations ; Histoire de France.

Ressources (Compétition pour l'accès aux)

Elle va probablement s'intensifier âprement... Remarque banale : les groupes humains, les puissances, même les plus anciennes, avant la constitution des États, à toutes les époques, ont été en compétition pour l'accès aux ressources, au sens le plus large. Du côté de la recherche des couches de silex taillable, puis des mines de l'âge de cuivre, il y avait certainement déjà compétition. Il y a eu les siècles des épices, à la valeur phénoménale, et l'ancestrale route de la « soie » euro-asiatique Antioche-Xi'an. Au XXe siècle, l'accès au pétrole, qu'on ne trouve pas partout, contrairement – hélas – au charbon, avec la rivalité que cela a entraînée entre compagnies occidentales pour l'accès aux gisements du Moyen-Orient, du Venezuela, ou même des États-Unis (voir la ruée sur l'Oklahoma). On a pu parler aussi de route du fer, de course à l'eau lourde, etc. Pendant la guerre, Hitler voulait à tout prix mettre la main sur le pétrole du Caucase. Et que dire des ruées vers l'or ? Etc.

Mais c'était dans un monde que l'on croyait sans limites. À notre époque, dans le cadre de l'économie de marché mondialisée, dérégulée et (trop) financiarisée, la compétition s'est étendue au monde entier et à toutes les ressources : toujours le pétrole et le gaz, y compris dans des endroits impossibles (off-shore profond, Arctique), mais aussi uranium, métaux précieux, or, lithium, terres rares indispensables aux technologies numériques (avec les dégâts écologiques et le risque d'un monopole chinois…), terres cultivables, sable, eau potable et, finalement… espace disponible. Longtemps après Paul Valéry en 1931 (« le temps du monde fini commence »), les écologistes ont eu raison de rappeler – dans le désert – que la Terre, et ses ressources, était « finie », qu'il nous faudrait plusieurs planètes habitables et exploitables pour continuer à consommer autant. Surtout avec, peut-être un jour, 10 milliards d'habitants (sauf « transition » ou inversion démographique brutale), avides de se développer et de consommer sans limites.

Non seulement cela annonce des catastrophes écologiques cumulatives et exponentielles, mais aussi des compétitions de plus en plus dures, et donc des risques accrus d'affrontement. Mais l'interdépendance généralisée pourrait aussi inciter à la retenue, comme c'était le cas dans les déserts autour des points d'eau. D'ailleurs, aucune puissance n'a tenté depuis la Seconde Guerre mondiale de bloquer un des détroits vitaux pour le commerce mondial : Gibraltar, Suez, Ormuz, de Malacca, de la Sonde, Panama, sans parler du pas de Calais, en attendant la route du Nord ! Il est vrai que, depuis 1945, ce sont les sept flottes américaines qui assurent la liberté de navigation en haute mer, plus encore que les conventions internationales… Mais l'accès aux ressources peut aussi s'entendre comme l'accès vital aux marchés (aux acheteurs, aux consommateurs, un vrai trésor) : d'où la violence des dénonciations du « protectionnisme » par les puissances principales bénéficiaires de l'économie globalisée, que toutes les puissances ont pourtant pratiqué en phase d'ascension : le cas de la Grande-Bretagne est emblématique : protectionniste pour protéger son textile jusqu'à ce qu'elle ait anéanti l'industrie indienne ! Libre-échangiste ensuite pour écouler les textiles de Manchester. Et même capable de déclencher, entre 1839 et 1860, des guerres contre l'Empire chinois Qing, « insolent protectionniste », pour l'obliger à acheter l'opium britannique fabriqué… en Inde ! Évoqué par Amitav Ghosh dans son mémorable *Un océan de pavots*. Accès au marché, que de crimes on a commis en ton nom ! La guerre commerciale a été à peu près encadrée par les accords du GATT (l'accord général sur les tarifs douaniers et le commerce) à partir de 1949 puis de l'OMC, de 1995 jusqu'à Donald Trump. Les gouvernements et les entreprises du monde de demain accepteront-ils de « s'autoréguler » ? Si ce n'est par bonne camaraderie « multilatéraliste », écologique ou intérêt bien compris, du moins par autodiscipline économique ? Rien n'est moins sûr, si l'on en juge par le jeu non coordonné des producteurs de pétrole après l'effondrement du prix du baril, provoqué en mars 2020 par la tétanisation de l'économie mondiale en pleine crise du coronavirus… Et qu'en sera-t-il dans le monde numérique ?

Voir : Anthropocène ; Écologisation ; Guerre économique mondiale.

Réunification allemande

Bertrand Dufourcq, le diplomate français qui était directeur politique au moment de la négociation sur la réunification allemande, avait fait remarquer à juste titre, dix ans après le traité de 1990, que la meilleure preuve de la réussite de cette négociation, et donc de ce traité, c'était que plus personne n'en parlait ni ne le contestait. Alors que, pendant toute la guerre froide, la réunification allemande, évidemment espérée par les Allemands, semblait impossible à atteindre, sauf au prix d'une guerre avec l'URSS. Perspective bien sûr repoussée avec horreur. C'est pourquoi j'avais été sidéré lorsque, jeune conseiller diplomatique de 34 ans, preneur de notes lors de la rencontre François Mitterrand/Helmut Schmidt à Latche en octobre 1981, j'avais entendu le premier dire au second : « D'ici quinze ans maximum, peut-être dix, l'Union soviétique sera tellement affaiblie qu'elle ne pourra plus empêcher la réunification allemande. » Je n'ai jamais oublié la réponse de Helmut Schmidt : « J'aimerais vous croire, mais je n'y parviens pas, et d'ailleurs je serai certainement mort avant car je fume beaucoup trop, j'ai déjà un pacemaker, etc. » Cette prévision juste mais audacieuse de François Mitterrand est devenue plus probable à partir de l'arrivée en mars 1985 de Mikhaïl Gorbatchev au pouvoir à Moscou, et surtout quand, à partir de 1986-1987, celui-ci a averti les dirigeants communistes d'Europe de l'Est qu'il n'emploierait jamais la force pour les maintenir au pouvoir. Ils ne l'avaient pas cru, mais c'est pourtant ce qu'il a fait. Quand les événements se sont accélérés en 1988-1989, il n'y a jamais eu de débats débiles entre les grands dirigeants du type : « Est-ce qu'on est pour ou contre la réunification ? », mais uniquement d'échanger sur les modalités et le calendrier et les garanties de la réunification, pour que cela se passe le mieux possible, ce qui a occupé le second semestre 1989 et le premier semestre 1990. Tout ça paraissait tellement incroyable que, le jour même de la « chute » du Mur, le chancelier Kohl avait déclaré à Varsovie où il se trouvait qu'il ne verrait pas la réunification de son vivant. Peut-être pour conjurer le sort ? Et que le même Helmut Kohl, trois semaines après ladite « chute » du Mur, avait encore présenté au Bundestag un plan en dix points, resté fameux, mais qui n'envisageait la réunification qu'après un processus de plusieurs années, de coopération, confédération, fédération. Et puis tout ça s'est emballé début 1990, les négociations ont eu lieu en quelques mois entre les quatre puissances victorieuses et les deux Allemagnes (le fameux 4 + 2, les Allemands préféraient dire le 2 + 4). C'est un exemple, rare, d'intelligence collective internationale et de sens des responsabilités coopératif, et de bonne gestion. Soyons honnête, rien de tout ça n'aurait pu se passer sans drame et aussi pacifiquement si Gorbatchev n'avait pas pris les positions que l'on sait, et qui devaient d'ailleurs finalement entraîner sa chute. Il espérait encore à l'époque pouvoir lâcher l'emprise soviétique sur l'Europe centrale et orientale tout en préservant et réformant l'URSS. La suite relève de l'histoire de l'Europe.

Voir : Allemagne ; Berlin ; Mitterrand, François ; URSS.

Richelieu, Armand Jean du Plessis, cardinal de

Un des dirigeants que Kissinger admire le plus (*Diplomacy*). Dictateur *de facto* pendant près de vingt ans de 1624 à 1642, sous le règne de Louis XIII, le cardinal Armand Jean du Plessis de Richelieu a incarné la raison d'État, et l'affirmation sans faiblesse du pouvoir royal face aux féodalités et aux grandes familles qui résistaient et frondaient. Cela a préparé l'absolutisme de Louis XIV qui a laissé gouverner Mazarin, que Richelieu lui avait légué, jusqu'à sa mort en 1661, avant d'exercer le pouvoir seul.

Il a lutté contre l'encerclement des Habsbourg par des alliances réalistes, y compris avec des princes protestants, ce qui scandalisait l'aristocratie catholique et l'Église. Son œuvre est parachevée par Mazarin, six ans après sa mort, avec les traités de Westphalie, chef-d'œuvre diplomatique qui mettent fin à l'horrible guerre de Trente Ans et organisent pour un siècle et demi l'Europe, à la française.

Voir : Penseurs ; Westphalie (Traités de).

Roosevelt, Franklin Delano

Figure centrale du XXe siècle. Pas seulement en raison du New Deal et de son invention de l'État providence après la crise de 29, encore que J. M. Keynes ait jugé, après l'avoir rencontré, « qu'il ne comprenait rien à l'économie », ni en raison de sa formule magnifique « la seule chose que nous devons craindre, c'est la peur », mais en raison de son engagement décisif face à Hitler.

Il avait compris tôt le danger, mais avait dû encore se faire réélire en 1940, pour la troisième fois, après 1932 et 1936, en promettant de ne pas envoyer les « boys » au front. Le fonds isolationniste des États-Unis envers l'Europe restait majoritaire. Il avait quand même pris des dispositions très tôt avec le prêt-bail et d'autres mesures pour aider Churchill à tenir et faire des États-Unis « l'arsenal des démocraties ». Mais il fallut Pearl Harbor, le 7 décembre 1941, pour qu'il puisse déclarer la guerre au Japon et à l'Allemagne, ce sur quoi Churchill, et de Gaulle, comptaient depuis le début. Il s'est complètement trompé sur de Gaulle en qui, sous l'influence de Jean Monnet et de certains de ses diplomates, il voyait un putschiste, et a privilégié jusqu'au bout Pétain (qu'il avait connu en 1916 et en qui il voyait un bouclier), Darlan, Giraud. Il voulait la fin des empires coloniaux européens, à commencer par la fin de l'Empire britannique. Il assuma l'alliance avec Staline, sans se demander s'il « partageait ses valeurs », pour détruire Hitler et le militarisme japonais. Sa charte de l'Atlantique, le 14 août 1941, conçue avec Churchill, préfigura les principes de l'ordre international américano-libéral qui allait inspirer la charte de San Francisco qui fonde l'ONU, en 1945, Bretton Woods et le GATT, et structura le monde pendant des décennies. À Yalta cependant, contrairement à Churchill, il crut les promesses de Staline sur l'Europe libérée... ou feignit de les croire pour obtenir l'engagement de l'URSS contre le Japon. Et, de retour sur le croiseur *Quincy*, il passa un acte avec le roi d'Arabie, pétrole contre sécurité.

F. D. Roosevelt, un cas d'étonnante métamorphose sous l'effet de circonstances extrêmes, d'un politicien patricien aisé, brillant, mondain, naïf par certains aspects, très courageux face à sa maladie, un dirigeant historique de premier plan…

Voir : Présidents ; Seconde Guerre mondiale.

Routes de la soie (Nouvelles) (OBOR : One Belt, One Road)

Ironie de l'histoire. On a oublié que c'est Hillary Clinton qui avait avancé en 2012 en Asie centrale l'idée de relancer les routes de la soie dans un esprit de mondialisation OMC et du leadership américain ! C'était jouer avec le feu. En 2013, le nouveau président chinois, Xi Jinping, a repris l'idée d'un ensemble de corridors ferroviaires, routiers et maritimes qui relieront la Chine à plus de soixante-cinq pays d'Asie centrale et d'Asie du Sud-Est, mais aussi d'Europe et d'Afrique, par des ports, des aéroports, des lignes de chemin de fer, des gares, des autoroutes, des installations énergétiques. Sans oublier les passages circumpolaires du nord-ouest et du nord-est, voire transpolaire vers 2040. C'est la ceinture et la route, One Belt One Road ! Le monde entier !

La Chine utilise la Bank of China et a créé en plus, pour ce colossal programme, une « banque asiatique pour les investissements et les infrastructures », et un fonds souverain. Au total, 3 700 milliards de dollars pour financer 26 000 projets sur cinq continents !

Tout cela n'a rien à voir avec le très ancien réseau de routes commerciales reliant sur 8 000 kilomètres pendant des siècles, et jusqu'au XVe siècle, par étapes, Xi'an

(Chang'an) à Antioche. Ce n'était pas la projection d'une puissance potentiellement hégémonique, mais un canal d'échanges.

D'abord économique, le projet actuel est devenu beaucoup plus immense, titanesque, quasi global, et il est, avec les vues militaires en mer de Chine, la manifestation la plus spectaculaire des ambitions chinoises, qui posent un énorme problème aux autres puissances. Sur la dimension historique et les enjeux contemporains, je recommande à ce sujet les deux ouvrages fascinants de Peter Frankopan : *Les Routes de la soie* (2017) ; *Les Nouvelles Routes de la soie* (2018), aux éditions Nevicata.

Pourraient-elles devenir à double sens, comme l'a demandé le président Macron ? Il faudrait que la Chine réalise qu'elle ne peut pas imposer au monde ce qu'elle veut, et y trouve son intérêt. Peut-être le choc de la pandémie de Covid-19 va-t-il la rendre plus disponible à une approche plus coopérative – ou plus régionale ? En août 2020, les Chinois eux-mêmes reconnaissaient que 20 % des projets étaient très affectés, 40 % un peu, et 40 % légèrement.

Voir : Chine ; Infrastructures.

Russie ! Immense pays, même après la fin de l'URSS : 17 millions de kilomètres carrés (contre 9 pour la Chine, les États-Unis et le Canada). Et, immense interrogation. Faut-il pour autant souscrire à la formule très datée de Churchill, inspirée par Staline : « La Russie est un rébus enveloppé de mystère au sein d'une énigme. » C'était en octobre 1939, deux mois après le pacte germano-soviétique, au moment de l'invasion de la Pologne. Rien d'intemporel ni de permanent. La situation actuelle n'a rien de mystérieux.

Aujourd'hui (en 2021), l'Occident a de plus mauvais rapports avec la Russie qu'avec l'URSS (pourtant bien plus puissante, et plus menaçante) pendant les vingt dernières années de la guerre froide ! C'est paradoxal, voire absurde, à moins que ce ne soit délibéré. Certes, il faut être très vigilant avec le voisin russe (et les fameux siloviki[1]) qui s'ingère et provoque. Les Baltes et la Pologne sont en droit de demander des garanties à l'Europe et à l'OTAN pour éviter toute tentation à la Russie. Il faudra néanmoins renégocier des accords de limitation et de contrôle des armements avec la Russie. On ne devrait plus pouvoir changer des frontières par la force au XXIe siècle. Il faut se protéger des cyberattaques russes et rendre coup pour coup, c'est entendu ! Mais l'Occident est coresponsable depuis vingt-cinq ans de cet engrenage. Il n'a même pas cherché à mettre à profit la disponibilité de Poutine pendant ses deux premiers mandats, jugeant la Russie hors jeu. Kissinger l'a dit : « On n'a fait aucun effort sérieux pour associer la Russie à une nouvelle architecture

1. Un silovik est un représentant d'organismes étatiques chargés de veiller à l'application de la loi.

de sécurité en Europe. » Les promesses – orales – de George H. Bush et James Baker de non-élargissement à l'est de l'OTAN après la dissolution du pacte de Varsovie ont été oubliées par Bill Clinton et George W. Bush. Annoncer à son de trompe l'élargissement de l'OTAN à l'Ukraine (russe depuis plus longtemps que la Bretagne ou la Franche-Comté ne sont françaises) signifiait pour la Russie la perte de la base vitale de Sébastopol. Cette provocation, équivalente, symétriquement, à l'installation par Khrouchtchev de missiles à Cuba, ne pouvait que provoquer une réaction, et une opération qui a eu lieu en 2014. Réaction condamnable, certes, mais résultant d'une politique irréfléchie.

J'ajoute que l'accord d'association UE/Ukraine, justifié dans son principe, avait été conçu lourdement, de façon à couper économiquement l'Ukraine de la Russie. Etc.

Il y a toujours en Russie depuis Pierre le Grand, à la fin du XVIIIe siècle, hésitation entre un courant ouvert vers l'extérieur (l'Europe) et un courant « slavophile », nationaliste.

L'Occident a contribué, par son arrogance et ses bavures, en dépit de louables initiatives françaises, notamment sous François Mitterrand puis Jacques Chirac, à réveiller ce courant hostile sous une forme très antioccidentale depuis le troisième mandat de Poutine, à partir de 2012, prolongé par un quatrième en 2018, et en en attendant peut-être d'autres.

D'un côté, provocations russes, cyberagressions, déclarations « antilibérales » qui indignent les Européens, reconstitution d'une capacité militaire russe, aggravation de l'autoritarisme du régime, action incontrôlée des services.

De l'autre côté, détestation officielle de Poutine, sanctions à répétition, perte de marchés en Russie, contre-attaques cyber.

En pratique, l'Occident pousse donc aveuglement la Russie à se rapprocher, en dépit de ses craintes territoriales et démographiques, de la Chine et de l'organisation de Shanghai. L'Europe, qui en veut à la Russie d'être restée russe et de ne pas s'être « normalisée », n'a pas cherché à se différencier de l'obsession antirusse de « l'état profond » américain, ce fameux *deep state* (ministères, agences, administrations).

Il y a certainement un moyen de gérer plus intelligemment ce voisinage, tout en restant très vigilant.

Voir : Menaces (perceptions) ; Poutine, Vladimir ; URSS.

Rwanda

La controverse la plus virulente sur la politique étrangère française contemporaine. Cas unique : deux thèses absolument opposées à propos du processus qui a conduit au génocide des Tutsis rwandais en 1994, et de la politique menée par la France auparavant, de 1990 à 1994. La première : selon Alain Juppé et moi, la France est le seul pays qui, ayant pris conscience des risques de massacres inhérents à la guerre civile déclenchée en 1990, a agi pour enrayer cet engrenage et pensait y être parvenu en obtenant le 4 août 1993 la signature des accords d'Arusha par les forces en présence. Et l'autre thèse (celle de Kigali et de ses relais), « la France a coopéré avec un régime qui préparait un génocide. Elle est au minimum coresponsable ».

Reprenons les faits.

Le 1er octobre 1990, soit quelques mois après le discours de François Mitterrand à La Baule sur la souhaitable démocratisation en Afrique, le FPR de Paul Kagame, le chef des Tutsis rwandais en exil en Ouganda (donc une minorité dans la minorité de 14 à 15 %), qui donc ne pouvait pas remporter d'élection, pénètre au Rwanda grâce au soutien de l'armée du président ougandais Museveni. Son but : renverser le régime hutu de Kigali et reprendre le pouvoir qu'exerçaient les Tutsis jusqu'au départ des Belges en 1962, et les massacres anti-Tutsis, qui avaient eu lieu alors.

Le président rwandais (hutu) Habyarimana demande l'aide militaire de la France. Le président Mitterrand l'accorde pour stopper l'engrenage de la guerre civile et des massacres prévisibles (opération Noroît). Mais il réclame que, en contrepartie de cette aide, le régime rwandais règle la question des « réfugiés ». Il s'agit des Tutsis rwandais partis se réfugier en Ouganda en 1962 pour échapper aux massacres commis contre eux dans le chaos de l'accession à l'indépendance, dont la famille de Paul Kagame. Entre 1990 et 1993, le FPR de Kagame poursuit ses attaques et, selon certaines enquêtes de l'ONU et certains ouvrages, massacre, en avançant, des cadres hutus. Certains responsables hutus se radicalisent encore plus. Les pressions de la France en 1990-1991 entraînent la chute du gouvernement hutu et la mise en place d'un gouvernement intérimaire – toujours hutu, contesté par les Hutus extrémistes. Puis la signature, notamment grâce à l'engagement d'Alain Juppé, depuis cinq mois ministre des Affaires étrangères dans la cohabitation Mitterrand/Balladur, des accords d'Arusha, à l'été 1993. Ceux-ci organisent un généreux partage du pouvoir entre le pouvoir hutu et le FPR de Paul Kagame (40 % de l'armée aux Tutsis). Trop confiante, la France estime avoir atteint son but – enrayer la guerre civile et prévenir les massacres – et retire ses troupes. Mais, le 6 avril 1994, l'avion qui ramène d'Arusha les présidents du Rwanda et du Burundi, où était discutée la mise en œuvre laborieuse de l'accord, est abattu par un missile à l'atterrissage à Kigali.

Très vite, en réaction, des massacres de Tutsis et de Hutus modérés ont lieu et tournent au génocide (environ 800 000, dira l'ONU). Le FPR, toujours soutenu par l'armée ougandaise, pénètre dans le pays et en prend le contrôle. La France se dit prête à revenir pour mener une action humanitaire mais veut pour cela un mandat du Conseil de sécurité, qu'elle n'obtient que le 22 juin 1994, les États-Unis attendant pour cela que Kagame ait pris le contrôle de l'essentiel du pays. Elle envoie alors, avec quelques contingents africains, une force dite Turquoise qui permet, depuis le Congo limitrophe, à des dizaines de milliers de Rwandais d'échapper aux massacres.

Paul Kagame conquiert tout le pouvoir et dirige le Rwanda d'une main de fer avec sa garde rapprochée. Les armées rwandaise et ougandaise poursuivent les Hutus en République démocratique du Congo, au Kivu (3 à 4 millions de victimes selon le rapport Mapping pour l'ONU), et exploitent ensemble, avant de s'opposer et de se déchirer, les richesses du Kivu. La tentative de Kagame de prendre le pouvoir à Kinshasa échoue. J'aurai l'occasion de le rencontrer deux fois en tant que ministre en 2001 et 2002, avant que les accusations contre la France ne deviennent vraiment violentes, à partir de 2006. En effet, en 2006, le juge français Jean-Louis Bruguière, qui enquête sur l'attentat contre l'avion à la demande des familles du personnel navigant français, laisse entendre que celui-ci aurait été commis par le FPR (donc par Kagame) et lance des mandats d'arrêt. Le gouvernement rwandais fait alors rédiger, pour se disculper préventivement, en contre-attaquant, un « rapport Mucyo » qui accuse une trentaine de responsables politiques et militaires français de 1994 d'avoir armé les génocidaires, et donc de « complicité de génocide » ! Ceux-ci répondent, comme je l'ai indiqué, que, au contraire, la France est le *seul* pays au monde à avoir agi, *dès 1990*, pour arrêter l'engrenage prévisible des massacres et avoir essayé, à Arusha, à l'été 1993, d'imposer un compromis dont ne voulaient en réalité ni les extrémistes hutus ni le FPR. La France n'est coupable que d'avoir échoué.

Ces accusations terribles sont relancées depuis contre la France chaque année, à l'instigation de Kigali, ou spontanément, par vingt ou trente chercheurs ou journalistes, sans tenir compte des nombreux démentis précis et argumentés. Même si elles ont été condamnées plusieurs fois pour diffamation, la plupart des médias français les relaient sans recul. D'anciens proches de Kagame, dont plusieurs ont été assassinés pour cela, ont indiqué aux juges français qu'il était bien le commanditaire de l'attentat pour se libérer de la politique française d'Arusha, qui l'aurait empêché de prendre tout le pouvoir. Ce que dément Kigali. Le livre de la journaliste Judi River *Éloge du sang* a enfin été publié en français en 2020 par l'éditeur Max Milo, en dépit d'attaques violentes pour « négationnisme ». Ce qui est archifaux. Elle ne nie pas le génocide mais explique autrement ce qui y a conduit, et elle a aussi enquêté sur la politique de conquête menée après par le FPR en RDC.

Les livres, articles et déclarations, d'auteurs belges, canadiens, camerounais, français ou congolais, qui démontrent l'inanité des accusations contre la France ou les jugements plus récents de médias anglo-saxons ne sont à peu près jamais repris par les médias français. La France devient, sur cette question, un cas particulier.

Par la suite, Paul Kagame, réélu en 2017 après avoir modifié la Constitution en 2015 pour toute limitation du nombre de mandats présidentiels, a été en 2018-2019 président de l'Union africaine et a lancé l'idée d'un marché commun de toute l'Afrique. Il est très populaire en Afrique pour avoir bien géré et développé son pays – mais peut-être aussi pour avoir fait porter à un grand pays comme la France le chapeau des conséquences de son attaque en 1990 ?

Voir : Histoire de France ; Repentance.

S

Sanctions

Ce qui importe, à propos des sanctions (comme de l'ingérence), c'est *qui* a le droit (ou estime l'avoir) de sanctionner qui, pour quels motifs, dans quels buts ? En théorie, aujourd'hui, la réponse est simple : c'est le Conseil de sécurité des Nations unies, à condition qu'aucun des cinq membres permanents n'y oppose son veto, qui peut décider en vertu du chapitre VII de la Charte, de recourir à la force (si un pays veut bien se dévouer pour le faire) ou à des sanctions. Avec quel effet ? Ça, c'est une autre histoire, car les résultats ne sont pas souvent ceux que l'on espérait ! L'Union européenne se pense également légitime pour sanctionner si ses valeurs ou ses intérêts sont bafoués ou menacés.

La liste de ses sanctions est longue, mais en général décalquées de celles de l'ONU (cas de l'Iran ou de la Russie).

La pratique vraiment exorbitante, c'est celle des États-Unis. Par la loi d'Amato-Kennedy (le sénateur Edward Kennedy en général mieux inspiré) votée par le Congrès le 8 août 1996, les États-Unis, qui sanctionnaient déjà Cuba depuis 1960, se sont ainsi arrogé le droit de sanctionner tout investissement en Iran ou en Libye, *américain ou non*, de plus de 20 millions de dollars.

En 2018, quarante-cinq pays (!) étaient sanctionnés par les États-Unis, un peu moins par l'Union européenne. S'agissant des sanctions américaines, la passivité, la soumission, voire l'approbation ou encore la faiblesse des alliés et partenaires des États-Unis et de tous les autres ont encouragé ces derniers dans cet *hubris* unilatéral et extraterritorial. Cela n'a fait qu'empirer. Jusqu'à ce que Trump, qui ne l'a pas commencé, mais l'a amplifié, et fait tout sans se dissimuler, prenne en otage toute l'économie mondialisée, dollarisée et numérisée pour asphyxier le régime iranien (qui pourtant appliquait l'accord, en tout cas jusqu'en 2020) et le faire chuter. Et s'engager par ailleurs dans une guerre commerciale contre les rivaux des États-Unis. Il a fallu attendre 2019, plus de vingt ans après la loi de 1996, pour que les Européens entament une longue marche vers la reconquête de leur autonomie de décision ! Et encore, très prudemment. La Commission européenne devrait s'intéresser aux motivations des sénateurs qui proposent des sanctions... Par exemple, en 2020, les sanctions américaines contre le gazoduc Russie-Allemagne Nordstream 2 avait à l'évidence pour objet de permettre aux États-Unis d'écouler, *via* la Pologne, leur gaz de schiste.

Et Pékin ? En Chine, ce ne sont pas des avocats, des légistes ou des juges qui gouvernent, mais la technocratie communiste, et qui peut déjà dissuader, inhiber, neutraliser les décisions qui la gêneraient dans plusieurs dizaines de pays... Elle l'a fait envers la Norvège et l'Australie. L'Arabie a déjà sanctionné le Canada. Ce n'est qu'un début. Au semi-chaos mondial actuel s'ajoute une bataille de sanctions et de prises d'otages croisées.

Voir : États-Unis ; Dollar.

Schengen (Accords de)

Les tribulations des accords de Schengen – et de leur mise en œuvre – résument bien les ambitions sympathiques et irréalistes, emblématiques de l'Europe des années 80/90, et leur atterrissage difficile dans le monde du XXIe siècle. Au départ, une idée venue des secrétaires d'État aux Affaires européennes du Benelux (Belgique, Luxembourg, Pays-Bas) : élargissons à d'autres partenaires la libre circulation qui existe déjà entre nos trois pays. Belle idée, annoncée d'un bateau sur la Moselle près de la bourgade de Schengen au Luxembourg, à laquelle se joignent la France et l'Allemagne. On est en juin 1985, dans l'Europe des 10, un an après le Conseil européen de Fontainebleau décisif où Mitterrand et Kohl ont pris Thatcher en sandwich, relancé la construction européenne et se sont accordés sur le nom de Jacques Delors pour prendre la tête de la Commission à partir de janvier 1985. Schengen va être le « laboratoire de l'Europe », vu comme un grand Benelux. On est en plein « sans-frontiérisme ». La libre circulation concrétisée par la suppression des frontières et des douanes intérieures, vite très populaire, va s'étendre dans les années 80/90 au rythme des élargissements. Les conventions de Dublin I (1990), II (2003) et III (2013) fixent en principe les règles de l'asile qui reposent (trop) sur le premier pays d'accueil. Dans le même temps, les frontières extérieures sont censées être renforcées. Mais où les placer ? Schengen est supposé s'étendre par contagion vertueuse. Jusqu'où ? On ne le dit pas... À l'arrivée, 26 États en font partie (22 de l'Union – jamais la Grande-Bretagne – plus 4). Schengen devient « communautaire » en 2005 et relève donc de la « codécision » Conseil européen/Parlement.

Et puis, patatras, le monde réel du XXIe siècle rue dans les brancards. Ce n'est pas le monde rêvé par les initiateurs Bisounours ! Déjà en 2006, 2008, 2012, divers pays doivent rétablir des contrôles internes au titre des clauses temporaires de sauvegarde en raison d'événements politiques, diplomatiques ou sportifs... et bien sûr du terrorisme. On s'aperçoit que le contrôle extérieur est le parent pauvre des accords. L'agence européenne des gardes-frontières et des gardes-côtes, FRONTEX, ne sera créée qu'en 2016 avec 1 500 agents pour gérer un centre de surveillance permanent et surveiller 14 483 kilomètres de frontières terrestres, sans parler des maritimes ! Elle espère disposer un jour de 10 000 gardes.

Entre-temps, il y a eu la grande vague migratoire de 2015, résultat combiné des demandeurs d'asile syriens chassés par la guerre civile (même si la majorité est restée au Liban et en Turquie) et des vagues migratoires africaines, déguisées en demandes d'asile. Sur les routes migratoires, les frontières se referment. L'opinion bascule : en 2015, sept Français sur dix sont favorables à la suppression ou à la renégociation des accords de Schengen. Et, en 2020, la Covid-19... Certes, les virus ignorent les frontières, mais ils adorent la libre circulation... Les frontières se referment de nouveau. Inutile de brandir des condamnations morales grandiloquentes ! Dans un sondage de septembre 2020, 65 % des Français estiment que la France... doit « se protéger mieux du monde d'aujourd'hui ». La question est : quand et comment les frontières intérieures pourront-elles être rouvertes ? Le contrôle des frontières extérieures pourra-t-il être assuré ? Les pays membres d'un Schengen reconstruit (Schengen 2) arriveront-ils à se mettre d'accord pour distinguer les vrais demandeurs d'asile, en danger, qui méritent d'être protégés par un autre système que Dublin, des candidats à l'émigration, en fait économique, dont certains sont nécessaires en

Europe, et de les cogérer avec les pays de départ et de transit ? L'Europe doit devenir réaliste sur la gestion de l'exil (les réfugiés). La présidente von der Leyen va dans ce sens en annonçant l'abandon de Dublin, dépassé et inapplicable, au profit d'un système de répartition. Mais l'accord paraît hors de portée.

Voir : Europe ; Migrations.

Seconde Guerre mondiale

Le conflit le plus meurtrier de l'histoire de l'humanité. Immense conflit planétaire issu du premier, mal conclu et réglé à Versailles et dans la cohorte d'autres traités, et de la rage hitlérienne de revanche : 1) se venger de la France ; 2) dégager l'espace vital à l'est pour les Allemands ; 3) expulser ou éliminer les Juifs d'Europe, boucs émissaires. La guerre dura du 1er septembre 1939 au 2 septembre 1945 et entraîna la mort, selon les historiens, de 50 à 85 millions de personnes, dont 40 à 52 millions de civils (dont 5 à 6 millions de Juifs). Pour l'URSS : près de 27 millions de morts au total[1]. Au début, Hitler et le Japon gagnèrent de façon foudroyante. Le tournant de la guerre à l'ouest fut Stalingrad (1942-1943) avant le Débarquement, le 6 janvier 1944. Dans le Pacifique, il fallut deux bombes nucléaires pour stopper et éradiquer le militarisme japonais.

Le monde dont cette Seconde Guerre mondiale a accouché après la victoire des Alliés structure encore en grande

1. Voir Peter Frankopan, *Les Routes de la soie* (Flammarion, 2017), chap. 19 « La Route oubliée », et chap. 20 « La Route du Génocide », sur l'effroyable opération Barbarossa.

partie le nôtre, même après la guerre froide, la fin de l'URSS et la montée des émergents. La mentalité de plusieurs des nations les plus concernées en reste marquée. L'Allemagne et son aversion pour la puissance. La Russie, qui gomme le pacte germano-soviétique et exalte la victoire de Stalingrad (voir l'*Alexandre Nevski* d'Eisenstein en 1938) ; le Japon, qui oublie tout en restant lui-même en profondeur. La France, occupée et saignée à blanc qui n'en finit pas de se repentir d'avoir – pour certains – collaboré pour éviter de se demander pourquoi elle a été si facilement écrasée, occupée et exploitée. Le nombre de Juifs sauvés en France est d'ailleurs un des plus élevés dans les pays de l'Europe occupés par les nazis. Les États-Unis, qui ont fait triompher et organiser « le monde libre ». Le soutien irrésistible au mouvement nationaliste sioniste et à la création d'Israël. L'accélération des décolonisations.

Donc, on peut commémorer des dates (le 8 mai), célébrer d'extraordinaires personnalités (Churchill, Roosevelt, de Gaulle), oublier ou minorer le rôle des Russes (lamentable), utile dans des temps d'arrogance irréalistes, rappeler qu'il a fallu s'allier avec Staline pour vaincre Hitler et le militarisme japonais. Mais quels enseignements en tirer aujourd'hui ? Après quarante-sept ans de guerre froide et vingt-huit ans d'après-guerre froide qui ont débouché sur un vaste chaos potentiellement conflictuel ? Qu'il faut prévenir les conflits, bien sûr. Mais cela suppose d'être d'accord sur ce qui les enclenche et les déclenche. Or, ce n'est pas seulement « la haine de l'autre ». Il faudrait moins de catéchisme et d'incantations, et plus de réalisme et d'analyse.

Secrétaires d'État

Aux États-Unis, le terme Mr. ou Mrs. Secretary est très chic. On y appelle « secrétaire d'État » les ministres des Affaires étrangères. Au XXe siècle, Cordell Hull de 1933 à 1944, le général George Marshall de 1947 à 1949, John Foster Dulles de 1953 à 1959, Henry Kissinger de 1973 à 1977 après avoir été conseiller à la sécurité nationale de 1965 à 1975, James Baker de 1989 à 1992, etc., ont été de « grands » secrétaires d'État.

J'ai travaillé avec Madeleine Korbel Albright, tchèque d'origine, née Marie-Jana Korbelová le 15 mai 1937 à Prague. Elle était secrétaire d'État du président Bill Clinton depuis le 23 janvier 1997 quand je suis devenu ministre des Affaires étrangères dans le gouvernement Jospin, le 4 juin suivant. C'est une patriote américaine ardente, pénétrée de l'exceptionnalisme américain, convaincue de l'universalité des valeurs américaines et occidentales, et de la légitimité des interventions pour imposer « ces valeurs ». Impérieuse, drôle, très cultivée, extrêmement sympathique, autoritaire et passionnée mais soucieuse de comprendre les autres. Même les Français ! Par rapport aux États-Unis, je maintenais, moi, la ligne de la Ve République : « amis, alliés, pas alignés ». Nous avons donc été souvent en désaccord, mais nous nous sommes bien entendus car nous avions adopté une méthode directe et claire pour traiter de nos divergences : les anticiper en nous mettant d'accord sur la façon d'en parler et de les gérer. Nous sommes devenus de vrais amis, comme beaucoup de ceux qui ont travaillé avec elle. Elle a beaucoup écrit. Elle avait fait activement campagne pour Hillary Clinton, qui avait, en 1997, suggéré son nom à son mari pour le département d'État. Elle a été abasourdie en 2016 par l'élection de Donald Trump, et éprouvé une vraie aversion pour sa personnalité, son style, sa politique – et espérait toujours un retour à l'Amérique « d'avant ». Peut-être avec Biden.

J'ai aussi travaillé près de dix mois avec Colin Powell, secrétaire d'État républicain modéré, sous George W. Bush. Fils d'un immigrant jamaïcain modeste[1], il incarnait le rêve américain. Il m'a dit : « Sans l'Amérique, je serais peut-être devenu marchand de bananes dans la rue. » Il avait eu le bon sens, comme chef d'état-major de George H. Bush pendant la guerre du Golfe, de conseiller au Président de s'en tenir au mandat de l'ONU et de ne pas aller s'enferrer à Bagdad. Même avis que Mitterrand. C'était un honnête homme. Je suis sûr que, en 2003, la CIA s'était autoconvaincue que l'Irak développait des armes chimiques et bactériologiques, et que Colin Powell croyait à ce qu'on lui avait fait dire. On s'était un peu accrochés, lui et moi, sur les sanctions contre l'Irak, il m'avait dit : « Il faut passer à des *smart sanctions* [sanctions intelligentes] ». Je lui avais répondu : « C'est la preuve que les sanctions actuelles sont idiotes. »

Voir : Ministre.

Sécurité

Dans ce monde inquiétant, en tout cas inquiet (Einstein ne disait-il pas déjà que le monde n'était pas un endroit sûr ?), où nous vivons, l'aspiration à la sécurité s'exprime partout. Et tous ceux qui ont dénoncé

1. La colistière de Joe Biden, Kamala Harris, est d'origine indienne et jamaïcaine.

pendant des décennies le « sécuritaire » comme étant une pathologie condamnable ont dû baisser le ton. Dans les relations internationales comme en politique intérieure, la demande de sécurité est partout.

Zbigniew Brzeziński expliquait que les Américains, pour se protéger, voulaient tous les systèmes : défensif, dissuasif, offensif. Ou peut aussi se fonder sur une alliance dès lors qu'il y a un allié très puissant qui s'engage à vous protéger (article 5 du traité de l'Alliance atlantique). Mais est-on jamais sûr de l'engagement de cet allié ? Il y a aussi ceux qui croient au droit international, à la « sécurité collective », qui avaient cru à la SDN, qui croient à l'ONU comme si c'était une superstructure en surplomb capable de s'imposer à des États dangereux. Et n'oublions pas le « doux commerce », l'idéologie OMC : l'économie globalisée, l'augmentation très rapide du commerce international étaient censées, ces vingt dernières années, noyer les vieilles haines identitaires ou géographiques dans la satisfaction des consommateurs (en faisant l'impasse complète sur l'écologie). Et le *soft power* de l'Union européenne allait être son *hard power*. Il n'en est rien. Donc, on ne peut pas encore se passer d'un bon équilibre des forces, au plus bas niveau possible, bien sûr. L'aspiration à la sécurité ne peut que croître dans un monde anxiogène, très peuplé, connecté, interdépendant donc multidépendant et instable : chaos géopolitique, foire d'empoigne entre puissances, comptes à rebours démographique et écologique, choc et mutation numérique, flux migratoires, risques sanitaires, etc. Il ne faut ni ignorer ni mépriser, et encore moins humilier ces demandes de sécurité, mais y répondre en les canalisant pour les apaiser.

Voir : Dissuasion ; Mondialisation/démondialisation ; OTAN.

Shoah

Pour l'Occident et une partie du monde depuis 1945 : mal absolu, satanique. Sorte de trou noir dans lequel la civilisation occidentale si longtemps dominante et sûre d'elle-même se serait abîmée...

Le terme hébreu *shoah* (« catastrophe ») a progressivement pris le pas sur les termes de *génocide juif* ou d'*holocauste* (d'un terme grec ancien : « sacrifice »), pour désigner l'extermination systématique par l'Allemagne nazie de 5 à 6 millions de Juifs, soit les deux tiers des Juifs d'Europe à partir de la conférence de Wannsee, en janvier 1942, qui a organisé de la « solution finale », même si elle avait commencé avant, à l'est, avec la Shoah par balles. Elle s'est poursuivie jusqu'à la libération des camps en 1945 par l'armée Rouge ou les Américains.

Les handicapés, les Roms et les opposants politiques ont également été génocidés. L'horreur de la Shoah (comparable à rien d'autre dans l'histoire connue de l'espèce humaine) a donné naissance, au tribunal de Nuremberg, aux concepts de génocide et de crimes contre l'humanité, devenus imprescriptibles.

Avec le recul, il est poignant de penser que beaucoup de Juifs d'Europe auraient pu être sauvés de la démence nazie si le risque hitlérien avait été perçu plus tôt. L'obsession de Hitler, au départ, était d'abord de se venger de la France du traité de Versailles, de l'humilier, de l'occuper, de la piller, y compris dans la zone pseudo-libre. Ensuite de gagner à l'est, Ukraine, etc., un « espace vital », *Lebensraum*, et des terres à blé – vieille obsession germanique – en éliminant les Juifs et les Slaves à l'est. Les technocrates nazis avaient calculé froidement que l'opération Barbarossa déclenchée en 1941 dans ce but entraînerait la mort par famine de 15 millions de personnes environ ! Finalement, l'URSS aura enduré 27 millions de morts sur les 60 millions de morts environ (selon les estimations, entre 50 et 85 millions de morts) de la Seconde Guerre mondiale.

En 1938, quand les nazis commencent par vouloir expulser massivement les Juifs d'Europe (Madagascar est envisagé comme terre d'accueil des déportés) et pas encore les anéantir, à la conférence d'Évian, voulue par Roosevelt, aucun pays ne se déclare prêt à accueillir massivement les Juifs. Chacun a ses problèmes graves et urgents, et la suite est encore proprement impensable. Hitler est au pouvoir depuis neuf ans quand la conférence de Wannsee a lieu ! La pensée de ces occasions manquées est insoutenable.

Un vaste courant d'études s'est développé en Occident sur le thème de la prévention de génocides, à partir de la Shoah. Il y avait eu auparavant au XXe siècle les génocides arménien et herero (en Namibie), et, après, cambodgien et tutsi. Le plus souvent, il s'agit de condamner solennellement, de punir, de déplorer. Mais prévenir ? Il faut s'accorder sur les causes. Est-ce le racisme ? Le traité de Versailles ? La crise de 29 ? La peur ? Les engrenages ? La haine ? La pauvreté ? La fanatisation ? Et donc détecter à temps les signes annonciateurs de l'atroce…

Depuis des décennies, des travaux historiques et des controverses ont eu lieu sans discontinuer sur la participation des autorités des pays vaincus et occupés par les nazis à la déportation, et donc l'extermination, des Juifs d'Europe. Les causes de l'effondrement sous les coups des offensives hitlériennes, par exemple de la France, en juin 1940, sont moins étudiées, refoulées ou oubliées. C'est pourtant cette débâcle qui a entraîné la suite. Concernant la France, le spécialiste des génocides et des formes de résistance civile et survie des Juifs Jacques Semelin a établi, dans *Persécutions et Entraides dans la France occupée.*

Comment 75 % des juifs en France ont échappé à la mort (Les Arènes/Éditions du Seuil, 2013) et dans *La Survie des juifs en France (1940-1944)* (CNRS Éditions, 2018), une réalité longtemps méconnue : 92 % des Juifs de nationalité française en 1939 ont été sauvés ; et 50 % des Juifs étrangers (Europe de l'Est) réfugiés en France avant 1940. Au total, 75 %, troisième pourcentage des pays occupés par les nazis. Il y a en France beaucoup plus de Justes qu'on ne le croit. Cela n'efface pas l'horreur.

Voir : Génocides ; Israël.

Sibérie

Impossible de faire l'impasse sur la Sibérie dans un tel dictionnaire. Pas seulement en raison de ses 13 millions de kilomètres carrés, mais pour des raisons historiques, politiques, stratégiques, énergétiques et écologiques.

Historique : *L'Épopée sibérienne* (titre de la somme d'Éric Hoesli, Éditions des Syrtes, 2018) raconte la colonisation russe vers l'est au fur et à mesure que s'affaiblissaient les Tatares. C'est si peu connu, ou oublié !

Politique et stratégique : la Russie a de nombreux voisins au sud, mais le principal est la Chine. Et il y a en Sibérie environ... 25 millions d'habitants, dont 10 % de population indigène (pour 144 millions au total en Russie). Officiellement, pas d'inquiétude russe. Mais Deng avait dit à Chirac, prenant un air malicieux, qui me l'a raconté : « N'oubliez pas que la Sibérie est vide. » L'ancien Premier ministre Ievgueni Primakov s'en inquiétait. Un sous-sol très riche, notamment en pétrole, gaz et charbon. La péninsule de Yamal contient des ressources en gaz équivalentes à celles du Qatar et de l'Iran.

Et plus encore des raisons écologiques : les hausses de température en 2019 et 2020 (15 à 20 °C au-dessus des maximums déjà relevés), les incendies gigantesques de l'été 2020 sont des signes spectaculaires du réchauffement accéléré en cours qui présente en plus l'immense danger de décongeler le permafrost et d'éventuelles bactéries, et de dégager du méthane dont l'effet de serre est plus puissant que le CO_2...

Course de vitesse entre le dérèglement général et la nécessaire écologisation de tout...

Voir : Écologisation ; Russie.

Sommets

Aucun rapport avec l'alpinisme (sauf le nom du « sherpa » donné aux collaborateurs des présidents pour les « sommets »). Il est arrivé autrefois que des souverains se rencontrent, par exemple François Ier et Henry VIII d'Angleterre du 7 au 24 juin 1520, près de Calais au camp du Drap d'Or, pour négocier, conclure et célébrer un accord (ou des marchés de dupes !). Le sommet Napoléon/Alexandre Ier sur un radeau sur le Niémen (traité de Tilsit) le 7 juillet 1807 n'est pas oublié. Ni le sommet entre Napoléon et le roi de Prusse le 9 juillet (second traité de Tilsitt). Mais c'était exceptionnel, très rare, trop compliqué, trop de gens à gérer – plus qu'une smala, des cohortes entières ! Les sommets ne deviennent possibles qu'avec l'amélioration des routes et des transports. Exemple : le congrès de Vienne en 1815.

Puis se tiennent des « concerts » européens au sommet, réguliers au XIXe siècle. En 1858, le « banquet du futur » à Cherbourg en présence de Napoléon III et de la reine Victoria. Après la Première Guerre mondiale, en 1919-1920, des mois de négociations ont lieu à Versailles et à Paris. Au XXe siècle, les progrès de l'aviation à partir de 1920 ont rendu les sommets encore plus faciles (Munich en 1938, Téhéran, Yalta, Potsdam – et encore, on choisit des lieux où Staline, qui craint l'avion, peut venir en train !). À l'époque contemporaine, au moment même où le téléphone pourrait les remplacer, c'est la bougeotte, le mouvement brownien : conversations téléphoniques, rencontres bilatérales et multilatérales, grand-messes (ONU), conclaves (G7 depuis Giscard et Schmidt, G8 pendant une dizaine d'années avec la Russie, G20 depuis la crise financière de 2008, etc.). Un ministre des Affaires étrangères français fait environ cent voyages par an, dont beaucoup de sommets ! Plus ou moins utiles. Même pression sur les présidents qui absorbent de plus en plus l'activité internationale visible. La moitié de tout cela ne sert à rien, mais c'est presque impossible de s'en abstraire, d'autant que la « société civile » s'y agglutine et que les « anti » les prennent pour cibles. Sommets ou pas, la vie internationale est une négociation continue. Il a fallu la Covid-19 pour imposer des téléconférences, et, en effet, depuis 2020 une bonne partie des sommets pourront se tenir ainsi. Mais aussi nouvelle saturation. Tout cela va se décanter. Il ne sera peut-être pas nécessaire de revenir à la fébrilité antérieure.

Voir : Diplomatie.

Souveraineté

On parle de la défendre, ou de la reconquérir, ou de la développer (Europe). Mais que signifient la souveraineté et l'indépendance dans un monde complètement globalisé et interdépendant ? En principe ne pas (trop) dépendre des autres et pouvoir, *in fine*, décider librement…

C'est avec Jean Bodin, en 1576, que l'on est passés de la suzeraineté, le haut de la pyramide féodale, à la souveraineté de l'État nation, notion absolue et perpétuelle qui ne connaît de limites que par sa volonté ou, plus tard, la soumission consentie à des règles internationales supérieures. Souveraineté qui s'est construite, pour la France, contre le pape (Philippe le Bel contre Boniface VIII), contre l'empereur (l'étau des Habsbourg), avec les légistes des rois capétiens (le roi est empereur en son royaume).

Mais aujourd'hui ? Oui, en principe, les électeurs ont le dernier mot… Mais est-on souverain dans le monde dominé par les États-Unis et la Chine, leurs GAFAM et BATX, par le dollar, par les sanctions extraterritoriales américaines, etc. ? Certains sont plus souverains que d'autres… Et il y a l'Union européenne : pot au noir, ou levier ? Quelle souveraineté a gardé un État membre de l'Union européenne quand on a vanté pendant des décennies « l'abandon » de la souveraineté ou, de façon moins agressive, sa délégation, son exercice en commun ? Et qu'on est lié de surcroît par des milliers d'accords internationaux. Quand on n'a cessé de ridiculiser le « souverainisme ». Et que « l'état de droit » dans les démocraties tourne à coups de jurisprudences à l'état d'empêchement de la décision publique. Quand le président Macron a mis en avant une souveraineté *européenne*, certains ont mis cela pour un abandon supplémentaire de ce qui restait de souveraineté nationale.

D'autres, au contraire, pour la volonté de renforcer, en plus, le pouvoir et les capacités du niveau européen. C'est l'interprétation de la nouvelle commission. Reste à lui donner un contenu en commençant par la technologie.

On en est là, la suite se joue sous nos yeux...

Voir : Covid-19 ; Europe ; GAFAM ; Interdépendances.

Staline, Joseph

Ogre. Le « petit père des peuples ». Cela paraît si loin ! Presque irréel ! Et pourtant, il a, comme Hitler mais plus longtemps, marqué au fer rouge tout le XXe siècle dont les convulsions sont incompréhensibles sans un retour au point de départ : l'agonie, l'effondrement, le 16 mars 1917, du tsarisme russe et la confusion qui s'est ensuivie : la mise en place d'un gouvernement « réformiste » Kerenski le 21 juillet, déjà contesté par le Soviet de Petrograd, sa chute après l'insurrection – en fait, un putsch – bolchevique. Prise du palais d'Hiver le 7 novembre. Maître du parti communiste de l'URSS, Lénine allait gouverner d'une main de fer jusqu'à ses AVC en 1923, après avoir inventé le communisme soviétique, la Tchéka, les camps de travail forcé (1919), et provoqué dans le monde la scission délétère communistes/socialistes. Il meurt en 1924, à l'âge de 53 ans, sans héritier désigné.

Staline, dont on dit que Lénine se méfiait, s'empare alors du pouvoir, écartant Trotski qui n'est pas moins sanguinaire, mais prône la révolution mondiale – pas dans un seul pays –, et qu'il fera assassiner le 21 août 1940 à Mexico par Ramón Mercader.

Il règne férocement sur l'URSS comme un tyran oriental, multipliant les répressions (le quasi-génocide des Koulaks en Ukraine qu'il fait organiser par l'Ukrainien Khrouchtchev), les purges, les déportations, le goulag, la décimation (un dixième) des chefs militaires, les procès « staliniens ». Je recommande *Staline. La cour du tsar rouge*, de Simon Sebag Montefiore. C'est si atroce que, dans les années 1933-1939, une partie des élites occidentales, épouvantées, en viennent à penser que mieux vaut Hitler (qu'ils sous-estiment) que Staline ! Mais la réalité de l'abomination hitlérienne s'impose : Roosevelt et Churchill s'allient à Staline pour vaincre Hitler (de Gaulle était d'accord). Sans la résistance soviétique contre l'armée nazie à Stalingrad, et la défaite de celle-ci, il n'est pas sûr que le Débarquement aurait pu avoir lieu, ce qui est d'ailleurs lamentablement occulté par l'opinion occidentale actuelle, par antipoutinisme.

C'est fascinant que son emprise politique et mentale ait duré si longtemps, que des partis communistes, longtemps puissants en Europe, soient restés staliniens, même après le rapport Khrouchtchev ! Et que certains ne s'en soient détachés en Occident que pour adhérer à des courants de pensée « gauchistes », trotskisme ou maoïsme, potentiellement tout aussi violents. Ce sont les héritiers des ordres les plus violents et les plus inquisiteurs de l'histoire de l'Église, l'Inquisition, en pire.

Il y a maintenant beaucoup de nostalgiques de Staline en Russie ! On peut supposer qu'ils ne regrettent pas le goulag et la pénurie, mais l'époque où l'URSS était crainte et respectée...

Voir : URSS.

Stratégie (stratège)

À l'origine, le mot stratégie, issu du grec et du latin *stratos* (« armée ») et *agein* (« conduire »), définit l'art de conduire les opérations *militaires*. Chef des armées, Périclès était stratège.

Avec le temps – inflation verbale –, ce terme désigne n'importe quel ensemble d'actions coordonnées en vue d'atteindre un but précis dans quelque domaine que ce soit. Cela paraît évident, mais n'est pas stratège qui veut ! Sun Tzu, Clausewitz sont des penseurs stratégiques. Machiavel un stratège politique. Et il y a des grands capitaines qui sont aussi des stratèges : Napoléon.

Sun Tzu

Général et stratège chinois du VIe siècle avant J.-C., pendant la période troublée de la première partie de la dynastie des Zhou orientaux, dite « printemps et automne ». Les Chinois adorent les formules poétiques. On ne sait rien de lui. Il serait l'auteur de l'ouvrage de stratégie militaire le plus ancien du monde : *L'Art de la guerre*. Mais rien n'est sûr.

Il a essentiellement insisté sur la dimension psychologique pour l'emporter sans avoir à combattre et la nécessité, dans les guerres entre Chinois, de ménager l'avenir. Bien vu !

Connu en France comme un grand stratège, depuis que ses « treize articles » ont été traduits en 1772 par le père Joseph-Marie Amiot. Souvent cité et, en fait, superficiellement – pas assez – connu.

Sykes-Picot (Accords)

Fantôme persistant.

Accords négociés en secret entre Mark Sykes pour la Grande-Bretagne et François Georges-Picot pour la France, et signés le 16 mai 1916, *avec l'aval de l'Italie et de l'Empire russe*, par sir Edward Grey et Paul Cambon. Ils partageaient le Moyen-Orient en zones d'influences *entre ces quatre puissances* après la fin prévue de l'Empire ottoman. Connus en novembre 1917, typique de la diplomatie secrète d'autrefois en temps de guerre. Entre-temps, la Russie était devenue bolchevique et l'Italie était sortie du jeu. Ils fixent donc le partage entre zones d'influences britannique (Irak, Jordanie, Palestine) et française (Syrie, Liban). On leur prête une signification exagérée (le Moyen-Orient était déchiré avant eux), mais leur nom est devenu, avec celui du congrès de Berlin, le symbole du découpage inique des territoires sur le dos des peuples, et ils sont conspués comme tels même s'ils ont donné naissance à des nationalistes vigoureux. Quoi qu'il en soit, cette organisation aura duré environ un siècle avec des convulsions permanentes, dans l'âge du pétrole, et du nationalisme arabe, avant et après la création d'Israël, avant et après la réislamisation du monde musulman. Elle s'achève sous nos yeux.

Voir : Arabe (Monde).

T

Talleyrand-Périgord, Charles-Maurice de

Princier. Un des plus fascinants et des plus controversés personnages de l'histoire de France, qui a inspiré de grands biographes (Orieux, Waresquiel). Né en 1754, Charles-Maurice de Talleyrand-Périgord a connu la « douceur de vivre » de la fin de l'Ancien Régime (« Pourquoi vouloir un monde meilleur ? »). Il aspirait à une monarchie constitutionnelle, à l'anglaise, et au libre-échange (« On peut tout faire avec une baïonnette, sauf s'asseoir dessus »). Il eut à affronter la Révolution, la Terreur (il se mit à l'abri en Grande-Bretagne, puis aux États-Unis), le Consulat, l'Empire, les guerres napoléoniennes, la restauration bourbonienne ! Il ne se sentit en phase, finalement, qu'avec le roi des Français, Louis-Philippe, qui fit de lui son ambassadeur à Londres, peu avant qu'il ne meure, en 1838, à 84 ans. On lui reprocha une énorme prévarication (évitons l'anachronisme : c'était un autre temps, et dans l'esprit de Mazarin ou de Barras) ; d'avoir trahi Napoléon en complotant avec le tsar Alexandre Ier (Réponse : « Sire, je n'ai jamais conspiré que lorsque j'avais la moitié de la France derrière moi ») ; et, avec une mauvaise foi totale, d'avoir permis, au congrès de Vienne, à la Prusse montante de Frédéric de prendre pied sur la rive du Rhin. C'est tout le talent de Talleyrand – ou peut-on presque parler de génie ? – d'avoir réussi à ce que le congrès de Vienne, réuni pour punir la France et la placer sous surveillance, ait fini par en faire, au sein du « concert européen », une des puissances garantes de l'équilibre européen. Napoléon n'est plus là. « Pourquoi vous alliez-vous contre la France ? Vous devez vous allier avec elle ? » Il obtint ainsi que la France fût traitée comme l'Allemagne d'après 1945 et non comme à Versailles en 1919. Cela tint pendant presque un siècle, jusqu'à ce que Guillaume II s'affranchisse fatalement de l'influence de Bismarck. Les bons mots de Talleyrand – autant de flèches acérées qui enchantaient ses contemporains, ceux des salons, préfigurant Guitry ou Churchill – ne se comptent plus... Pourtant, le meilleur est à son détriment, s'il n'est apocryphe : à Louis-Philippe qui vient le saluer sur son lit d'agonie, et à qui il dit : « Je souffre comme un damné », le roi aurait répondu : « Déjà ? »...

François Mitterrand se disait anti-Talleyrand. Cela étonne. À Michel Charasse qui le questionnait, il répondit que son apostasie – sa trahison de son serment d'évêque – était impardonnable ! Cela devait lui venir de sa mère.

Voir : Napoléon ; Vienne (Congrès de).

Terrorisme

C'est la France qui a inventé, en 1794, le mot de « terreur », mais c'était pour désigner une forme de gouvernement, la dernière période de Robespierre. « Terreur », « terrorisme »... Il y a eu au fil du temps différentes vagues de terrorisme, hashishin, anarchistes russes, indépendantistes divers, mais, aujourd'hui, le terrorisme est essentiellement *islamiste*, même si beaucoup, par lâcheté euphémistique, ont longtemps eu peur de l'appeler par son nom. Depuis le début du XXIe siècle, il y a eu, selon les années, entre 7 000 et 15 000 attentats qui ont fait, par exemple, en 2014, dans le monde, 37 000 morts. Le nombre de tués a été multiplié par neuf par rapport à la fin du XXe siècle, le cas de la guerre civile algérienne (environ 200 000 morts) étant très particulier.

Dans cette période, près de 60 % des victimes ont été des Irakiens, des Syriens, des Pakistanais, des Afghans, des Nigérians, ou des Africains du Sahel. Bien sûr, il y a dans le monde beaucoup plus de morts par homicides que par terrorisme (treize fois plus), mais l'inspiration, le but, et, surtout, les effets politiques sont sans commune mesure.

Le débat est vif sur la sémantique, les slogans (la « guerre contre le terrorisme » de George W. Bush est, elle, une formule étrange – on ne combat pas une technique). Et sur l'attitude à adopter pour mieux se protéger. C'est toujours très difficile de protéger des sociétés ouvertes. Ce n'est jamais possible à 100 %. Contre-attaquer ? Où, et contre qui ? Comment ? On dit qu'il faut assécher les causes, mais sont-elles économiques, sociales, identitaires, religieuses ou idéologiques ? Il faut des politiques d'ensemble. La coalition américano-internationale est venue à bout, en 2017 (bataille de Mossoul), de l'État islamique, Daesh, qui avait proclamé un califat, le 29 juin 2014, à cheval sur la Syrie et l'Irak. Seule organisation terroriste à avoir prétendu s'implanter territorialement. Au Sahel, l'opération française Barkhane déclenchée le 1er août 2014 par François Hollande, à la demande générale, contre les groupes armés salafistes et djihadistes dans le centre et l'ouest du Sahara, dure toujours en 2021. Les armées de Mauritanie, du Mali, du Burkina Faso et du Tchad soutiennent Barkhane et sont censées, un jour, prendre le relais.

Les Européens ont eu longtemps du mal à se déterminer clairement et fermement tant leurs croyances optimistes des cinquante dernières années et leur mauvaise conscience ne les ont pas du tout préparés à comprendre, à gérer et à prévenir ce phénomène dont ils sont des victimes collatérales, tandis que les pays musulmans sont en première ligne.

Thé

L'importance géopolitique du thé – *tchaï* – est sous-estimée. Connu depuis des millénaires en Chine, très consommé au sud du Yang-Tsé depuis le Ve siècle avant J.-C., le thé n'a été introduit en Europe, par les marchands portugais, qu'au XVIe siècle. Il faut attendre la fin du XVIIe siècle puis le XVIIIe pour qu'il devienne la boisson « nationale » des Anglais (le *five o'clock tea*). Mais il faut l'importer de Chine, ce qui coûte 20 millions de livres par an. L'empereur Qianlong, le sixième de la dynastie mandchoue Qing, à son apogée, estimant que la Chine « n'[avait] nul besoin » de produits fabriqués en Angleterre, les bateaux arrivaient à vide.

La Grande-Bretagne « mondialisatrice » veut s'ouvrir le marché chinois. George III envoie en ambassade à Pékin lord George Macartney en 1793 (voir Alain Peyrefitte, *L'Empire immobile ou le Choc des mondes*, Fayard, 1989), expédition financée par la Compagnie britannique des Indes orientales. Mais l'empereur déclare : « Nous n'avons besoin de personne, reprenez vos cadeaux. » À l'époque, l'Angleterre a 10 millions d'habitants, la Chine déjà 330. C'est un échec. La Grande-Bretagne a ensuite l'idée, pour équilibrer sa balance commerciale, d'écouler en Chine l'opium qu'elle produit en Inde ! Ce qu'elle parvient à faire mais en contrebande. Jusqu'à ce que, en 1821, le nouvel empereur, Daoguang, décide d'éradiquer la contrebande de l'opium. Il en charge Lin Zexu, qui arrête les contrebandiers et détruit les stocks (1 200 tonnes). Il adresse une insolente lettre ouverte à la reine Victoria. Le lobby du commerce oriental, à Londres, convainc la reine et lord Palmerston de donner « une bonne raclée » à la Chine. Le grand romancier bengali contemporain Amitav Ghosh décrit dans *Un océan de pavots* la fièvre libre-échangiste qui s'empare des milieux anglais au Bengale contre les Chinois qui osent être protectionnistes ! Honteux ! C'est encore plus choquant que de refuser la vraie foi ! Résultat : la Chine, immense nation agricole à l'époque de cette première guerre de l'opium (1839-1842), battue par la Grande-Bretagne, petite mais industrielle, militariste et expansionniste, doit signer sous la contrainte, à Nankin, le 29 août 1842, « un traité de paix perpétuelle et d'amitié » qu'elle n'a pas l'intention d'appliquer. Premier des traités « inégaux » avec les Occidentaux, la Russie et le Japon, que les Chinois d'aujourd'hui rejettent encore avec horreur.

Il y aura une seconde guerre de l'opium, sous prétexte d'un petit incident naval, « la guerre de l'*Arrow* ». L'Angleterre masque encore moins ses ambitions et exigences commerciales. La France s'y joint... au motif « d'évangéliser les masses chinoises » (on ne parle pas encore des droits de l'homme, mais l'idée prosélyte est la même). Cela plaît à la presse. La guerre se conclut en 1858 par des traités sino-anglais et sino-français de Tianjin (la France de Napoléon III obtient le libre exercice par les Chinois de la religion chrétienne). La Chine ne veut pas plus appliquer ces traités iniques que les précédents. Une expédition de 20 000 soldats est mise sur pied pour la contraindre, mais ce sont les 8 000 Français qui saccageront et pilleront le 6 octobre 1860 le palais d'Été, le « Versailles chinois[1] », ce que dénoncera Victor Hugo. C'est à travers cette histoire que les écoliers chinois font connaissance avec l'Occident civilisateur...

Ministre des Affaires étrangères, j'avais été reçu par le président Jiang Zemin qui m'avait cité, en français, les phrases par lesquelles Victor Hugo condamnait la barbarie occidentale : « Les barbares, c'est nous. »

---

1. Bernard Brizay, *Les Trente « Empereurs » qui ont fait la Chine*, Perrin, 2018.

Think tanks

Laboratoires d'idées ou groupes de réflexion, à l'origine anglo-saxons, où il est habituel d'alterner recherche, enseignement et responsabilités : Fabian Society, 1884 ; Carnegie Endowment for International Peace, 1910 ; Brookings Institution, 1916 ; Chatham House, 1920 ; Council on Foreign Relations, 1921 ; American Enterprise Institute, 1938 ; Société du Mont-Pèlerin, 1947 ; Rand Corporation, 1948, etc. Leur nombre s'est accru après la Première Guerre mondiale, puis la Seconde, les habitudes américaines s'imposent, puis la crise énergétique de 1973. En France, ils se sont développés dans les années 80, 90 puis 2000 (l'IFRI [Institut français des relations internationales] en 1979 ; l'IRIS [Institut de relations internationales et stratégiques] en 1991 ; la Fondation Jean-Jaurès et la FRS [Fondation pour la recherche stratégique] en 1992 ; Notre Europe en 1996 ; l'Institut Montaigne et Terra Nova en 2000, etc.) et maintenant en Chine, au Maroc (The New South) et en Afrique du Sud. Il en existerait entre 6 et 7 000 dans le monde.

Ces organismes analysent, lancent des débats et parfois proposent des plans d'action, des programmes, des politiques aux décideurs, leurs anciens ou futurs collègues. Ils peuvent avoir des liens étroits, reconnus ou discrets avec des partis politiques et des gouvernements – c'est une étape dans la longue histoire de l'américanisation. Ils sont le plus souvent « libéraux », américano-globalisateurs, avec des nuances, mais d'autres courants d'idées sont représentés. Leur influence peut être ponctuellement décisive, mais souvent aussi elle est fantasmée ou exagérée. Ils sont aussi un réservoir pour les gouvernements et ils créent un milieu interactif de penseurs. Ils ont en tout cas accompagné et nourri l'occidentalisation du monde et essaient maintenant en compétition, rivalité ou complémentarité avec les pensées émergentes, de décoder le monde qui vient.

Voir : Influences.

Thucydide (Piège de)

Penseur toujours célèbre deux mille cinq cents ans après sa mort ! Homme politique et historien athénien, né en 465 avant J.-C., mort entre 400 et 395. Auteur de *La Guerre du Péloponnèse*, conflit qui se déroula entre 431 et 404 avant J.-C., au terme duquel Sparte vainquit Athènes. Considéré en Occident comme le premier géopoliticien. Il y a, selon le politologue américain Graham Allison, « un piège de Thucydide » (*Vers la guerre*, Odile Jacob, 2019). Selon l'historien athénien, les guerres du Péloponnèse s'expliquent par la crainte qu'Athènes, puissance montante, inspirait à Sparte, puissance établie. Graham Allison note qu'au cours des cinq derniers siècles la puissance dominante a été contestée à seize reprises, et que cela a entraîné douze fois une guerre : d'Européens entre puissances européennes ou occidentales. D'où l'interrogation de l'historien américain : aujourd'hui, la suprématie des États-Unis est contestée par la Chine... Y aura-t-il une guerre ? Ce n'est pas fatal, mais pas impossible.

Plaisir de rencontre inopinée : un jour, un chauffeur de taxi inconnu (peut-être grec) taciturne, bonnet vissé sur le crâne, me dit tout à coup : « Vous me faites penser à Thucydide [!] Tout ce que vous dites est clair et net. Ce n'est pas comme Hérodote » (historien et géographe du Ve siècle avant J.-C., auteur des « Enquêtes » sur les guerres médiques). La culture n'est pas morte ! C'est fascinant de voir comment ce qui s'est passé, ce qui a été réfléchi et pensé lumineusement il y a quelque deux mille cinq cents ans dans quelques cités grecques à l'époque classique, en particulier l'Athènes des Ve et IVe siècles avant J.-C., résonne encore en nous, Occidentaux, et conserve un sens immédiatement intelligible. En même temps, au vu des siècles ultérieurs, cela démontre que l'espèce humaine n'arrive pas à intégrer les leçons de son histoire. Trop lourd, trop étouffant, sans doute.

Voir : Chine ; États-Unis.

Tiers-monde

En 1952, en pleine guerre froide, le démographe et sociologue français Alfred Sauvy lance, par analogie avec le « tiers état », l'expression « tiers-monde » pour désigner des dizaines de pays qui ne font partie ni de l'ensemble occidental ni de l'ensemble soviétique. Ce sont en général d'anciennes colonies de pays européens en train de redevenir indépendantes, des pays que l'on dit « sous-développés » ou, par euphémisme, « en voie de développement ». Plusieurs sommets de « non-alignés » réunissent ceux qui ne veulent pas être dans un des deux camps, notamment celui de Bandung en Indonésie en 1955 (avec Soekarno, Nehru, Zhou Enlai, Tito, Nasser). Dans les années 70, le mouvement s'étiole, certains pays développent une stratégie autonome, d'autres s'allient avec Moscou, d'autres avec Washington. L'affaiblissement de l'URSS puis sa fin en 1991 fait perdre à beaucoup d'entre eux un soutien. Le cyclone de la mondialisation redessine la carte des pays : émergents, réémergents, émergés, toujours en voie de développement ou moins avancés (PMA), stagnants ou faillis.

L'altermondialisme qui avait espéré perpétuer cet esprit a eu surtout un écho en Amérique latine, dans une partie du monde des ONG et dans certains milieux en Europe. Le terme est devenu anachronique.

Voir : Altermondialiste.

Tocqueville, Alexis de

Il y a un mystère Tocqueville : comment cet homme d'à peine plus de 25 ans a-t-il pu, en allant passer une année en Amérique, en théorie pour y étudier le système pénitentiaire, comprendre à la lumière de cette seule expérience les ressorts inexorablement égalitaristes de la démocratie, son évolution future, le poids croissant à venir de l'opinion publique ?

Dès les années 1830, il a compris que les démocraties mèneraient leurs politiques extérieures sur la base de considérations intérieures, ce qui les rendrait fluctuantes et parfois peu cohérentes !

Plus tard, à 50 ans, après avoir été dix ans député de Valognes, après avoir proposé une thèse aussi puissante sur les cheminements profonds, sous l'apparence d'une rupture totale, entre *L'Ancien Régime et la Révolution*, il fut brièvement ministre des Affaires étrangères cinq mois, dans des conditions ingrates.

On l'avait cru (sauf Raymond Aron) ringardisé par les penseurs totalitaires ou antitotalitaires du XXe siècle. Ce sont eux qui sont dépassés ! Et sa pensée est là, plus que jamais, avec toute sa force, alors que les démocraties représentatives affrontent leur plus grave crise depuis leur mise en place et sont menacées, sauf ressourcement, par une démocratie participative régulière et encadrée, par la « démocratie » directe et immédiate, dictature permanente de tous sur chacun.

Voir : Opinion publique ; Penseurs.

Tordesillas (Traité de)

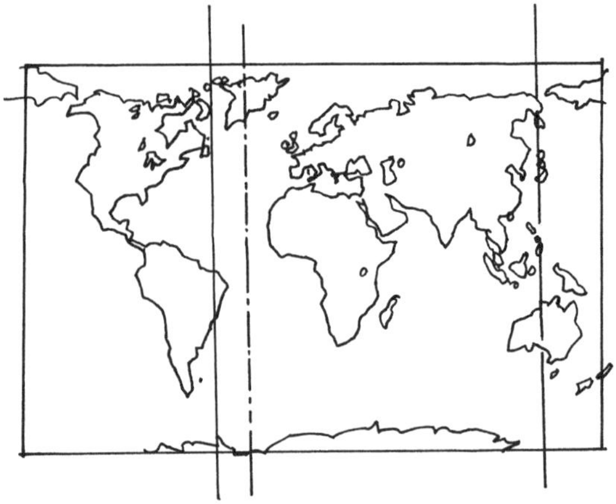

Voilà un vrai partage du monde. Pas comme celui de Yalta ! Bel exemple d'arbitrage papal, et ancêtre des congrès coloniaux : le 7 juin 1494 à Tordesillas, près de Valladolid, le pape Alexandre VI (Rodrigo Borgia lui-même, né Rodrigo de Borja près de Valence !), partage par la bulle *Inter caetera* le Nouveau Monde entre la Castille et le Portugal. Ce dernier obtient que la « médiane de répartition » soit fixée à 370 lieues à l'ouest du Cap-Vert. Le Portugal peut donc avancer vers l'Atlantique (d'où, en 1500, le Brésil), et l'Espagne a les mains libres dans le reste des Amériques et vers l'Asie. Plus tard, la Grande-Bretagne, la France et les Pays-Bas balaieront – sortes de Trump – ce partage à leur profit !

Voir : Traités.

Tourisme

Dans le monde d'avant le monde d'avant : le « grand tour » des jeunes nobles anglais au XVIIIe siècle, l'invention du mot en 1800 – tour/tourisme –, Stendhal, en 1838, *Mémoires d'un touriste*. Premier voyage de Thomas Cook en 1841. Dans le premier monde d'avant, aux XIXe et XXe siècles : Jules Verne, développement des chemins de fer, des bateaux, puis des avions, Orient-Express, Agatha Christie, hiver en Égypte, éloge de la vitesse par Paul Morand. Excitation, optimisme. Mais, en 1950, 25 millions de gens seulement sortent de leurs frontières.

Dans le second monde d'avant : effondrement des prix des voyages en avion, low-cost, l'ouverture de la Chine. C'étaient les quatre « S » : *sea, sun, sand, sex*. 500 millions de touristes en 1990, 1 milliard en 2012, 1,6 milliard en 2019. Augmentation de 6 % par an avant la Covid-19. Plus de 10 % du PIB mondial en moyenne, parfois beaucoup plus : 15, 20, 25 % pour la plupart des pays riverains de la Méditerranée, pour la Thaïlande, pour les Seychelles ou les Maldives. La moitié de ce flux mondial vient en Europe. Pour elle, c'est dangereusement vital. Les villes les plus visitées au monde : Paris, Londres, New York, Antalaya, Singapour, Kuala Lumpur, Hong Kong, Dubaï, Bangkok et Istanbul. En France, avant 2020, 87 millions de touristes, et 173 millions d'euros. Elle en espérait 100. Soyons quand même rabat-joie : pollution (par les transports et sur place), 8 % du CO_2 mondial ; saturation absolue de sites les plus recherchés (Venise, Santorin, Dubrovnik, Angkor, Barcelone, Himalaya, Mont-Blanc, Paris...) qui entraîne de plus en plus l'obligation de réserver ; trafics ; prostitution ; folklorisation (Bali), voire dégradation sociale, humaine et culturelle réciproque (bien vue par Houellebecq). Sur les 1 121 sites classés au patrimoine mondial de l'UNESCO en 2019, 53 déjà sont en péril. Même menace sur beaucoup de « patrimoines immatériels culturels ». Donc, il faudra « réguler ».

Évidemment, rappeler ces tristes évidences, c'est s'exposer à la fureur ou à l'inquiétude sincère d'un secteur économique devenu vital – le tourisme de masse –, mais aussi à de nouveaux droits de l'homme extensifs à l'infini, qui seraient le droit de voyager où on veut, quand on veut, sans entrave, et avec pour les Français la revendication supplémentaire d'être rapatrié par l'État nounou, sorte de secours en montagne universel. Écologiquement désastreux. Effet Covid ? Il va falloir endiguer le tourisme et réinventer le voyage. Toujours possible mais plus lent, plus rare, plus cher. Géopolitiquement parlant, cela ne change pas grand-chose. Cela ne fait pas progresser « la compréhension entre les peuples ».

Voir : Explorateurs ; Mondialisation/démondialisation.

Traités

Il existe des traités depuis l'aube de l'histoire écrite, et donc des royaumes, ou des États. Traités de commerce, de navigation ou de « paix », en général imposés par les vainqueurs. Le plus vieux traité de paix connu, égypto-hittite, est conservé à Karnak.

Dans l'histoire européenne, les traités de Westphalie ont été structurants. À l'époque moderne d'interdépendance généralisée, les États, eux-mêmes très nombreux, sont liés par des milliers de traités. Au XXe siècle, les plus importants sont le traité de Versailles et ses corollaires, en 1944 les accords de Bretton Woods, en 1945 la Charte de l'ONU, dans les années 70 les traités américano-soviétiques de limitation ou de réduction des armements, puis en 1990 le traité d'unification des deux Allemagnes, et deux cas particuliers : les traités européens qui supposent un certain degré d'abandon ou du moins de transfert ou de mise en commun de la souveraineté, et l'accord de 1995 qui a créé l'OMC à Marrakech.

La diplomatie *multilatérale* représente par conséquent une part croissante de la diplomatie mondiale ; elle requiert un savoir-faire particulier et une vraie expertise. Pendant le mandat de Trump, les États-Unis, qui avaient été les parrains de ce système, ont essayé de s'en dégager et de se libérer de toute contrainte. Les autres, surtout les Européens, qui avaient fini par faire du « multilatéralisme » une sorte de religion, en tout cas de surmoi, même si cela ne règle pas tout, ont été désemparés. Il n'empêche qu'il faudra d'autres traités commerciaux, technologiques, écologiques et toujours plus de négociations, et donc de négociateurs aguerris.

Voir : Diplomatie ; Droit international ; Westphalie (Traités de).

Truman, Harry

Président américain très important, sous-estimé et trop oublié. C'est Madeleine Albright qui m'a invité, avec notre groupe d'anciens ministres amis, à venir en 2019 à la Fondation Truman, à Kansas City. Devenu le 33e président des États-Unis, au décès de Franklin Delano Roosevelt, le 12 avril 1945, alors qu'il n'était vice-président que depuis deux mois, Truman annonça qu'il serait « celui qui prend[rait] les décisions ». Bonne définition du job. C'est lui qui a participé à la conférence de Potsdam, avec Staline et Churchill (puis Attlee), du 17 juillet au 2 août 1945. C'est lui qui décida le bombardement atomique de Hiroshima le 6 août, et de Nagasaki le 9 août, pour mettre un terme à une guerre qui aurait encore pu durer plus d'un an, et coûter entre 250 et 500 000 morts de part et d'autre (ce qui est controversé). C'est lui qui nomma le général MacArthur au Japon.

Après la guerre, il décida (c'est ce qu'on appelle la « doctrine Truman ») de « contenir l'URSS « (*containment*) et ses visées expansionnistes, plutôt que de la refouler en Europe de l'Est (*roll back*), ce qui fixera la politique américaine envers l'URSS pendant des décennies. Il s'était appuyé notamment sur le « long télégramme » (800 mots) adressé par George Kennan, le chef de mission diplomatique à Moscou, en avril 1946, à l'issue de sa mission. Ce texte et son auteur – qui est mort à 101 ans en 2005 – sont devenus mythiques. Truman fit voter le plan Marshall (du nom de son secrétaire d'État). Il brisa le blocus de Berlin par un pont aérien poursuivi du 24 juin 1948 au 12 mai 1949.

Le 4 avril 1949, malgré de nombreuses résistances aux États-Unis, notamment au Sénat mais aidé par le sénateur Vandenberg, il accepta de s'engager dans un traité d'alliance sans précédent pour son pays, le traité de l'Atlantique Nord, qui inclut le célèbre article 5, sans précédent, d'assistance mutuelle.

Après le 20 janvier 1953, il passa ses pouvoirs au nouveau président, le général Dwight D. Eisenhower, et regagna Independence, Missouri. Il n'avait quasiment aucune ressource et dû vendre des propriétés de la famille de son épouse pour vivre. C'est pourquoi le Congrès vota le Former Presidents Act en vertu de quoi il toucha en 1957... 25 000 dollars (environ 231 000 dollars actuels). Il décéda en 1972.

Sorte de Cincinnatus, Harry Truman, simple et modeste, n'a pas eu le charisme, le prestige, sans même parler de glamour, de plusieurs de ses prédécesseurs ou successeurs. Mais il a joué un rôle beaucoup plus important en structurant le monde d'après la Seconde Guerre mondiale, le nôtre, qui a mieux tenu le choc que celui de Wilson. On ne peut le comparer qu'à Franklin D. Roosevelt, et à Ronald Reagan et George H. Bush pour la transition 1989-1991.

Voir : Japon ; Potsdam (Conférence de) ; Seconde Guerre mondiale.

Trump, Donald

Phénoménal ! Élu le 8 novembre 2016 à la surprise générale (y compris la sienne, a-t-il semblé) et à la consternation d'une partie du monde, avec moins de voix mais plus de grands électeurs que sa rivale Hillary Clinton (c'est l'étrange système américain à deux étages mis en place par les Pères fondateurs), 45e président des États-Unis. Le promoteur immobilier new-yorkais installé à la Maison Blanche à partir du 20 janvier 2017, et jusqu'en janvier 2021, s'est montré, selon le jargon moderne, disruptif. Style « populiste » version agressive, tweets brutaux, décisions apparemment impulsives, provocations permanentes envers un politiquement correct lui-même de plus en plus agressif que veulent imposer les activistes des minorités sexuelles et ethniques, et les féministes radicalisées sur les côtes est et ouest, dans les médias, le cinéma et les campus.

Ce faisant, il a enthousiasmé sa base, composée notamment d'une grande partie des 80 millions d'évangélistes, et horrifié les autres qui ont rêvé pendant tout son mandat de le voir « impeaché » ou destitué, et d'effacer toute trace de son passage antitéléologique. Espoirs déçus. Jusqu'à l'élection de Joe Biden, contestée de façon insensée par Donald Trump qui a réussi à faire croire à 70 % de son électorat, sans aucune preuve, que l'élection lui avait été « volée », jusqu'à l'épisode ubuesque, tragique et déshonorant du 6 janvier.

En politique étrangère, il a jeté aux orties le discours kantien/boy-scout/OMC des dirigeants américains et européens des dernières décennies, et s'est dégagé, ou a essayé de le faire, de tous les liens multilatéraux contractés par les États-Unis. Non pas par « isolationnisme » (cette critique traduisait la peur panique des Européens d'être abandonnés), mais par l'unilatéralisme brutal d'un Gulliver balayant les Lilliputiens.

Il voulait redéfinir de façon plus réaliste la relation avec la Russie, mais a été bloqué par l'État profond américain et la révélation de ses sombres manœuvres avec des Russes ou des Ukrainiens. En revanche, il a été finalement suivi pour mettre un terme au crédule idéalisme américain envers la Chine, qui s'était diffusé dans les esprits dans la foulée du génial renversement stratégique kissingerien d'il y a quelque cinquante ans. C'est, avec la configuration du Moyen-Orient, son principal héritage.

Sa brutalité n'a pas suffi à provoquer un vrai sursaut stratégique en Europe qui rêve (malgré les incitations d'Emmanuel Macron) de perdurer dans sa bulle a-stratégique. Encore un instant, monsieur le bourreau !

Après lui, avec Biden/Harris il n'y aura pas de retour aux États-Unis « d'avant », en Technicolor. Il y aura une embellie plus ou moins longue, mais les rives américaines et européennes de l'Atlantique s'éloigneront doucement sans forcément se heurter, devenant, en l'absence d'une menace terrifiante centrée sur elles seules, comme des cousins issus de germains...

Quant au « trumpisme », il restera fort. Trump a recueilli 74 millions de voix en novembre 2020 (Biden, 81 millions) dont plus de voix noires qu'en 2016 et beaucoup plus de voix latinos. Mais les démocrates contrôlent les deux chambres et une partie des élus républicains va se distancier de Trump.

Voir : Correct ; États-Unis ; Multilatéralisme.

Cet Erdoğan (prononcez Erdohan), ce n'est pas seulement un révisionniste, c'est un revenant ! On croyait en avoir fini depuis longtemps avec ce satané Empire ottoman qui avait été là pendant plus de six siècles avant qu'on ne le dépèce à Sèvres, en 1920, comme mijoté pendant la guerre. Certes, François Ier avait dû s'allier avec ce « Grand Turc » pour rompre l'encerclement par Charles Quint. Et pendant la guerre de Crimée, de 1853 à 1856, on était alliés avec lui contre la Russie. Mais l'antagonisme islam/chrétienté était le plus fort. On se réjouissait de leur avoir donné un coup d'arrêt à Lépante en 1571, à Vienne en 1529 et 1683 (où fut inventé le croissant), et on ne s'était pas gênés (on : Français, Anglais, Italiens) pour coloniser au XIXe siècle la rive sud de la Méditerranée en supplantant les Ottomans. On s'était affrontés avec eux dans des guerres balkaniques. À coups de promesses intenables, Lawrence d'Arabie avait soulevé les tribus arabes contre eux. On s'interrogeait hypocritement sur le destin de cet « homme malade de l'Europe » ! Tiens ? De « l'Europe » ? Vient 14-18. L'Empire ottoman est du mauvais côté. C'est l'époque où il déportait les Arméniens catholiques d'Anatolie utilisables par les Russes. Les Grecs étaient visés aussi mais, par chance pour eux, ils n'étaient pas à la frontière russe. Les Arméniens meurent en masse, c'est un génocide. Les appétits s'aiguisaient ; négociations Sykes-Picot (au début avec aussi les Italiens intéressés par l'Anatolie). L'Empire ottoman est dépecé et placé sous surveillance (ainsi que les détroits) au traité de Sèvres en 1920. Le sultan Abdülhamid II est déposé par Mustafa Kemal, qui rejette Sèvres et va arracher à Lausanne, en 1923, un traité moins pire. Il va devenir Atatürk et moderniser la Turquie résiduelle à marche forcée. C'est l'époque des dirigeants musulmans presque laïcs, réformateurs en Turquie, Iran, Afghanistan, Égypte. La Turquie nouvelle n'est pas affectée par la Seconde Guerre mondiale. Après celle-ci et la signature du traité de l'Atlantique Nord en 1949, la Grèce et la Turquie sont intégrées à l'OTAN ; ce dernier pays est essentiel, aux yeux des États-Unis, pour flanquer le sud de la Russie. Ce sera d'ailleurs l'implantation de missiles nucléaires américains dans l'est de la Turquie qui poussera Khrouchtchev à tenter une opération symétrique à Cuba.

L'Europe se développe. L'Union européenne signe un accord d'union douanière avec la Turquie en 1963. Elle est reconnue comme candidate par les Européens embarrassés à l'issue d'un sommet difficile en décembre 1999, à Helsinki. Pendant quelques années, la social-démocratie européenne milite pour l'entrée de la Turquie dans l'Union européenne, parce que le patronat et les forces modernes en Turquie le demandent et pour démontrer que, contrairement à ce que disent Helmut Kohl et la démocratie chrétienne, l'Europe n'est pas un « club chrétien ». Argumentation étrange puisque, alors, la Turquie se dit encore laïque. Ensuite, cela s'est épuisé dans d'interminables préalables à une négociation d'adhésion impossible. De toute façon, c'était une promesse mensongère relevant du poker menteur car jamais un hypothétique traité d'adhésion n'aurait été ratifié par tous les États membres. On entre dans l'ère Erdoğan à partir de 2003, Premier ministre, puis président à partir de 2014. Au début, on se gausse de ses nostalgies ottomanes, et d'ailleurs aucun pays arabe n'est nostalgique de l'Empire ottoman ! On est choqués voire révoltés par le jeu nationaliste étroit (et antikurde) d'Erdoğan sur la Syrie. On s'indigne à Paris de son jeu en Libye pour Fayez el-Sarraj contre Haftar (et la paralysie de l'OTAN que cela révèle, et que dénonce, assez seul, le président Macron) ; et un peu partout en Europe, de son chantage aux « réfugiés » et de sa transformation de Sainte-Sophie en mosquée. La Turquie d'Erdoğan veut donc revenir sur les traités d'après-Première Guerre mondiale, même celui de Lausanne. Elle promeut une réislamisation sur la ligne des Frères musulmans, partout où c'est possible, ce n'est plus dissimulable. Elle veut mettre la main en Libye sur un autre verrou des flux migratoires. Elle mène sa politique militaire et d'exploration pétrolière en Méditerranée sans tenir compte des décisions collectives de l'OTAN ni des intérêts de la Grèce et de Chypre. Elle fait ses propres forages en Méditerranée orientale en dissuadant ceux des autres pays et sans tenir compte de la définition des eaux territoriales. La Turquie paraît assurée que les États-Unis ne prendront pas le risque de la voir quitter l'OTAN et s'allier avec la Russie, et avec laquelle elle fait déjà jeu commun en Méditerranée ou dans le Caucase, ou avec d'autres.

La Turquie d'Erdoğan s'ajoute donc à la liste des pays « révisionnistes » : Chine pour effacer l'humiliation des traités inégaux, Russie pour grignoter la situation post-1992, Hongrie où le traité de Trianon n'a jamais été admis, Serbie qui n'a jamais accepté l'indépendance – d'ailleurs problématique – du Kosovo, etc. Il en sera de même un jour des colonies israéliennes, sauf si un vrai accord est obtenu d'ici là. Ou un État palestinien.

En 2021, on ne proposerait pas à la Turquie d'entrer dans l'Alliance atlantique même si elle est géographiquement stratégique, et on n'ouvrirait pas avec elle des négociations pour son éventuelle adhésion à l'Union européenne. Mais les choses étant ce qu'elles sont, que faire avec la Turquie ? Comment traiter avec elle, sans dépendre d'elle ? Comment dissocier les jeux russe et turc ? Les États-Unis pensent que l'OTAN ne peut pas se passer de la Turquie. Mais Biden sera moins complaisant que Trump envers Erdoğan…

Voir : Caucase ; Europe ; Islam ; Kurdistan ; Migrations ; OTAN.

U

Uchronie

Et si Hitler avait gagné ? L'uchronie, ou *alternate history*, est la réécriture de l'Histoire à partir de la modification d'un événement passé. Par exemple dans *Fatherland*, de Robert Harris, un inspecteur allemand fait échouer *in extremis* la visite en 1964 du président Kennedy (le père, Joseph, qui aurait eu alors 76 ans) à Hitler, qui a gagné la guerre, en révélant la conférence de Wannsee de janvier 1942, qui était jusque-là restée secrète. Un autre auteur, R. J. Ellory, imagine que JFK n'est pas mort à Dallas. Beaucoup d'auteurs se sont essayés à ce genre. Pascal : « Le nez de Cléopâtre, s'il eût été plus court, toute la face de la terre aurait changé. » Certains ont imaginé que la France aurait capitulé en 1914, que Lénine aurait été fusillé le 7 novembre 1917, etc. Chaque fois, cela modifie en chaîne tous les événements ultérieurs. Sur le court terme, et chaque fois que des décisions sont prises par des décideurs qui, à un moment donné, ont un pouvoir immense, cela fonctionne et cela donne le vertige : si Athènes avait gagné en 404 avant J.-C. plutôt que Sparte ; si Hitler avait eu la bombe A avant les Américains ; si les Anglais avaient gagné la guerre de Cent Ans ; si les Allemands avaient gagné en 1918 ; si Staline avait réussi le blocus de Berlin et dominé toute l'Europe de l'Ouest, etc. Ou si un État palestinien avait été créé. Ou l'État kurde prévu par le traité de Sèvres...

Sur la longue durée, cela ne fait pas dévier *totalement* la marche de l'Histoire, encore que... sauf si on imagine, par exemple – quittons un instant la géopolitique –, qu'on ait découvert comment capter et stocker l'énergie solaire, *avant* d'inventer le moteur à explosion !

Universalisme

La France se veut universelle, en tout cas dans son message. Pas étonnant puisque c'est celui des Lumières, en fait une sécularisation des valeurs chrétiennes, de compassion et d'humanité. D'ailleurs, *catholicos* signifie « universel ».

Le message des Lumières (repris par les révolutionnaires) ne s'adresse pas qu'aux chrétiens mais à tout le monde. C'est la matrice du droit-de-l'hommisme. Risque de confusion avec le devoir de coloniser, de civiliser, par prosélytisme.

Le terme est ambivalent, dans nos esprits français contemporains, universalisme signifiant la projection de nos idées sur l'univers, pas l'inverse !

Pour les Américains (les « états-uniens »), cela se confond avec américanisation. Qu'en pense le reste de l'univers ?

Voir : Droits de l'homme (ou de l'individu ?) ; France ; Occident ; Valeurs.

URSS

Immense continent englouti qui a marqué au fer rouge le XXe siècle, de 1917 à 1991. Soixante-quatorze ans ! Alors que le Troisième Reich d'Adolphe Hitler, qui devait durer mille ans, s'est abîmé au bout de douze ans ! Pendant ces décennies, après le putsch de Lénine, l'URSS, façonnée par lui et Trotski avant que Staline n'en prenne le contrôle, a été La Mecque pour des dizaines de millions de communistes, de compagnons de route, de progressistes, d'antifascistes dans le monde qui voyaient en elle le berceau de l'homme nouveau et la révolution comme une épreuve génératrice. Et le repoussoir absolu des antibolcheviques pour qui tout serait mieux que Staline... même Hitler ! Entre les deux, quelque 170 millions de citoyens soviétiques qui ont vécu dans le socialisme réel, raconté de façon poignante par des centaines de poètes, d'écrivains ou d'artistes, dont émerge, par l'univers concentrationnaire, le goulag, l'immense figure russe réactionnaire et prophétique d'Alexandre Soljenitsyne.

On a du mal à se remémorer aujourd'hui la quantité extraordinaire de controverses envahissantes suscitées par l'URSS, sa politique, Staline, les partis communistes dans le monde (spécialement forts en France et en Italie), la violence des engagements contre et pour, notamment chez les intellectuels, surtout en France, dominés pendant quarante ans environ par un surmoi marxiste, avant qu'il ne s'évanouisse ou ne dégénère en gauchisme, toujours vivace.

Rappel historique simple. Lénine, pour sauver « la révolution », conclut une paix séparée avec Guillaume II (c'est dans ce but que le général Ludendorff avait organisé son retour à Saint-Pétersbourg depuis la Suisse en wagon plombé), mena avec Staline une politique autarcique et une répression féroce, même s'il avait réalisé très vite qu'il fallait une NEP, une nouvelle politique économique. Staline conclut avec Hitler, pour gagner du temps, un pacte qui faillit être fatal à l'Angleterre, résista à Hitler après que celui-ci l'eut attaqué, battit l'armée allemande à Stalingrad et à Koursk, et alla jusqu'à Berlin, réimposant, avec les Américains, la paix en Europe.

Staline, qui avait promis à Roosevelt, à Yalta, de faire des élections libres en Europe de l'Est, partout où l'armée Rouge avait éliminé les nazis, imposa au contraire partout des régimes communistes. Après lui, l'URSS prétendit pendant la guerre froide être en mesure de dépasser l'Amérique (mais recula à Cuba), puis stagna avec Brejnev et se défit en une dizaine d'années sous le poids de ses échecs sur tous les plans (sauf l'éducation remarquable des petites classes jusqu'à l'université). Pendant des décennies, la fin du contrôle de l'URSS sur l'Europe de l'Est, et donc la réunification allemande étaient apparues comme impensables, sauf à risquer une troisième guerre mondiale. Finalement, largement grâce à Gorbatchev mais aussi à la qualité et au sens des responsabilités de ses interlocuteurs occidentaux, George H. Bush, Helmut Kohl et François Mitterrand, la réunification put avoir lieu pacifiquement en 1991. La remarquable gestion collective de la fin de l'URSS forme un contraste avec la désintégration de la Yougoslavie de 1990 à 1993, que personne, Yougoslaves ou autres, n'a pu gérer.

Y a-t-il quand même une nostalgie de l'Union soviétique ? Poutine : « Celui qui [un Russe] ne regrette pas l'URSS n'a pas de cœur. Celui qui veut la reconstituer n'a pas de tête. » Andreï Gratchev déplore l'occasion gorbatchévienne manquée. Et certains Russes le temps où leur pays était respecté. Ils sont reconnaissants à Poutine d'avoir mis un terme à la Russie paillasson. Et beaucoup, dans le monde, qui avaient combattu l'URSS, n'aiment pas un monde dominé par l'hyperpuissance américaine, encore moins quand Trump était au pouvoir, ni demain par la Chine... Mais quoi, si l'Europe ne s'éveille pas ?

Voir : Guerre froide.

V

Valeurs

Viral. Aujourd'hui on ne parle plus de croyances mais de « valeurs » (les valeurs-qui-sont-les-nôtres) : la démocratie et les droits de l'homme. Mais c'est la même chose. En tout cas, cela produit les mêmes effets d'identification, de cohésion, d'autoorganisation et d'opposition binaire, de grandiloquence et de désir de projection.

Pour les Occidentaux, puissances installées, mais sur la défensive face aux émergents, leurs valeurs sont universelles, cela ne se discute pas. Tout « relativisme » est scandaleux et prohibé. Mais si l'univers tout entier ne reconnaît pas leurs valeurs comme étant universelles ? Et si la Chine ose prétendre qu'elle a son propre système de valeurs ? Et que dans des démocraties des peuples votent pour des programmes « illibéraux » ? Révoltant ! Incompréhensible ! Pire que cornélien.

Mais le débat est surtout furieux *en Occident* ces dernières décennies, pas tellement sur ces valeurs en soi, non contestées, mais sur leur projection, l'ingérence, la *mission* de l'Occident. Ce n'est donc pas tant un débat sur nos « valeurs », mais plutôt sur le prosélytisme qui s'est mêlé si souvent aux politiques étrangères des États-Unis ou de l'Occident, et qui les ont imprégnés. Pour l'Occident, engendré par la chrétienté (*catholicos* = universel), et qui est resté millionnaire, c'est difficile de distinguer les deux. Certains, comme Claude Meyer (*L'Occident face à la renaissance de la Chine*, Odile Jacob, 2018), examinent la possibilité de faire dialoguer les valeurs occidentales avec les valeurs chinoises. Démarche honorable qui a tenté beaucoup de penseurs et de philosophes, mais fragile...

Voir : Néoconservateurs ; Occident ; Universalisme.

Varsovie (Pacte de)

Rappel posthume. Traité « d'amitié » conclu le 14 mai 1955, donc deux ans *après* la mort de Staline, entre l'URSS et les « démocraties populaires » (mais pas la Yougoslavie ni l'Albanie), six ans après la création de l'Alliance atlantique par le traité de Washington. Staline contrôlait déjà toute l'Europe de l'Est avant, mais n'avait pas besoin pour cela d'une organisation. Ses successeurs, si. Le pacte a été dissous le 1er juillet 1991 par Gorbatchev, au soulagement des pays concernés, ce qui a renforcé la fureur et la détermination contre lui des putschistes communistes, quelques semaines plus tard. Alors que le traité de Washington, lui, existe plus que jamais et que les alliés européens de l'OTAN ont même eu peur que Trump ne s'affranchisse de ses obligations...

Les Russes, derrière Poutine, n'ont pas digéré cette asymétrie qu'ils reprochent toujours à Gorbatchev.

Voir : OTAN ; URSS.

Vergennes, Charles Gravier de

Oui, Vergennes présente encore un intérêt ! Bernard de Montferrand a eu tout à fait raison, en 2017, de nous rappeler que Vergennes, longtemps ministre des Affaires étrangères de Louis XVI, Premier ministre de fait durant treize ans – de 1774 à 1787 –, avait mené, alors que la France était la puissance dominante, une politique réaliste, modérée et équilibrée. Plus remarquable encore, en rupture avec l'esprit de son temps, il avait jugé inutiles des conquêtes territoriales supplémentaires, au Canada, en Inde, ou en Turquie. Il se référait aux principes du « droit public » et combattait – ce faisant – les idées « métaphysiques » (idéologiques) du parti dévot, mais aussi le parti de la guerre du maréchal de Castries. Aujourd'hui, on parlerait de néoconservateurs, de partisans de l'ingérence ou des « valeurs », et de divers extrémistes. Il a incarné un moment de réalisme et de mesure entre la ferveur évangélisatrice de l'Europe et plus tard la furie bonapartiste, le devoir de civilisation et le prosélytisme démocratique.

Si le règne de Louis XVI s'était arrêté en 1783 au traité de Paris, il passerait, grâce à Vergennes, pour un grand roi moderne.

Voir : Histoire de France ; Ministre ; Réalisme (realpolitik, irrealpolitik).

Versailles (Traité de)

Depuis 1919, la controverse lancée par Keynes et d'autres n'a pas cessé : traité trop dur qui a fait le lit de Hitler ? Matrice de la Seconde Guerre mondiale ? Traité juste et nécessaire, efficace si l'Angleterre et les États-Unis n'avaient pas lâché la France dans les années 20 ?

En fait, il y a *des* traités : celui de Versailles, du 28 juin 1919, sur l'Allemagne (où pour la première fois l'anglais est utilisé à égalité avec le français. Clemenceau, anglophone, l'ayant accepté) ; le petit traité de Versailles (sur la Pologne), le même jour ; les traités de Saint-Germain-en-Laye, le 10 septembre 1919, et de Trianon (haï par la Hongrie réduite à sa portion congrue) le 4 juin 1920, qui ramène l'Autriche à elle-même, crée la Tchécoslovaquie, ainsi que la Yougoslavie, le royaume des Serbes, des Croates et des Slovènes ; le traité de Neuilly-sur-Seine avec la Bulgarie, le 27 novembre 1919 ; celui de Sèvres, le 10 août 1920, qui démantèle l'Empire ottoman, remplacé en 1923 par le traité de Lausanne, moins pire pour la Turquie, après la vive réaction d'Atatürk.

On n'en finit pas de refaire l'Histoire, celle des guerres franco-allemandes, des guerres mondiales et de l'Europe, jusqu'au ressassement. Malgré cela, pendant ces commémorations, de 2014 à 2018, on n'a pas réussi à en tirer des leçons claires valables pour le XXIe siècle. Plus jamais cela ? Bien sûr ! Il faut agir sur les causes. Mais quelles sont-elles ? Même dilemme que sur la prévention des génocides.

Vienne (Congrès de)

Mythique.

On n'a pas fait que danser, intriguer, comploter et séduire, au congrès de Vienne ! Rappelons le contexte : Napoléon abdique à Fontainebleau le 6 avril 1814. Talleyrand obtient les moins mauvaises conditions possibles pour la France au traité de Paris du 30 mai 1814 : retour aux frontières de 1792. Mais un congrès des puissances doit décider du sort des territoires conquis par Napoléon. Il s'ouvre à Vienne le 18 septembre. Par son génie (et aussi grâce à sa table où le brie de Meaux – le « roi des fromages » arrivait chaque jour par diligence, à sa cave, et à sa nièce Dorothée, duchesse de Dino), Talleyrand réussit à faire éclater l'alliance antifrançaise nouée entre la Grande-Bretagne de Castlereagh, la Russie d'Alexandre Ier, la Prusse de Frédéric-Guillaume II, et l'Autriche de Metternich : « Alliés ? Contre qui ? Napoléon n'est plus là. »

Extraordinaire rétablissement. De surveillée, la France devient partenaire et garant. Certains reprocheront plus tard à Talleyrand d'avoir laissé la Prusse s'installer en Saxe et en Rhénanie, et donc de se rapprocher de la France, en dépit des instructions de Louis XVIII. Ce reproche rétroactif ne tient pas. Il n'avait d'autre carte en main que son talent. Et c'est plutôt le retour de « l'Aigle » (pour les autres : « l'Ogre ») qui a compromis ce résultat inespéré. Napoléon est de retour le 20 mars à Paris. Le congrès s'achève le 9 juin 1815. Il abdique le 22 juin, quatre jours après Waterloo. Les « Alliés » imposent alors à la France, le 20 novembre 1819, un second « traité de Paris », beaucoup plus sévère. Conséquences catastrophiques des Cent-Jours pour la France. Cela paraît si lointain… mais il y a des leçons à tirer de tout.

Voir : Europe ; Napoléon ; Talleyrand-Périgord, Charles-Maurice de.

W

Wałęsa, Lech

À eux deux, le cardinal Wojtyła, élu pape sous le nom de Jean-Paul II en 1978, et Lech Wałęsa, l'électricien de Gdańsk, créateur, avec Adam Michnik, de Solidarność, en 1980, ont ébranlé l'empire communiste, bien des années avant la « chute » du Mur en 1989, soubresaut tardif, mais non final, de la décomposition soviétique que Gorbatchev n'a pas cherché à empêcher.

Après, comme président polonais, de 1990 à 1995, il a déçu et n'a pas été réélu. En 2000, il n'a recueilli que 7 % des voix. Mais avec sa moustache, sa simplicité, son courage, il reste un symbole, ce qui lui avait valu le Nobel de la paix en 1983. Il avait offert à Mitterrand un bison des forêts polonaises, qui fut confié à une exploitation en Margeride.

Voir : URSS.

Waterloo, morne plaine

LA défaite de Napoléon, le 18 juin 1815 à Waterloo, au sud de Bruxelles, face à la coalition des Britanniques (duc de Wellington) et de leurs alliés allemands (Hanovre, Brunswick et Nassau), néerlandais, prussiens (maréchal Blücher). « D'un côté c'est l'Europe et de l'autre la France », « Waterloo, morne plaine », dans « L'Expiation » du grand Victor (*Les Châtiments*) en 1853. Cela ne s'oublie pas.

Plus de 9 000 morts et 30 000 blessés ! Waterloo met fin à une série de victoires napoléoniennes, mais aussi à la suprématie française ininterrompue depuis la victoire du Grand Condé (Louis de Bourbon, duc d'Enghien) à Rocroi le 19 mai 1643, cinq jours après la mort de Louis XIII, ce qui avait été une victoire posthume de Richelieu qui n'avait cessé d'agir pour desserrer l'étau des Habsbourg (voir les traités de Westphalie).

Pour Napoléon, cette fois, c'est vraiment la fin. Pas de nouveau retour de l'Aigle. Ni de nouvelle vie aux États-Unis. Que n'y aurait-il fait ? Avec Jérôme – et Lucien qui l'y aurait rejoint. Une multinationale ? À peine six ans encore à se morfondre à Sainte-Hélène, rongé par un cancer de l'estomac, et à dicter ses réflexions sur sa jeunesse, ses campagnes, mais aussi les vicissitudes de sa captivité à Las Cases qui en tirera le *Mémorial de Sainte-Hélène*.

Les « Alliés », reconstitués (Grande-Bretagne, Autriche, Russie, Prusse), imposent à la France, le 20 novembre 1815, un « traité » plus sévère que celui que Talleyrand avait réussi à obtenir un an avant, au congrès de Vienne, avant les Cent-Jours. La France est ramenée à ses frontières de 1790 (et non de 1792), doit payer 700 millions de francs d'indemnités, et entretenir à ses frais 150 000 soldats sur sa frontière est.

Prix à payer pour le vol de l'Aigle. Il n'y a plus de frein à l'hégémonie britannique qui dominera le XIXe siècle, notamment les années 1850-1914, même si Napoléon III essaiera de rebattre les cartes du jeu et si Guillaume II, *in fine*, la défiera.

Voir : Napoléon ; Vienne (Congrès de).

Weber, Max

L'économiste et sociologue allemand Max Weber, né en 1864 et mort en 1920, qui a étudié le capitalisme de l'intérieur, est célèbre pour avoir posé une distinction, essentielle, à mon avis plus nécessaire que jamais, entre *l'éthique de conviction* (dans laquelle nous baignons au sein d'un océan de sensations « ressenties », d'affects et de réactions attisés) et *l'éthique de responsabilité*. Je crois celle-ci plus honnête et moins dangereuse. Mais elle est sur la défensive et il faut la défendre pied à pied contre les passions vengeresses. Weber a montré que la bourgeoisie, libre dans les villes, a développé une ascèse du travail qui s'est réalisée dans le protestantisme calviniste puritain, le travail étant une fin en soi. Tout en reconnaissant qu'à la fin le capitalisme est une cage d'acier.

Ce renvoi au clivage protestantisme/catholicisme garde un sens pour décrypter les débats sur l'Europe, la zone euro, la dette, le populisme, le rapport moderne au travail, etc.

Voir : Penseurs.

Westphalie (Traités de)

Date clé. Les traités de Westphalie de 1648 mirent un terme à trente ans de guerres européennes féroces qui, à la suite des atroces guerres de Religion du siècle précédent, opposèrent d'abord, en Allemagne, les partisans de la Réforme (luthériens et calvinistes) et de la Contre-Réforme catholique et romaine, puis s'élargirent. Cela avait commencé en 1618 par la révolte de la Bohême protestante contre leur empereur catholique, qui échoua en 1624. Cela s'était poursuivi par l'intervention du roi protestant du Danemark, Christian IV, de 1625 à 1629, qui avait également des vues territoriales. Puis par celle du roi de Suède, Gustav Adolphe, grand chef militaire, de 1630 à 1635, qui inspira le Grand Condé (il voulait contrôler l'embouchure de l'Oder). Puis finalement l'entrée en lice de la France (Richelieu), en 1636, qui avait attendu son heure et voulait empêcher l'empereur germanique Ferdinand III de devenir trop puissant. Il y parvint, et les traités traduisent cette réussite *post mortem* du grand cardinal, saluée par Henry Kissinger comme un succès éclatant de la France qui reporta de deux siècles l'unification de l'Allemagne. Richelieu était décédé en 1642, c'était Mazarin qui avait poursuivi son œuvre.

En fait, il s'agit de *trois* traités : la paix de Münster du 30 janvier 1648 entre l'Empire espagnol et les Provinces-Unies ; les traités de Münster du 24 octobre 1648 entre l'empereur du Saint Empire romain germanique et le royaume de France (et leurs alliés) ; et le traité d'Osnabrück signé le même jour entre l'empereur germanique et le royaume de Suède. Après 3 à 5 millions de morts du côté allemand, 1 à 2 millions du côté français ! Et ce n'est qu'en 1659, par la paix des Pyrénées, que la France et l'Espagne cessèrent leur guerre.

Pour mettre fin aux guerres de Religion, il est décidé d'autoriser les princes protestants à faire pratiquer leur religion (*cujus regio, cujus religio* : la religion du prince est celle de ses sujets). Sans ingérence d'un royaume à l'autre. On parlera par la suite de « système westphalien ».

Ces traités sont matière à une controverse contemporaine, non sans contresens. Au cours des trente dernières années, les internationalistes, les mondialisateurs et intégrationnistes européens ont fait du « système westphalien » un repoussoir, un carcan axé sur la souveraineté nationale absolue et les relations internationales exclusivement entre États, empêchant toute « modernisation » des relations internationales et devant donc être dépassé au profit de relations entre acteurs non étatiques, organismes supranationaux, le marché, etc. C'est un anachronisme et un mauvais procès.

C'est oublier leur apport principal, redisons-le : la fin des atroces guerres de Religion. On a revu au XXIe leur férocité. Quant à la « souveraineté », si c'est un problème, elle avait été affirmée bien avant par Philippe Auguste au

XIIe siècle, contre le Saint Empire romain germanique : « Le roi de France est empereur en son royaume. » Et contre le pape et l'ultramontanisme, le gallicanisme avait été affirmé du XVe au XIXe siècle. Ce principe pacificateur dans les relations internationales n'a en rien empêché la coopération internationale au XIXe et au XXe siècle, surtout depuis 1945. *L'abandon* de la souveraineté revendiqué au début de la construction européenne n'enchante ni ne rassure aucun peuple, même si l'exercice en commun de la souveraineté (euro) est accepté. Le reste du monde est resté westphalien. Le système multilatéral ne peut s'y substituer, il en est l'expression. On a complété dans la pratique le système « westphalien », mais quand il est en crise, rien ne le remplace efficacement. On le vit tous les jours.

Donc, si les mots ont un sens, c'est une critique sans objet, ou vaine.

Il faudrait plutôt souhaiter que les pays du Moyen-Orient, sunnites et chiites, arrivent un jour à conclure entre eux des accords de Westphalie. Mais pour cela il faudrait un Richelieu, prolongé par un Mazarin !

Voir : Acteurs des relations internationales ; Ordre mondial ; Richelieu.

Wilson, Woodrow

Professeur, fils de pasteur, intellectuel, président des États-Unis (de 1913 à 1921) pendant la Première Guerre mondiale et la négociation du traité de Versailles, Woodrow Wilson est un des rares présidents américains à avoir inspiré un néologisme à partir de ses quatorze points : le *wilsonisme*, employé jusqu'à aujourd'hui, très inspiré par l'idée que les États-Unis se font de leur rôle dans le monde depuis leur création. Même s'il n'est pas sculpté sur le mont Rushmore ! D'autres présidents américains ont incarné des courants en politique étrangère : Washington, Jefferson, Hamilton, Taft, les deux Roosevelt, mais ils sont connus surtout des spécialistes. Wilson mit fin – à reculons – à un siècle « d'isolationnisme » américain envers l'Europe, en engageant les États-Unis. Il avait été réélu en 1916 sur un programme pacifiste. Il faut dire que l'opinion américaine était partagée, moitie/moitié. Mais en 1917 il entra dans la guerre. Il essaya de faire prévaloir, pendant la longue négociation à Versailles et Paris, la notion de « sécurité collective », garantie par une « Société des nations », contre les réticences et le scepticisme de Lloyd George, et plus encore de Clemenceau, qu'il jugeait archaïques. Quand il avait présenté ses quatorze points sur l'avenir le 8 janvier 1918, Clemenceau avait ricané : « Dieu, Lui, s'était contenté de dix commandements. » Finalement, le Sénat américain ne suivit pas le Président et refusa d'adhérer à la Société des nations, handicapée donc dès sa naissance en janvier 1920.

Une anecdote illustre la divergence de vues avec Clemenceau pendant Versailles. Ils déjeunent à trois, avec Lloyd George, Wilson les soûle avec ses conceptions utopistes. Clemenceau le coupe : « Vous voyez ce poulet ? » (Ils dégustent une volaille de Bresse.) « Qu'est-ce qu'il a, ce poulet ? » Clemenceau : « Il croyait énormément à la sécurité collective pour assurer sa sécurité. » De Gaulle ou Mitterrand auraient pu le dire.

Après la mort de Wilson, Freud – sur lequel il y aurait beaucoup à dire – en dressa un « portrait psychologique » sévère : Wilson aurait cherché à satisfaire le surmoi (ah ! le surmoi !) paternel (le pasteur). « Les fous, les visionnaires, les hallucinés, les névrosés et les aliénés, affirme Freud, ont, de tout temps, joué de grands rôles dans l'histoire de l'humanité. » Mais il reconnaît qu'un « surmoi très exalté produit beaucoup de psychotiques et de névrosés, mais aussi quelques grands hommes ».

Charles Zorgbibe, qui a retrouvé ces lignes pour écrire son excellent *Wilson*, estime que la cible de Freud, au-delà du syndrome Wilson, « vise en réalité le messianisme diplomatique européen, une politique étrangère porteuse d'un “message” adressé à l'ensemble de la communauté internationale, et non d'un simple “code” des relations internationales ».

Longtemps après, j'ai entendu le chancelier Helmut Schmidt dire : « Quand j'entends un politicien dire qu'il a une vision pour l'Europe, je lui conseille d'aller chez le médecin. » Néanmoins, le wilsonisme a continué d'exercer une influence énorme, quoique à éclipses, sur les esprits américains et européens au XXe siècle dans les années 20, un peu après 1945 de nouveau, et beaucoup après la chute de l'URSS en 1991…

Voir : Universalisme ; Versailles (Traité de) ; Zorgbibe, Charles.

X

Xerxès Ier

Grand roi perse, achéménide (519 à 465 avant J.-C.). L'empire de Xerxès Ier dit « le Grand » s'étendait de la mer Égée à l'Indus, du Syr-Daria au golfe Persique et à l'Égypte.

Il conquit la Grèce (seconde guerre médique), ne réussit à franchir les Thermopyles qu'en perdant 20 000 hommes, incendia Athènes mais fut battu sur la mer à Salamine par Thémistocle. Ce fut en 333 avant J.-C. qu'Alexandre « le Grand » vainquit Darius III.

Un des premiers affrontements Orient/Occident… alors que le conquérant macédonien disait vouloir dépasser cet antagonisme.

Voir : Alexandre le Grand.

Y

Yalta

Mythe.

Le mythe tenace du partage (inique) du monde à Yalta est surtout français. Quinze mois après s'être retrouvés à Téhéran, le président Franklin D. Roosevelt, Winston Churchill et Joseph Staline se rencontrent au palais de Livadia, près de Yalta, en Crimée, du 4 au 11 février 1945. La Crimée a été choisie pour que Staline puisse venir en train. Ordre du jour : planifier la campagne finale contre les troupes allemandes et japonaises, régler le sort de l'Allemagne après la défaite du Troisième Reich et garantir la stabilité du nouvel ordre mondial. Les Anglo-Américains voudraient limiter la progression de l'armée Rouge en Europe centrale, qui déjà n'est plus qu'à 100 kilomètres de Berlin, et obtenir la promesse de l'entrée en guerre de l'URSS contre le Japon. Staline veut un « glacis », Pologne et autres.

Les trois grands se mettent d'accord sur une Allemagne démilitarisée (encore plus qu'à Versailles), éclatée en onze Länder et occupée en quatre zones. Les Occidentaux s'opposent à la destruction de l'économie allemande (réparations) : « Nous sommes inflexiblement résolus à anéantir le militarisme et le nazisme allemand [mais] il n'est pas dans notre intention d'anéantir le peuple allemand. »

Le mythe de Yalta (surtout en France, par dépit de ne pas y être) est celui d'un partage du monde et d'un abandon cynique de l'Europe de l'Est. En fait, Staline propose à Roosevelt (crédule ou recherchant en priorité l'engagement de Staline contre le Japon) une « déclaration sur l'Europe libérée », promettant des élections libres dans tous les pays libérés des nazis…

En réalité, le seul accord – jamais appliqué – sur une répartition chiffrée des influences futures entre alliés occidentaux et URSS avait été signé auparavant à Moscou par Staline et… Churchill, le 9 octobre 1944 : Hongrie et Yougoslavie : 50-50 ; Roumanie : 90 %-10 % ; Bulgarie 75 %-25 % ; Grèce 10%-90 % ! Cela laisse songeur !

Il fut décidé à Yalta la création d'une ONU, dotée, pour ne pas reproduire l'impuissance de la SDN, d'un Conseil de sécurité *avec des membres permanents détenteurs d'un droit de veto* car ils se méfiaient de l'Assemblée générale (49 à San Francisco, aujourd'hui près de 200 !). Au départ quatre (États-Unis, URSS, Grande-Bretagne, Chine). Puis cinq avec la France grâce à l'insistance de Churchill qui ne voulait pas que la Grande-Bretagne soit de nouveau seule, comme en 1940, face à une nouvelle revanche allemande. Staline et Roosevelt n'en voyaient pas la justification : pourquoi ce pays battu, brisé, occupé, fini ? Les mémoires du secrétaire d'État américain Edward Stettinius, à Yalta, *Yalta. Roosevelt et les Russes* (Gallimard, 1951) sont très clairs là-dessus, et édifiants.

F. D. Roosevelt mourra deux mois plus tard, le 12 avril. La conférence suivante à trois aura lieu au château de Potsdam du 17 juillet au 2 août 1945 entre Harry Truman, Joseph Staline et Winston Churchill, puis Clement Attlee.

À la fin de Potsdam, Staline est le seul des « trois grands » qui ait assisté aux trois conférences.

En 1982, François Mitterrand déclara à propos de la Pologne : « Tout ce qui permettra de sortir de Yalta sera bon. » N'écoutant que mon insolence de jeune conseiller, je lui écrivis : « Il n'y a pas eu de partage du monde à Yalta, c'est Staline qui n'a pas tenu ses promesses. » Réponse agacée du Président : « Je le sais bien, mais c'est ce que tout le monde croit, et tout le monde comprend ce que je veux dire. »

Voir : Potsdam (Conférence de) ; Seconde Guerre mondiale.

Yougoslavie

Autant la fin de la guerre froide, la fin de l'URSS, la réunification allemande – dont on avait redouté pendant des décennies qu'elles puissent entraîner une véritable guerre en Europe – ont été collectivement bien gérées par les puissances concernées, autant la désintégration de la Yougoslavie, fédération des Slaves du Sud créée par la France en 1918, l'a été de la pire façon, d'abord par les Yougoslaves eux-mêmes, Serbes et Croates, puis par l'Union européenne, qui avait cru naïvement son heure venue, mais aussi par le Vatican, les Russes, l'ONU, l'OTAN, etc. Quand les États-Unis intervinrent finalement pour mettre un terme par les accords négociés, en fait imposés, par Richard Holbrooke sur la base aérienne de Dayton, dans l'Ohio, à la guerre civile en Bosnie, que firent-ils ? En fait, ils prirent acte de la répartition résultant des combats des populations en Bosnie entre les zones serbes, croates, et musulmanes (ce que l'on appelait à Paris les Bosniaques), après les élections de 1990. En réalité, si la « communauté internationale » avait existé, si elle n'avait rien eu d'autre à faire, elle aurait dû se préoccuper de la Yougoslavie dès le lendemain de la mort de Josip Broz Tito en 1980, s'attendre à ce que les Serbes, habilement saucissonnés par Tito le Croate en 1945 entre diverses républiques fédérées, cherchent à se regrouper, ainsi que les Croates pour récupérer les Croates de Bosnie, et anticiper les évolutions et les éventuels affrontements, afin de les prévenir. Cela aurait pu être une initiative internationale, dans le genre de la mission confiée en 1990 à Robert Badinter par le président Mitterrand et par Roland Dumas pour étudier la situation des minorités, les rattachements futurs, consulter démocratiquement ces groupes les uns après les autres, sans préjuger du résultat : maintien d'une fédération yougoslave reconfigurée, ou d'une confédération, ou de la naissance de plusieurs États nationaux, après que les minorités dans ces États, par exemple les Serbes de Croatie (dans les Krajina), eurent été consultés. Rien de tout cela n'a eu lieu, évidemment. Quand plusieurs républiques fédérées non serbes ont voulu quitter la fédération, la France a essayé trop tard, et en plus seule, d'imaginer des processus de compromis. Les intellectuels médiatiques de Paris se sont mobilisés essentiellement contre les Serbes pour mener un nouveau combat, à distance, contre le communisme, et ont donc appuyé dans ce but les Croates ou les Bosniaques (les musulmans). Aucun d'entre eux n'avait proposé avant 1990 une solution qui aurait prévenu ces tragédies. La question du Kosovo, non réglée par les accords de Dayton, ressurgit en 1997-1998 quand j'étais ministre, et nous dûmes, au sein du « groupe de contact » des ministres – formule créée par Alain Juppé et Klaus Kinkel – pour la Bosnie (Madeleine Albright pour les États-Unis, Robin Cook pour la Grande-Bretagne, Joschka Fischer pour l'Allemagne, Lamberto Dini pour l'Italie, Igor Ivanov pour la Russie, moi pour la France), nous résigner à demander à l'OTAN, à l'issue de dix-huit mois de négociations infructueuses, une intervention militaire contre l'armée et les milices serbes, puisque Milošević se refusait obstinément à tout compromis. La Russie se retira pendant les frappes. Nous nous mîmes ensuite d'accord le 10 juin 1999, y compris avec la Russie, sur une résolution au Conseil de sécurité, la 1244, sur un statut « d'autonomie substantielle » pour le Kosovo, mais pas d'indépendance. Ce n'est que plusieurs années après que les États-Unis et une majorité d'États membres de l'Union européenne imposèrent et reconnurent l'indépendance, plusieurs pays européens s'y refusant comme étant un précédent dangereux. Ce pas supplémentaire n'a eu que des inconvénients, le Kosovo n'est pas viable, même s'il fait ce qu'il peut. L'Union européenne, à cheval sur ses principes, continue de poser à la Serbie, comme condition d'ouverture de la négociation d'adhésion, qu'elle reconnaisse cette indépendance. Tout cela contribue au blocage et à la stagnation dans les Balkans, à quoi s'ajoute la réticence de la France à ouvrir de nouvelles négociations d'adhésion avec l'Albanie (qui fait des progrès notables) et la Macédoine du Nord, au motif que l'Union a déjà beaucoup de mal à fonctionner à 27. Pendant ce temps-là, les influences turque, russe, chinoise ou islamiste progressent dans les Balkans, et contrecarrent les influences dominantes américaines et allemandes. Tout cela est malsain. Il faudra un jour ou l'autre mettre un terme à la politique d'élargissement, supprimer le commissaire qui en est chargé, définir d'une façon inédite un avenir européen sur mesure pour les Balkans, et repenser la politique de voisinage.

Z

Zheng He (Amiral)

Si le quatrième empereur Ming, Hong Xi, n'avait pas interrompu en 1424, donc plusieurs décennies avant les voyages de Christophe Colomb et de Vasco de Gama, les expéditions de l'amiral Zheng He (prononcer Jong Reu), peut-être pour des raisons budgétaires et pour le charger de la défense de Nankin, plus urgente, si la dynastie

Ming n'avait pas refermé la Chine, l'histoire des siècles suivants et des « mondialisations » successives aurait pu être très différente. La Chine ne reviendra pas avant cinq siècles (!) dans le jeu mondial mais développe maintenant à marche forcée sa marine de haute mer.

Descendant du premier gouverneur du Yunnan nommé au XIIe siècle par la dynastie mongole des Yuan, fils du gouverneur du Yunnan, Ma Sanbao, Han musulman, castré à 13 ans, prit le nom de Zheng He. Il fut nommé amiral de la flotte impériale, alors la plus importante au monde (mais dans le monde compartimenté d'alors, la comparaison n'a pas grand sens), par le troisième empereur Ming, Yongle, celui qui déplaça la capitale de la Chine à Pékin en 1409. L'extraordinaire développement de la Chine depuis 1979 et les initiatives du président Xi ont fait redécouvrir en Occident la figure du grand amiral chinois qui effectua, en trente ans environ, sept expéditions de deux ans chacune – au total avec 30 000 hommes sur 63 gros navires et 100 plus petits. Sa mission : rendre tributaires les pays visités (comme les nouvelles routes de la soie ?), tout autour de l'océan Indien, jusqu'en Afrique de l'Est... Peut-être même plus loin, selon certains Chinois... On a l'impression, avec cette histoire, de lire l'histoire du monde à l'envers !

Voir : Chine ; Explorateurs ; Routes de la soie (Nouvelles).

Zorgbibe, Charles

Charles Zorgbibe, né le 5 mai 1935 à Alger, est l'auteur depuis 1970 d'une cinquantaine d'ouvrages très approfondis et instructifs sur les relations internationales. Il est l'auteur de grandes biographies qui donnent à penser sur Metternich, Herzl, Kipling, Guillaume II, Wilson, Kissinger et Delcassé. En 2018, il publie un ouvrage original et éclairant pour démêler *L'Imbroglio : Roosevelt, Vichy et Alger*. Et, en 2020, aux Éditions de Fallois, *Les Éminences grises* (lire notamment les passages sur Kipling, le colonel House, Harry Hopkins). Dans ces temps d'obscurité, il mérite d'être lu et relu.

Voir : Penseurs.

Remerciements

Je remercie Marie Peschard, Julien Perthuis et Ruben Izraelewicz pour leur travail de collaboration pendant leur stage auprès de moi.

Et je remercie tout particulièrement Étienne de Gail pour sa précieuse contribution lors de la rédaction de ce dictionnaire.

Table

DANS LA MÊME COLLECTION

Ouvrages parus

Philippe ALEXANDRE
Dictionnaire amoureux de la politique

Albert ALGOUD
Dictionnaire amoureux de Tintin

Claude ALLÈGRE
Dictionnaire amoureux de la science

Metin ARDITI
Dictionnaire amoureux de la Suisse
Dictionnaire amoureux de l'esprit français

Pierre ASSOULINE
Dictionnaire amoureux des écrivains et de la littérature

Jacques ATTALI
Dictionnaire amoureux du judaïsme

Alain BARATON
Dictionnaire amoureux des jardins

Christophe BARBIER
Dictionnaire amoureux du théâtre

Jean-Baptiste BARONIAN
Dictionnaire amoureux de la Belgique

Alain BAUER
Dictionnaire amoureux de la franc-maçonnerie
Dictionnaire amoureux du crime

Olivier BELLAMY
Dictionnaire amoureux du piano

Yves BERGER
Dictionnaire amoureux de l'Amérique (épuisé)

Laurent BINET et Antoine BENNETEAU
Dictionnaire amoureux du tennis

Adam BIRO
Dictionnaire amoureux de l'humour juif

Patrice BLANC-FRANCARD
Dictionnaire amoureux du jazz

Denise BOMBARDIER
Dictionnaire amoureux du Québec

Éric Bouhier
Dictionnaire amoureux de San-Antonio

Hervé Bourges
Dictionnaire amoureux de l'Afrique

Jean-Claude Carrière
Dictionnaire amoureux de l'Inde
Dictionnaire amoureux du Mexique

Jean des Cars
Dictionnaire amoureux des trains
Dictionnaire amoureux des monarchies

Michel Del Castillo
Dictionnaire amoureux de l'Espagne

Antoine de Caunes
Dictionnaire amoureux du rock

Patrick Cauvin
Dictionnaire amoureux des héros (épuisé)

Jacques Chancel
Dictionnaire amoureux de la télévision

Malek Chebel
Dictionnaire amoureux de l'Algérie
Dictionnaire amoureux de l'islam
Dictionnaire amoureux des Mille et Une Nuits

Jean-Loup Chiflet
Dictionnaire amoureux de l'humour
Dictionnaire amoureux de la langue française

Catherine Clément
Dictionnaire amoureux des dieux et des déesses

André Comte-Sponville
Dictionnaire amoureux de Montaigne

Gérard de Cortanze
Dictionnaire amoureux des Sixties

Xavier Darcos
Dictionnaire amoureux de la Rome antique
Dictionnaire amoureux de l'école

Bernard Debré
Dictionnaire amoureux de la médecine

Jean-Louis Debré
Dictionnaire amoureux de la République

Alain DECAUX
Dictionnaire amoureux d'Alexandre Dumas

Didier DECOIN
Dictionnaire amoureux de la Bible
Dictionnaire amoureux des faits divers

Jean Francois DENIAU
Dictionnaire amoureux de la mer et de l'aventure

Bertrand DICALE
Dictionnaire amoureux de la chanson française

Alain DUAULT
Dictionnaire amoureux de l'opéra

Alain DUCASSE
Dictionnaire amoureux de la cuisine

Jean-Paul et Raphaël ENTHOVEN
Dictionnaire amoureux de Marcel Proust

Nicolas D'ESTIENNE D'ORVES
Dictionnaire amoureux de Paris

Vladimir FÉDOROVSKI
Dictionnaire amoureux de Saint-Pétersbourg

Dominique FERNANDEZ
Dictionnaire amoureux de la Russie
Dictionnaire amoureux de l'Italie
(deux volumes sous coffret)
Dictionnaire amoureux de Stendhal

Franck FERRAND
Dictionnaire amoureux de Versailles

Luc FERRY
Dictionnaire amoureux de la philosophie

Jean-Louis FOURNIER
Dictionnaire amoureux du Nord

José FRÈCHES
Dictionnaire amoureux de la Chine

Max GALLO
Dictionnaire amoureux de l'histoire de France

René GUITTON
Dictionnaire amoureux de l'Orient

Claude HAGÈGE
Dictionnaire amoureux des langues

Hervé HAMON
Dictionnaire amoureux des îles

Daniel HERRERO
Dictionnaire amoureux du rugby
Dictionnaire amoureux de l'Ovalie

HOMERIC
Dictionnaire amoureux du cheval

Gilles JACOB
Dictionnaire amoureux du Festival de Cannes

Daniel JOUANNEAU
Dictionnaire amoureux de la diplomatie

Serge JULY
Dictionnaire amoureux du journalisme
Dictionnaire amoureux de New York

Alain JUPPÉ
Dictionnaire amoureux de Bordeaux

Christian LABORDE
Dictionnaire amoureux du Tour de France

Jacques LACARRIÈRE
Dictionnaire amoureux de la Grèce
Dictionnaire amoureux de la mythologie (épuisé)

Andre-Jean LAFAURIE
Dictionnaire amoureux du golf

Pierre et Olivier DE LAGARDE
Dictionnaire amoureux du patrimoine

Mathieu LAINE
Dictionnaire amoureux de la liberté

Jack LANG
Dictionnaire amoureux de François Mitterrand

Gilles LAPOUGE
Dictionnaire amoureux du Brésil

François LAROQUE
Dictionnaire amoureux de Shakespeare

Michel LE BRIS
Dictionnaire amoureux des explorateurs

Bernard LECOMTE
Dictionnaire amoureux des papes

Nicole Le Douarin
Dictionnaire amoureux de la vie

Jean-Yves Leloup
Dictionnaire amoureux de Jérusalem

Pierre Lemaitre
Dictionnaire amoureux du polar

Évelyne Lever
Dictionnaire amoureux des reines

Paul Lombard
Dictionnaire amoureux de Marseille

Peter Mayle
Dictionnaire amoureux de la Provence

Michel Meyer
Dictionnaire amoureux de l'Allemagne

Christian Millau
Dictionnaire amoureux de la gastronomie

Richard Millet
Dictionnaire amoureux de la Méditerranée

François et Valentin Morel
Dictionnaire amoureux de l'inutile

Pierre Nahon
Dictionnaire amoureux de l'art moderne et contemporain

Alexandre Najjar
Dictionnaire amoureux du Liban

Henri Pena-Ruiz
Dictionnaire amoureux de la laïcité

Gilles Perrault
Dictionnaire amoureux de la Résistance

Jean-Christian Petitfils
Dictionnaire amoureux de Jésus

Loïck Peyron
Dictionnaire amoureux de la voile

Jean-Robert Pitte
Dictionnaire amoureux de la Bourgogne

Bernard Pivot
Dictionnaire amoureux du vin

Gilles PUDLOWSKI
Dictionnaire amoureux de l'Alsace

Yann QUEFFÉLEC
Dictionnaire amoureux de la Bretagne
Dictionnaire amoureux de la mer

Christiane RANCÉ
Dictionnaire amoureux des saints

Alain REY
Dictionnaire amoureux des dictionnaires
Dictionnaire amoureux du diable

Pierre ROSENBERG
Dictionnaire amoureux du Louvre

Jean-Marie ROUART
Dictionnaire amoureux de Jean d'Ormesson

Élisabeth ROUDINESCO
Dictionnaire amoureux de la psychanalyse

Marcel RUFO
Dictionnaire amoureux de l'enfance et de l'adolescence

Ève RUGGIERI
Dictionnaire amoureux de Mozart

Danièle SALLENAVE
Dictionnaire amoureux de la Loire

Elias SANBAR
Dictionnaire amoureux de la Palestine

Jérôme SAVARY
Dictionnaire amoureux du spectacle (épuisé)

Jean-Noël SCHIFANO
Dictionnaire amoureux de Naples

Alain SCHIFRES
Dictionnaire amoureux des menus plaisirs (épuisé)
Dictionnaire amoureux du bonheur

Robert SOLÉ
Dictionnaire amoureux de l'Égypte

Philippe SOLLERS
Dictionnaire amoureux de Venise

Michel TAURIAC
Dictionnaire amoureux de De Gaulle

Frédéric THIRIEZ
Dictionnaire amoureux de la montagne

Denis TILLINAC
Dictionnaire amoureux de la France
Dictionnaire amoureux du catholicisme
Dictionnaire amoureux du Général

Trinh Xuan THUAN
Dictionnaire amoureux du ciel et des étoiles

André TUBEUF
Dictionnaire amoureux de la musique

Jean TULARD
Dictionnaire amoureux du cinéma
Dictionnaire amoureux de Napoléon

Mario VARGAS LLOSA
Dictionnaire amoureux de l'Amérique latine

Hubert VÉDRINE
Dictionnaire amoureux de la géopolitique

Dominique VENNER
Dictionnaire amoureux de la chasse

Jacques VERGÈS
Dictionnaire amoureux de la justice

Pascal VERNUS
Dictionnaire amoureux de l'Égypte pharaonique

Frédéric VITOUX
Dictionnaire amoureux des chats

Olivier WEBER
Dictionnaire amoureux de Joseph Kessel

Jean-Michel WILMOTTE
Dictionnaire amoureux de l'architecture

À paraître

Alain BARATON
Dictionnaire amoureux des arbres

André DELEDICQ et Mickaël LAUNAY
Dictionnaire amoureux des mathématiques

Élisabeth DE FEYDEAU
Dictionnaire amoureux du parfum

Pour en savoir plus
sur les Éditions Plon
(catalogue, auteurs, vidéos, actualités...),
vous pouvez consulter
www.plon.fr
www.lisez.com

lisez!

et nous suivre sur les réseaux sociaux

Editions Plon

@EditionsPlon

@editionsplon

MIXTE
Papier issu de sources responsables
FSC® C003309

L'éditeur de cet ouvrage s'engage dans une démarche de certification FSC® qui contribue à la préservation des forêts pour les générations futures.

Pour en savoir plus :
www.editis.com/engagement-rse/

Achevé d'imprimer en février 2021
par Normandie Roto Impression s.a.s.
61250 Lonrai
N° d'impression : 2101002

Imprimé en France